Guía del Iniciado para Crear la Realidad

RAMTHA

Guía del Iniciado para Crear la Realidad

Edición corregida y aumentada

RAMTHA
Guía del Iniciado para Crear la Realidad

Para más información sobre las enseñanzas de Ramtha:
Ramtha's School of Enlightenment
P.O. Box 1210, Yelm, WA, 98597 USA
www.ramtha.com

Primera edición: abril 1999
Segunda edición: abril 2002
Tercera edición: octubre 2003

ISBN: 0-9632573-9-0

Sin Límites
www.sinlimites.net
e-mail: info@sinlimites.net

Guía del Iniciado
para
Crear la Realidad

Traducido por:

Juan Castro

Mensaje importante sobre la traducción

Este libro está basado en Ramtha Dialogs® una serie de grabaciones magnetofónicas de discursos y enseñanzas dados por Ramtha. Ramtha ha elegido una mujer americana, JZ Knight como su único canal para repartir su mensaje. El único idioma que usa para comunicar su mensaje es el inglés. Su estilo de oratoria es único y nada común, por lo que a veces se puede malinterpretar como un lenguaje arcaico o extraño. Él ha explicado que su elección de las palabras, su alteración de las palabras, su construcción de frases y orden de los verbos y los nombres, sus descansos y pausas en medio de las frases son todos intencionales, para alcanzar múltiples capas de aceptación e interpretación presentes en una audiencia compuesta por gente de gran diversidad de herencia cultural o clase social.

Para conservar la autenticidad del mensaje dado por Ramtha, hemos traducido este libro lo más cercanamente posible a las palabras originales y así permitir al lector que experimente las enseñanzas como si estuviera presente. Si usted encuentra algunas frases que parecen incorrectas o extrañas de acuerdo a las formas lingüísticas de su idioma, le aconsejamos que lea esa parte de nuevo tratando de captar el significado que hay detrás de las palabras, en lugar de simplemente criticar la construcción literaria. También le aconsejamos comparar y usar como referencia la obra original en inglés publicada por JZK Publishing, una división de JZK Inc. para mas claridad. Nuestros mejores deseos. Disfrute su lectura.

Dijo Jesús: «Si aquellos que os guían os dicen: "Ved, el Reino se halla en el Cielo", entonces las aves del cielo os precederán. Si os dicen: "Se halla en el mar", entonces los peces os precederán. Más bien, el Reino pertenece a vuestro ser interior y es aquello que está delante de vuestros ojos.

Cuando os conozcáis a vosotros mismos, entonces se os conocerá, y os daréis cuenta de que sois los Hijos del Padre viviente. Sin embargo, si no llegáis a conoceros, viviréis en la pobreza y seréis la pobreza misma.»

Evangelio según Dídimo Judas Tomás

ÍNDICE

Segunda Parte
Conceptos Fundamentales de las Enseñanzas de Ramtha

ÍNDICE DE ILUSTRACIONES

Nota de la Editorial

Al preparar las enseñanzas de Ramtha para su publicación en forma impresa, se ha puesto especial atención en presentarlas, en la medida de lo posible, en el mismo contexto y forma en que fueron transmitidas. Para evitar la alteración de las enseñanzas, se ha tenido mucho cuidado en no sacarlas de contexto ni usar un sistema de puntuación que pudiera cambiar el significado.

El contenido de este libro está basado en Ramtha Dialogues,® una serie de grabaciones magnéticas de Ramtha en audiencia con sus estudiantes, registradas en la Oficina de Copyright de los Estados Unidos, con permiso de JZ Knight y JZK, Inc. Los fragmentos utilizados en los capítulos de este libro han sido extraídos de diferentes cursos y se han dejado en su formato original de diálogo, tal y como fueron transmitidos por Ramtha, excepto en el caso del *Capítulo I: Ramtha, el Camino de un Maestro hacia la Iluminación*. Este capítulo se tomó de Ramtha Dialogues® Specialty Tape 021, *Ramtha's Lifetime*. Esta cinta consiste en una colección de preguntas y respuestas relacionadas con la vida de Ramtha; a menudo, estas preguntas se refieren a los mismos acontecimientos de la vida de Ramtha. Este material fue editado y organizado siguiendo un orden cronológico para favorecer la fluidez del relato; sin embargo, es importante destacar que ninguna edición efectuada por JZK Publishing, una división de JZK, Inc., incluye, en ningún momento, añadidos a las palabras originales de Ramtha. Todos los capítulos de la segunda parte, *Conceptos Fundamentales de la Enseñanzas de Ramtha*, fueron extraídos de Ramtha Dialogues®, Tape 326, Beginning C&E™ (Curso de C&E™ para principiantes), del 3 y 4 de febrero de 1996. Ramtha se vale de dibujos e ilustraciones para enseñar y explicar conceptos tales como el Vacío, conciencia, tiempo, energía, espacio, etcétera. A lo largo de este libro, pueden encontrarse los dibujos e ilustraciones que se utilizaron en este curso en particular. En el Cuaderno de Ejercicios, al final del libro, hemos incluido los dibujos más importantes para facilitar su consulta. Durante su disertación, Ramtha señala un punto en particular de un dibujo utilizando las palabras *aquí, esto, estos, eso*, etc. Hemos añadido al texto esas referencias entre paréntesis. El objetivo de los editores es proporcionar a los lectores la oportunidad de experimentar y participar en la clase como si hubieran estado presentes.

A menudo, Ramtha redefine el lenguaje que utiliza para enseñar acuñando palabras nuevas. El significado de estas nuevas palabras queda claro dentro del contexto de cada enseñanza, las que a su vez se aclaran gracias al uso de palabras tan inusuales. Hemos diseñado un glosario de términos y conceptos que Ramtha utiliza eficazmente para facilitar la interpretación correcta de sus enseñanzas. Asimismo, hemos proporcionado un índice conceptual detallado para permitir que el lector busque referencias sobre temas específicos de interés cubiertos en este libro y para animar al estudio y a la investigación de este material.

Es nuestro propósito que este libro sirva como una introducción general a Ramtha y su Escuela de Sabiduría Antigua dedicada a la Gran Obra.

PRÓLOGO
por JZ Knight

«Conócete a ti mismo y conocerás el universo y a los dioses.»
(Inscripción en el Templo de Delfos)

Estimado lector:

Este libro está basado en el concepto de una escuela antigua de misterios transportada a las postrimerías del siglo XX, una edad que se revuelca en medio de un materialismo alarmante, donde ni la iglesia, encarcelada por su propio dogma y las intrigas políticas, ni la ciencia, encerrada dentro de los confines de la materia, saben cómo formar individuos completos. La ciencia no necesita cambiar sus métodos, sólo debe ampliar su alcance, y la religión no necesita cambiar sus tradiciones, sino más bien recordar sus orígenes: el Espíritu y su importancia fundamental. El restablecimiento del vínculo entre lo visible y lo invisible, para la aplicación útil de lo omnipotente en nuestras vidas diarias, llega a ser un nuevo puente consciente para atravesar el abismo que separa al cielo de la tierra. Este trabajo se denomina la Gran Obra. El concepto de la Antigua Escuela de Sabiduría de Ramtha es uno cuya academia se construye a medida que cada iniciado/estudiante se convierte individualmente en la piedra fundamental.

En el núcleo de la escuela de misterio está lo que Ramtha llama el Vacío: una extensa nada materialmente y, sin embargo, todas las cosas en potencia; y que Pitágoras llamó «lo absoluto». Esta es la esencia del ser no creado, el Dios no creado, la nada de la cual proceden todos los potenciales. El Vacío es el gran no manifiesto desde el cual se originan los mundos efímeros. Mientras que los mundos manifiestos cambian y finalmente desaparecen, el Vacío permanece inmutable. Esta esencia eterna se le ha ocultado a la humanidad, porque el hombre sólo percibe las cosas en una forma tangible, sin saber que estas formas están combinadas con lo infinito. ¿Es posible entonces que la humanidad sepa lo que se le ha mantenido velado? O, como preguntó Pitágoras: «¿Ha visto alguien al maestro del tiempo, al alma de los soles, a la fuente de la inteligencia?»

Ramtha enseña que no se puede ver el Vacío o lo inmutable, porque hacerlo sería establecer una separación con aquello que inefablemente somos. Sólo podemos ser uno con él, y de esta manera, definir una relación que da como resultado el otorgamiento de dimensión, inteligencia y esencia a las cosas de forma. Es precisamente en esta relación divina donde se define a Dios como un espíritu en movimiento. Nosotros, la humanidad, somos los dioses que aportamos la armonía que existe entre lo visible y lo invisible. Cuando se convierte en el Vacío, o cuando es el Vacío, el estudiante puede empezar a penetrar en este centro de todas las cosas y es así como comienza el Gran Trabajo. El estudiante pasa por iniciaciones que lo acercan a la relación divina asemejándose a los dioses que ponen en acción los fuegos de la creación. El trabajo de la escuela es la combinación del conocimiento científico con el entendimiento esotérico del espíritu, así como el dominio de las cosas a través de la voluntad. Así se llega a un control de las tormentas personales que ponen al individuo en contra de la unidad que manifiesta a Dios como el Yo.

Ramtha se refiere a nosotros como los «dioses olvidados», una definición apropiada, si se tiene en cuenta lo que la mayoría cree que Dios es: una magnificencia que creó a la humanidad, pero que permanece aparte y distante de ella. El pensar así nos hace olvidar nuestras actividades y orígenes divinos que han definido el término «Dios». Los dioses no preexistieron a todas las cosas, sino que el Vacío fue primero, eterno y absoluto. El Vacío, por medio de una contemplación inimaginable, creó un punto principal, al que Ramtha llama Punto Cero. Dicho punto contenía potencialmente Conciencia y Energía y era el hijo del Vacío. El Punto Cero era una sustancia indivisible que contenía Conciencia y Energía infinitas, el fuego primordial que formaría los motores de la creación. Este es el Espíritu, la esencia de todas las cosas, y es dicha esencia lo que constituye la definición de *Dios como nosotros mismos*. Nosotros, el Espíritu, somos el primer principio que encarna facultades divinas. La metáfora del loto místico nos puede ayudar a comprender esto con más claridad. Imagínense por un momento al iniciado egipcio que yace en su fosa y que ve salir de la oscuridad, en una noche sin estrellas, un punto de luz brillante. Éste lentamente empieza a abrirse como una flor radiante con su centro incandescente que emerge como una rosa de luz brillante de mil pétalos. Nosotros somos la flor que se abre desde la Fuente. A partir de ese momento Dios se manifiesto, nosotros, ustedes, yo. A partir de ese momento, nosotros también contemplamos y duplicamos al Yo en sustancia divisible. Ahora poseemos el ingrediente activo de Conciencia y Energía, representado en las antiguas escuelas de pensamiento como el eterno masculino (Conciencia) y el eterno femenino (Energía). Esta unión perfecta de Conciencia y Energía forma la unión perfecta de facultad generativa y reproductiva que más tarde daría origen al mundo y a la esencia de *Dios como nosotros*, en verdad. Es esta unión la que es responsable de la manifestación de Dios en el tiempo, la dimensión y el espacio.

Dios como nosotros se puede definir ahora como el ser humano, una prenda corporal usada por Dios como Espíritu con el fin de hacer conocido lo desconocido en la cualidad física del mundo tridimensional. El alma del hombre registra este progreso en formas holográficas de energía a modo de bitácora del viaje. Esta fusión armoniosa de cuerpo como atuendo, alma como memoria y Espíritu como Dios, trabajando en una armonía precisa, es lo que facilita la creación de la realidad. El conocimiento de ellas es la clave real de la vida desde la formación de la célula hasta la constitución hiperfísica de la humanidad como Dios. La tríada de la naturaleza triple de cuerpo, alma y espíritu produce el fenómeno al que llamamos mente del hombre, el cual construye formas de pensamiento alrededor de las cuales se modela la energía, creando así el fluido de la realidad cósmica. La humanidad es la única responsable de la evolución de la materia contenida en los orígenes terrenales, con el propósito de experimentarlos en la cualidad física y de engendrar todos los potenciales del Vacío para que sea una experiencia conocible. Estos pensamientos creativos hacen evolucionar a los mundos, quitándole todos los velos al proceso de divinidad.

JZ Knight

Estudio Preliminar sobre las Enseñanzas de Ramtha

~≈~

Un Sistema de Pensamiento Único en su Género

Las enseñanzas de Ramtha constituyen un sistema metafísico de pensamiento único en su género. Para captar plenamente el significado de su contenido y el impacto que éste tiene, se necesitan un examen y una reflexión cuidadosos. Decimos que las enseñanzas de Ramtha son metafísicas por naturaleza, ya que abordan interrogantes fundamentales acerca de la persona y la existencia humana, sobre nuestro destino y nuestros orígenes, la naturaleza del bien y del mal, el alma, la vida y la muerte, el mundo, y nuestra relación con los demás.

El sistema de pensamiento de Ramtha es único, bien estructurado y exhaustivo, tanto en su contenido como en la forma de su presentación. Proporciona una perspectiva global, un enfoque de la realidad que ubica en contexto y disipa el misterio de muchos de los interrogantes que han fascinado a grandes filósofos y pensadores a través de los tiempos.

«Entonces, ¿en qué consisten las enseñanzas de la Gran Obra que has venido a escuchar? No tratan sobre las ciencias ocultas y, en verdad, no tratan sobre la Nueva Era. El mensaje que te doy son los cimientos de la Tierra, del cosmos. Eso no es nada nuevo. El mensaje que te digo es este: que si tú eres Dios —y en verdad lo eres, filosóficamente hablando es así— eso debería ser un incentivo para experimentarlo de manera más cercana a ese principio.»[1]

El formato en el cual se transmiten las enseñanzas de Ramtha es inherente al mensaje mismo. Las enseñanzas no son simplemente una disertación intelectual sobre materias específicas o un mero análisis intelectual de las mismas. Tampoco son una forma de verdad revelada que requiere de la lealtad ciega de la fe. Las enseñanzas de Ramtha no son una nueva religión ni la piedra fundamental de una nueva iglesia: son un sistema de pensamiento que contiene dentro de su enfoque de la realidad los elementos y mecanismos que permiten al individuo aplicar la filosofía de Ramtha y experimentar y verificar su contenido por sí mismo. En otras palabras, este singular aspecto de las enseñanzas permite que la filosofía, o *los conceptos de la realidad*, se experimenten y se conviertan, en cambio, en *sabiduría sobre la naturaleza de la realidad*.

La Iluminación:
Transformar la Filosofía en Sabiduría

Esta cualidad particular del sistema de pensamiento de Ramtha se asemeja a las iniciaciones en el conocimiento sagrado que practicaban las antiguas escuelas de misterio de Grecia, Egipto y Oriente Medio, así como las antiguas escuelas gnósticas de Europa y Oriente Medio. Es importante observar que esta característica distingue las enseñanzas de Ramtha de las escuelas filosóficas tradicionales del mundo occidental.

Las principales discrepancias que encontramos radican en el concepto de la verdad y en la noción de la capacidad del individuo de adquirir nuevo conocimiento. Según Ramtha, el conocimiento de una persona no es sólo empírico o de naturaleza científica, sino que también puede con-

---

[1] RAMTHA: *Introducción a la Gira Mundial*, video, Yelm, JZK Publishing, una división de JZK Inc., 1998.

vertirse en su propia verdad y experiencia personal. Ramtha establece una distinción entre estos dos enfoques del proceso de aprendizaje y los describe en términos de mente binaria y mente analógica. La mente binaria se refiere a los métodos empírico y científico de conocimiento, que dependen del análisis intelectual y de la observación por medio de los sentidos. La mente analógica ocurre cuando el individuo aprende el nuevo conocimiento por medio de volverse análogo con el objeto de aprendizaje, experimentando y convirtiéndose en el objeto mismo de la observación a la vez que es el Observador consciente de la experiencia. Para Ramtha, cualquier información que sea impersonal para el individuo, no es verdadero conocimiento, sino simple teoría o filosofía, sabiduría en potencia. Por el contrario, la información y las teorías que han sido experimentadas de manera analógica, siendo el Observador y la acción en sí misma, son verdadero conocimiento, sabiduría y verdad.

> «Estoy aquí para enseñarte la verdad. La verdad será aquello que experimentes. Todo lo que te digo no es más que filosofía. Pero si mi filosofía —y así es— sólo puede debatirse por medio de la duda, entonces el único modo de conquistar la duda es salir a la verdad. Y la única manera de obtener eso, mi amada gente, es experimentar la filosofía, porque si experimentas la filosofía y se manifiesta, ya no es filosofía: es tu verdad.»[2]

En este sentido, Ramtha se acerca más al concepto de verdad del antiguo Oriente Medio, que al del griego y el moderno. La palabra «verdad» en hebreo —אמת (emet)— está formada por tres letras: álef, mem, y tau; la primera, la del medio y la última de las letras del alfabeto hebreo. Esta configuración de la palabra «verdad» expresa un sentido de plenitud y totalidad. Esta palabra se usaba para expresar algo que se había experimentado y conocido, una acción del pasado, y nunca para referirse simplemente a un dato o información aislados. La traducción griega de la palabra verdad en hebreo —αληθεια (aletheia)— perdió el carác-

---

[2] Ramtha: *Introducción a la Gira Mundial.*

ter experiencial del concepto, y se refiere a él en cuanto a información que se ha aceptado como verdad por medio del consenso. La capacidad de una persona de adquirir conocimiento se vio limitada al método científico, el cual se basa en la observación y en el análisis asistidos solamente por el intelecto y los sentidos.

En la tradición occidental, el entendimiento del conocimiento objetivo y la verdad se basa en una hipótesis acerca de la persona y la naturaleza de la realidad. El método científico limita el alcance del conocimiento a los fenómenos que pueden ser observados y comprobados a través de los sentidos del cuerpo físico; cualquier cosa fuera de ese ámbito se atribuye al reino del mito y del folklore. En otras palabras, la naturaleza de la realidad y el ser humano no son más que su naturaleza física y material. El psicoanálisis y el perfil de la psique desarrollados por Sigmund Freud son un ejemplo muy claro de esta tendencia.

En el sistema de pensamiento de Ramtha, el cuerpo físico y el mundo material son sólo un aspecto del mundo real. De hecho, son sólo el producto y el efecto del mundo real constituido por la conciencia y la energía. La mejor manera de describir a la persona es como conciencia y energía que crean la naturaleza de la realidad. El mundo físico es sólo uno de los siete niveles de expresión de la conciencia y la energía. Para explicar su noción de conciencia y energía, Ramtha utiliza el concepto del Observador de la teoría cuántica. Asimismo, para describir a la persona desde el punto de vista de conciencia y energía, usa el concepto de Dios como creador y soberano.

«La enseñanza más grande que se haya dado alguna vez es que tú eres Dios, verdaderamente. Y la vida es aquello que se llama el regalo de Dios —una presencia divina— de hacer conocido lo desconocido, de aquello que se llama una oportunidad proveniente de una revisión en la luz, para limpiar nuestros asuntos, nuestros trabajos inconclusos de vidas pasadas.

No regresamos aquí para construir magníficas catedrales dedicadas a Dios, sino para cumplir con ese pequeño asunto de limpiar nuestra confusión acerca de quién y qué somos realmente. Si nosotros somos —y yo te lo puedo decir— Dioses, permíteme agregar también que lo que te digo no es la verdad, porque la verdad es una realidad subjetiva y es un premio que, potencialmente, nos pertenece a todos.»[3]

A la luz de estas consideraciones sobre el sistema de pensamiento de Ramtha, el concepto de la iluminación ocurre cuando las personas experimentan la filosofía y comprenden, plenamente y en conciencia, que son un ser divino; que son Dios, el creador de su propia realidad y destino; que son conciencia y energía creando la naturaleza de la realidad; el Observador de la mecánica cuántica. Dentro de este contexto, Ramtha se describe a sí mismo como Ramtha el Iluminado.

Una persona que busca el conocimiento con el fin de alcanzar la iluminación es una persona que está en busca de nuevos modelos de pensamiento que le sean desconocidos, para poder experimentarlos y obtener sabiduría. La fuerza que impulsa a la conciencia y energía para que evolucione y se expanda a sí misma, para que se conozca más allá de lo que ya se conoce, es la intención de hacer conocido lo desconocido. Los siete niveles de creación son el resultado de la conciencia y energía evolucionando y expandiendo su propio reflejo hacia lo desconocido. En la perspectiva de Ramtha de la realidad, la persona no es el cuerpo físico, sino conciencia y energía que se manifiestan a través de un cuerpo físico; por lo tanto, la obtención de conocimiento y sabiduría no está limitada por el espacio, el tiempo ni las leyes de la física. La única limitación para la persona que conoce y experimenta una cosa radica en la capacidad de pensar e imaginarla intelectualmente, de manera que pueda servir como un paradigma para una nueva experiencia y una sabiduría potencial.

«Yo no soy un profesor que enseña a aquello que se llama mi gente los potenciales que no han soñado ni pensado; que no soñaron ni concibieron que pudieran existir. Les enseño que ellos son. Y en el momento que les enseño que son, ellos capturan el pensamiento en la red neuronal de su cerebro y lo contemplan. Y si lo contemplan obedientemente y lo aceptan —si pueden decirme: ‹Lo acepto, es totalmente correcto para mí; lo acepto›—, si aceptan eso, nunca tie-

---

[3] Ramtha: *Introducción a la Gira Mundial.*

nen que sentir miedo o preocupación, pues están en automático, ya
que la voluntad de Dios ha aceptado el sueño. Y ese sueño los lleva
a un nuevo paradigma de experiencia, una nueva vida, una vida que
es mucho más que esperanza; es todo lo que jamás hubieran podido
soñar. Es ahí donde yo soy el profesor.»[4]

Formato Específico
de las Enseñanzas de Ramtha

Muchos sectores de la sociedad de hoy desestiman de inmediato las
enseñanzas de Ramtha debido al modo extremadamente inusual en el
que son transmitidas. Lamentablemente, juzgar un mensaje basándose
en la forma en que se presenta más que en su contenido, es una reacción
muy común. El marketing, las comunicaciones y las técnicas de promo-
ción, venta y publicidad son un perfecto ejemplo de esto.

La manera inusual en que Ramtha comunica sus enseñanzas no es de
ningún modo arbitraria ni superficial, y él ha señalado explícitamente las
razones de tal formato. Ha explicado que para entender su mensaje es
muy importante tomar conciencia de los paradigmas de pensamiento, de
la raíz de las ideas preconcebidas, los prejuicios inconscientes y los moldes
dentro de los cuales percibimos y evaluamos normalmente la realidad.

Desde el mismo momento en que nuestros padres nos enseñan su
lenguaje, cuando somos niños, estamos sujetos a un número de ideas
preconcebidas acerca de Dios, la naturaleza de la realidad, la física y la
psicología: Dios es una entidad masculina que vive en un lugar llamado
Cielo; todos los extraños son peligrosos; la oscuridad asusta; algunas
enfermedades son incurables; el ganador se lleva todo; los más fuertes y
los más bellos son los que mandan. Puede que el individuo jamás evalúe
ni se enfrente a estas ideas preconcebidas; sin embargo, forman parte de
la manera como percibe y experimenta su realidad diariamente.

---

[4] JZ Knight y Ramtha: *Conversaciones Íntimas*, vídeo, Yelm, JZK Publishing, una división
de JZK, Inc., 1998.

A menudo, las técnicas de enseñanza de Ramtha buscan desafiar al individuo, a la vez que le ofrecen las herramientas para tomar conciencia de esas ideas preconcebidas que conforman y determinan las fronteras dentro de las cuales percibimos la realidad normalmente. El propósito de esto es obtener la posibilidad de que surja una perspectiva mental más amplia, lo que permitiría que experimentáramos la realidad de una manera más ilimitada, consciente, extraordinaria y con mayor significado, así como brindarnos un espectro más amplio de potencialidad para nuestra experiencia que el que teníamos previamente.

«Estoy aquí para enseñarte a no vivir nunca más en la negación, a entender el estar más cerca de Dios, a tener acceso a eso en ti. Y es todo filosofía, pero lleva consigo una experiencia práctica para poner a prueba los sentidos y poner a prueba el cuerpo. Y si Dios vive dentro de ti, entonces Dios se elevará y realizará aquellas maravillas que los sentidos y el cuerpo, sencilla y llanamente, no han conseguido hacer. Y entonces tenemos un testimonio bello y salvaje. Y tenemos alegría de la mayor magnitud; aquello que vive en nosotros es una esperanza más allá de la esperanza. Y hay algo más importante para nosotros que nuestro reflejo en el espejo; hay algo más importante para nosotros que lo que la religión, la política, las fronteras, el color de la piel y la sexualidad tienen que ofrecer en estos tiempos, los más aburridos y tediosos de todos.»[5]

Canalizar a Ramtha: Lo Importante es el Mensaje

Uno de los aspectos más controvertidos de las enseñanzas de Ramtha es la forma que escoge para entregar su mensaje. Al presentar su filosofía como fruto de su propia verdad y experiencia personal, Ramtha deja en claro que él mismo es la personificación de su filosofía; la representación

---

[5] Ramtha: *Introducción a la Gira Mundial*

y la manifestación vivientes de su pensamiento. En este sentido, él dice que es un Dios inmortal, conciencia y energía, y que una vez, hace 35.000 años, vivió como un ser humano en el desaparecido continente de Lemuria. Explica que en esa vida abordó los interrogantes de la existencia humana y el significado de la vida, y que a través de su propia observación, reflexión y contemplación alcanzó la iluminación y conquistó el mundo físico y la muerte. Se dio cuenta de que existía una manera de llevarse su cuerpo con él a un nivel mental en el que su verdadera esencia, como conciencia y energía, podía permanecer totalmente consciente y ser completamente libre e ilimitada para experimentar todos y cada uno de los aspectos de la creación y continuar haciendo conocido lo desconocido. Él se refiere a este proceso como su ascensión.

El hecho de que ya no esté limitado por su cuerpo físico permite a su conciencia y energía interactuar de otras formas con el mundo físico. A menudo se refiere a sí mismo como el viento que empuja las nubes, por ejemplo, o como la mañana, o un extraño, o un mendigo en la calle que observa el ir y venir de las civilizaciones, o cualquier otra cosa que la conciencia se atreva a imaginar.

Ramtha comunica sus enseñanzas a través del fenómeno llamado canalización; de hecho, fue él quien hizo el término conocido. Usa el cuerpo de JZ Knight para canalizarse y enseñar su filosofía en persona. JZ Knight es el único canal que él ha escogido y que utiliza para comunicar su mensaje. De sus primeros encuentros con Ramtha, ella cuenta:

> «Y cuando Ramtha comenzó a enseñarme a salirme del cuerpo, fue muy interesante, porque era como morir. Y él dijo: ‹Esto es lo que vas a experimentar en el momento de la muerte›. Bien, ¿tú qué harías? Si él viene y te dice: ‹Vas a morir, pero no te dolerá; será sólo por un momento y luego regresarás›, ¿confiarías en este sujeto? Es como un anestesista: ‹Ahora sé buena y duérmete…› Ramtha dijo: ‹Esto es lo que tienes que hacer›, y me dio unas palabras que tenía que decir y un punto de enfoque. Él trabajó junto conmigo y me dijo: ‹Así es como yo solía abandonar mi cuerpo. Así es como desarrollé este compañerismo con el viento›.
>
> Y así llegaba a un cierto punto y me enfocaba en un florero artifi-

cial de margaritas de plástico que estaba frente a mí en la mesilla del salón. Y yo estaba sentada en una silla, llegaba hasta ese punto y no pasaba nada. Él dijo: ‹No tienes que aguantar la respiración para morir. ¿Por qué tienes que aguantar la respiración? No tienes que retener la respiración. No tienes que aferrarte a la silla. Nada más relájate›.

Así que lo hice otra vez. Y entonces, de repente, estaba persiguiendo esa luz al final del túnel, y un viento me pasaba silbando. Y cuando llegué a esa luz que era tan brillante, me encontré contra una pared de luz. Y recuerdo que nunca vi a Ramtha, pero recuerdo que me hablaba. Él hablaba, y era realmente bello y amoroso. Dijo: ‹Ahora, en este momento, eres tu verdadero Yo. Este momento es quien realmente eres, y has dejado tu cuerpo atrás›.

Y noté que en ese momento no sentía dolor, no tenía concepto de peso, no tenía concepto de dimensión, ya que no tenía cuerpo para definir la dimensión. Y noté que en ese momento no tenía miedo. Sentía como si este fuera el lugar más natural. Como un pez en el océano, sentía que este era mi océano natural.

Y luego él me trajo de regreso, y percibí mi cuerpo: mi corazón estaba latiendo muy, muy rápido. Y noté que a mi cuerpo le tomó unos momentos calmarse —y se calmó—, pues mientras yo no estaba, Ramtha había puesto su energía en el cuerpo. Lo usó durante cuarenta y cinco minutos. Y cuando lo dejó, yo me lo puse otra vez.»[6]

El valor de la mujer: una aproximación holística

Al elegir a una mujer para canalizar su mensaje en vez de usar su propio cuerpo físico, Ramtha está afirmando que Dios y lo divino no son sólo una prerrogativa de los hombres, y que las mujeres son dignas expresiones de lo divino, capaces de ser geniales y de ser Dios realizado. Asimismo, asevera que lo importante de su filosofía no es adorar al mensajero, o una cara o una imagen —lo que en el pasado causó el colapso de muchos esfuerzos dirigidos hacia la iluminación—, sino escuchar el mensaje mismo. También está afirmando que la verdadera esencia del ser humano

---

[6] Palabras introductorias de JZ Knight en Ramtha Dialogues®, Cinta N° 324, *Beginning C&E Workshop* (Taller de C&E para Principiantes), 7 y 8 de octubre de 1995.

no se limita al cuerpo físico o a un género específico. Es por eso que el fenómeno de la canalización tiene cabida dentro del marco del sistema de pensamiento de Ramtha. En otras palabras, la canalización, tal y como sucede en la persona de JZ Knight, sólo es posible si las enseñanzas de Ramtha son verdad.

«Y Ramtha dijo: ‹Bueno, con tu autorización, voy a usar tu cuerpo durante un tiempo›.

Y yo dije: ‹Sí. ¿Qué vas a hacer con él?›.

Y él dijo: ‹Bueno, lo voy a usar para enseñar›.

Yo pensé: ‹¿Por qué querrías usar mi cuerpo? Eres hermoso. ¿Por qué sencillamente no sales y lo muestras tal como es?›

Y él dijo: ‹No funciona de esa manera, porque las personas en esta civilización son propensas a la imagen y a los ídolos. Han estado inmersas en la religión católica. Han estado inmersas en la tradición cristiana. Creen que Dios vive fuera de ellas en lugar de dentro de ellas. Creen que Dios es un hombre. Creen que Cristo fue un hombre. Creen en imágenes, pero no en sí mismas. De modo —dijo— que yo permanezco sin imagen. Pero voy a enseñar a través de tu cuerpo, y todo el mundo sabe que no es mi cuerpo›.

Y yo dije: ‹Sí, pero yo soy una mujer. Soy una chica. Tú sabes, tengo… cosas›.

Y él dijo: ‹Ya lo sé. Las mujeres son el grupo de personas más discriminado que haya existido jamás, porque a las mujeres nunca se les ha permitido el derecho divino de Dios y no tienen aliado en el Cielo›. Eso fue lo que dijo; y agregó: ‹Así que las mujeres han sido objeto de abuso por parte de los hombres, y han sido tratadas como ganado por los hombres a través de la religión, para que actúen de acuerdo con esas doctrinas religiosas. Y de hecho, Jehová despreciaba a las mujeres. Entonces, —dijo— es importante que cuando se den las enseñanzas, se den a través de un cuerpo de mujer, para que las mujeres, cuando oigan, se den cuenta de que Dios no es un padre, sino que Dios es también una madre; y que Dios es tanto el padre como la madre y ninguno de los dos; y que el Cristo no es un hombre, sino que han sido muchos hombres y ahora serán muchas mujeres; y que ser un hijo de Dios es también ser una hija de Dios›.

Y dijo: ‹La mayor cruzada para las mujeres es que asuman la igualdad de su divinidad y que la usen sin ningún obstáculo que venga de los hombres›. Y dijo: ‹Decirle a una mujer que se mire en el espejo y decirle: "ahora estás mirando a Dios a la cara" es un desafío, porque no te cree. Si le dices a una mujer que vaya a mirar a Dios a la cara, y la mandas a una capilla y haces que mire a la cara a un Jesús sufriente colgado de la cruz, te creerá. Pero ellas no creen en sí mismas›. Yo entendí eso.»[7]

El escrutinio científico de la canalización

La veracidad de este fenómeno determina la verdad del mensaje de Ramtha. Es muy importante considerar este punto, ya que el avance de la ciencia ha desarrollado pruebas y equipos que pueden escrutar este fenómeno y estudiarlo desde los puntos de vista psicológico, neurológico y fisiológico. Hoy en día, existen técnicas científicas que permiten estudiar el fenómeno de la canalización a través de JZ Knight y excluir la posibilidad de fraude. Estos estudios científicos se realizaron en 1996, cuando un distinguido equipo de doce expertos —que comprendía científicos, psicólogos, sociólogos y expertos religiosos conocidos mundialmente— estudiaron a JZ Knight antes, durante y después de canalizar a Ramtha.

Un equipo de psicólogos altamente calificados —encabezados por el Dr. Stanley Krippner, del Colegio de Graduados del Instituto Saybrook— estudió a JZ Knight y su escuela durante un año y realizó una serie de exámenes psicológicos y fisiológicos en los que se utilizó la última tecnología y equipos disponibles. Llegaron a la conclusión de que las lecturas tomadas de las respuestas del sistema nervioso autónomo de JZ Knight eran tan drásticas que cualquier posibilidad de fraude consciente, esquizofrenia o desorden de personalidad múltiple quedaba categóricamente rechazada. Antes de realizar las pruebas en colaboración con Ian Wickramasekera —profesor del Instituto Saybrook y destacado neurocientífico— el Dr. Stanley Krippner se describió a sí mismo como «extremadamente escéptico, pero de mente abierta». El Dr. Krippner dijo:

---

[7] Palabras introductorias de JZ Knight en Ramtha Dialogues®, Cinta N° 324, *Beginning C&E Workshop* (Taller de C&E para Principiantes), 7 y 8 de octubre de 1995.

«Cuando estábamos examinando a JZ Knight, Ian estaba muy asombrado, porque cuando Ramtha entró en escena, las agujas de su polígrafo, que estaba escribiendo las respuestas psico-fisiológicas, saltó, literalmente, de un lado a otro de la página. Y él nunca había visto un cambio tan radical... Ella no lo está fingiendo, porque cuando la conectamos para observar sus respuestas fisiológicas, obtuvimos resultados que no pudieron haber sido manipulados.»[8]

Según Wickramasekera, presidente electo de la Asociación para la Psico-fisiología Aplicada y *Biofeedback* de Colorado, cuando JZ Knight entró en trance y la conciencia de Ramtha se hizo cargo del cuerpo, el latido de su corazón bajó a 40 pulsaciones por minuto y luego se disparó hasta 180 pulsaciones por minuto, mientras que en su estado natural de descanso, el corazón de Knight late a un ritmo entre 85 y 90 pulsaciones por minuto. Señaló que «esto podría verse en alguien que esté corriendo o sufriendo un serio ataque de pánico, pero en ese momento, JZ Knight estaba sentada, completamente inmóvil... Para el equipo de investigación resultó evidente que estaba sucediendo algo espectacular a nivel fisiológico; algo que, teniendo en cuenta lo que se sabe sobre las facultades humanas, no puede fingirse». El Dr. Krippner explicó que «una persona no puede realmente fingir, no puede asumir un papel, ya que durante la hipnosis apenas se producen cambios fisiológicos. Cuando se representa un papel, hay muy pocos cambios».[9]

El Dr. Gail Harley señaló que «sus ojos cambian de un azul suave y atractivo cuando es JK Knight, a un gris profundo y borroso cuando está Ramtha. El tono de la piel se oscurece, la mandíbula se endurece, y su porte se vuelve más formal y combativo; su paso se vuelve rígido». El Dr. Harley concluyó que JZ Knight no podía estar actuando o representando

---

[8] Estas citas fueron extraídas de varias entrevistas que se llevaron a cabo durante la conferencia *En busca del Yo: el Papel de la Conciencia en la Construcción de la Realidad: una Conferencia sobre la Espiritualidad Contemporánea*, 8 y 9 de febrero de 1997, Yelm, Washington, Vídeo. JZK Publishing, una division de JZK, Inc., 1997. (Inglés)
[9] *Ibíd.*

el papel de Ramtha. «Los cambios tan radicales en su apariencia, cuando Ramtha asume el control, son demasiado severos para sugerir eso». El índice de capacidad hipnótica de JZ Knight y de algunos de los estudiantes que fueron examinados dieron un resultado extremadamente alto. Esto fue un hallazgo significativo, ya que la relación entre la capacidad hipnótica y la personalidad bipolar (esquizofrenia), y otros trastornos orgánicos está equilibrada: cuando una sube, la otra baja. «No se puede tener las dos»[10], afirma Krippner.

Después de observar la contundencia de todos los datos obtenidos, el Dr. Krippner le dijo informalmente a JZ Knight: «Bien, JZ, no sé qué eres, pero al menos no eres una estafa ni un fraude». El Dr. Krippner dijo: «Yo no sabía que ese comentario dicho al pasar significaba tanto para ella, debido a todas las acusaciones de las que fue objeto en todos estos años. Ian y yo estábamos muy sorprendidos de que la información fuera tan única y contundente; ni él ni yo tuvimos ninguna duda en darla a conocer».[11] Wickramasekera presentó este material a la Asociación Psicológica Americana, que es una institución muy prestigiosa para este tipo de trabajo. El Dr. Krippner también presentó los descubrimientos en numerosas convenciones científicas. El primer artículo publicado sobre este trabajo, «El fenómeno Ramtha: datos psicológicos, fenomenológicos y geomagnéticos», apareció en la *Revista de la Sociedad Americana para la Investigación Psíquica* en enero de 1998.[12]

> «Y no te inquietes ni te preocupes ni tengas miedo. No tengas miedo de lo que te he dicho. Y no me descartes pensando que soy mi hija o que soy un fraude. Por Dios, hombre, sé más inteligente que eso. Escucha el mensaje. Eso es lo importante aquí. Y el mensaje no dice nada malo acerca de ti; dice todo lo maravilloso acerca de ti.»[13]

---

[10] *Ibíd.*

[11] *Ibíd.*

[12] S. Krippner, I. Wickramasekera, J. Wickramasekera, y C.W. Winstead, III: «The Ramtha Phenomenon: Psychological, Phenomenological, and Geomagnetic Data», *The Journal of the American Society for Psychical Research* 92 (Enero 1998).

[13] JZ Knight y Ramtha: *Conversaciones Íntimas*

Ramtha: Profesor y Hierofante

Las enseñanzas de Ramtha presentan un aspecto explícito y uno implícito. Sus enseñanzas son como la creación de un artista, que contiene a la vez el mensaje específico que transmite el artista, y un mensaje más general que habla sobre el artista. Como ya hemos explicado, al enseñar desde su experiencia personal y no desde una especulación intelectual, Ramtha *es* sus enseñanzas. Llegar a comprender la persona de Ramtha es llegar a comprender sus enseñanzas.

Su conocimiento detallado del funcionamiento del cerebro y su entendimiento personal de la naturaleza humana le otorgan la capacidad de transmitir su mensaje de manera tal que el estudiante puede captarlo y comprenderlo más eficazmente. El trasfondo cultural, filosófico y religioso de la audiencia de Ramtha es muy variado. Él tiene esto muy en cuenta a la hora de usar imágenes, palabras, ejemplos, definiciones de términos, y conceptos que resultan atractivos y familiares para cada uno de los estudiantes. Ramtha es un profesor dinámico. No se limita a una exposición puramente discursiva de su mensaje, sino que le incorpora acciones, música, disciplina, y ejemplos vívidos que atraen la atención de sus alumnos ofreciéndoles un mayor discernimiento de lo que se está enseñando.

Algunas veces lleva a la audiencia a una profunda contemplación filosófica de un tema en concreto, y otras, usa la dramatización para darle poder a su mensaje. Por ejemplo: una de las maneras que utiliza para explicar el concepto del Vacío contemplándose a sí mismo, y la conciencia y energía creando los siete niveles de realidad, es a través de una danza pagana impactante y poderosa.

Ramtha se esmera mucho para que toda su audiencia vaya comprendiendo a un mismo ritmo. Insiste continuamente en la importancia de que los estudiantes articulen cada parte de la enseñanza explicándosela el uno al otro. Esto asegura que toda la audiencia capte la enseñanza, y le permite a Ramtha abordar de manera más poderosa el trasfondo particular y nivel de comprensión de la gente que lo está escuchando.

Una vez explicados los aspectos filosóficos de la enseñanza, Ramtha inicia al estudiante en ese conocimiento para que pueda convertirse en experiencia personal y sabiduría. Estas iniciaciones están constituidas por diversas disciplinas que él ha diseñado, en las que el estudiante tiene la oportunidad de enfrentarse al conocimiento. En esto, Ramtha es diferente a otros profesores: adquiere el papel de un maestro profesor y un hierofante, un profesor que tiene el poder de manifestar lo que dice y lo que se propone. Este es un aspecto importante de las enseñanzas, que las asemeja al movimiento gnóstico y filosófico, y a las antiguas escuelas de misterio. Sin embargo, un examen detallado del sistema de pensamiento de Ramtha muestra claras diferencias, en cuanto a forma y contenido, respecto de lo que se conoce tradicionalmente como el gnosticismo y la filosofía de las escuelas de misterio. El propio Ramtha no se refiere a su sistema de pensamiento en estos términos, sino que lo llama la Escuela de Sabiduría Antigua, la sabiduría de todas las eras.

> «Pues yo soy el Hierofante que te iniciará en Dios. Y soy aquel que te enseñará a que te entregues a él. Pero aquello que se llama tu propio Dios será quien te llevará hasta esos lugares remotos y te hará capaz de realizar lo excepcional, lo que tu personalidad, con toda tu gloria intelectual, jamás podría conseguir, ni siquiera en diez millones de vidas.»[14]

Después de estas consideraciones, el lector debe ser consciente de que las enseñanzas de Ramtha en forma escrita capturan sólo una parte de su exposición, ya que carecen del elemento dinámico que las acompaña, la inflexión de la voz, la enseñanza sin palabras y su aplicación a la práctica.

Ramtha y su Uso del Lenguaje

Ramtha ha delineado un entendimiento muy particular del lenguaje. Al igual que en toda filosofía, el lenguaje y la terminología utilizados para

---

[14] Ramtha Dialogues®, Cinta N° 376: *The Observer Part I* (El Observador, Primera Parte), 20-24 de febrero de 1998.

transmitir los conceptos son fundamentales para asegurar un futuro análisis de dichos conceptos y filosofías.

En el sistema de pensamiento de Ramtha, el problema del lenguaje se agudiza. En primer lugar, el idioma inglés no es la forma de comunicación original de Ramtha. En segundo lugar, los conceptos que él trata de enseñar trascienden el reino de la experiencia y aceptación normales del ser humano. Pero para poder entender un concepto abstracto que no conocemos necesitamos asociarlo con algo que sí conocemos y así deducir su significado. De este modo, para expresar y explicar su mensaje, Ramtha toma prestadas una gran cantidad de palabras e imágenes de diferentes tradiciones que nos son familiares.

> «¿De dónde surgió todo esto? ¿De dónde vinieron la conciencia y la energía? Ahora: esto va a requerir mucha concentración, porque voy a hablarte en términos que son muy limitados. Yo sólo puedo hablarte con palabras para las que tengas imágenes. Así que mientras yo te enseño, tu cerebro está disparando las imágenes. Tu cerebro no habla con palabras, habla con hologramas, con imágenes. Así que el lenguaje, en realidad, son sonidos que describen el lenguaje verdadero, que son las imágenes. Entonces ahora, al enseñarte esto, he elegido palabras que hacen que tu cerebro dispare, neurológicamente, imágenes internas. Y esas imágenes, entonces, te dan una idea, un visual del lugar de donde viniste. Pero recuerda: eso es mucho más trascendente que esta descripción. ¿Entiendes? ¿Cuántos de vosotros entendéis? Que así sea.»[15]

Muchas veces él toma prestado un concepto, pero modifica y matiza su significado. El concepto de Dios, por ejemplo, es el primero donde notamos esto. Como señalaron los grandes idealistas alemanes, «antes de poder sostener una discusión significativa acerca de Dios, primero tenemos que definir qué queremos decir con ese término». Otra palabra importante que Ramtha utiliza de una manera única y específica es «conciencia».

---

[15] Ramtha: *Creando la Realidad Personal*, vídeo, Yelm, JZK Publishing, una división de JZK Inc., 1998.

Ramtha redefine el lenguaje que utiliza para enseñar acuñando palabras nuevas. El significado de estas nuevas palabras queda claro dentro del contexto de cada enseñanza, las que a su vez se aclaran gracias al uso de palabras tan inusuales.

En uno de los últimos cursos, Ramtha comentó: «No puedo decirte algunas cosas debido, simplemente, a la pobreza del lenguaje».[16]

El Cerebro
y el Poder Creador de la Palabra

Además, una parte esencial del sistema de pensamiento de Ramtha, es su singular entendimiento de cómo el cerebro procesa la conciencia y produce pensamientos que luego son traducidos en las abstracciones que usamos para la comunicación, llamadas palabras. Ramtha explica lo siguiente a un grupo de estudiantes principiantes:

«Conciencia y energía crean la realidad. (…)
El cerebro es diferente de la conciencia, aunque es la conciencia quien da vida a las células. El cerebro no crea conciencia; crea pensamiento. (…)
Conciencia y energía son la Fuente. Cuando ella da vida, la da debido a un pensamiento. El cuerpo, el cuerpo humano, contiene un cerebro, y ese cerebro es el vehículo de los flujos de conciencia y energía. Es su fuente de poder.
La función del cerebro es tomar impulsos de conciencia y energía en el nivel neuronal —no te duermas— y crear pensamientos. El cerebro, de hecho, parte en pedazos el flujo de conciencia y la convierte en formas de pensamiento coherente que se alojan en los senderos neurosinápticos del cerebro.»[17]

---

[16] Ramtha Dialogues®, Cinta N° 443.4: *Blue College Retreat* (Retiro del Colegio Azul), 5 de marzo de 2000.

[17] Ramtha Dialogues®, Cinta N° 326: *Begginning C&E™ Workshop* (Taller de C&E para Principiantes), 3y 4 de febrero de 1996.

Las palabras son la tercera generación de una corriente de conciencia y energía que ha sido capturada y congelada por las conexiones neurosinápticas del cerebro, el cual las dispara y las traduce en imágenes holográficas a las que llamamos pensamientos. El significado último, el aspecto ontológico de las palabras, radica entonces en la cualidad creadora de conciencia y energía, con la cual están cargadas y de la cual, en definitiva, provienen. Hoy en día, la cualidad creadora o destructora, y de permanencia de la palabra hablada ya no se tiene en cuenta. Los relatos de conjuros mágicos y maldiciones de venganza están, definitivamente, fuera de moda y sólo se los encuentra en el folklore, el mito, y la fantasía. Pero ¿cuál es la verdad detrás de esas historias?

Fray Luis de León, uno de los más grandes pensadores y precursores del Renacimiento Español y de la lengua española —que fue profesor de la Universidad de Salamanca durante la segunda mitad del siglo XVI— enseñó teología al famoso místico cristiano San Juan de la Cruz, y fue amigo y editor de Santa Teresa de Ávila. Los tres fueron acusados de herejía y juzgados por la inquisición, pero sobrevivieron a la injusticia de los cargos que se les hicieron y, hoy en día, se los considera santos y grandes ejemplos. Fray Luis de León elaboró una singular filosofía sobre los nombres, siguiendo los conceptos de la mística judeo-cristiana.

En su obra filosófica *De los Nombres de Cristo*, explica que una palabra o el nombre de algo contienen en sí aquello que están nombrando.[18] Él concluye, por lo tanto, que cuando contemplamos ese nombre como un pensamiento, de alguna manera poseemos la esencia de aquello que está nombrando. Para Fray Luis de León, la palabra no es, de ningún modo, una mera convención o carente de significado. Para él, contiene un poder de creación; contiene, según la terminología de Ramtha, conciencia y energía.

El primer libro de la Torá judía, el Libro del Génesis, contiene — como parte de su palabra inicial בראשית, «bereshit»— la palabra ברא «bere» (beth, resch, álef). La segunda palabra del mismo libro es «bere»

---

[18] Fray Luis de León, *De los Nombres de Cristo*, Madrid, Colección Austral, Espasa Calpe, 1991.

a secas. Este término se refiere, a la vez, a un sustantivo y a un verbo. Como sustantivo singular significa «una palabra», y como verbo se refiere al acto de creación. Este doble significado no es de ninguna manera arbitrario, especialmente cuando consideramos que el contexto del libro del Génesis es la historia de la creación.

Este libro cuenta que en siete días, Dios creó los cielos y la Tierra, y todo lo que existe dentro de ellos. Dios, a través de su mandato, da existencia a su creación, y al ver que la obra es buena, la aprueba. Este contexto le da a la palabra «bere» un trasfondo muy profundo que la carga de significado. Gran parte del misticismo judío y de la Cábala judeo-cristiana de la Edad Media estaban fundados en el entendimiento de que las palabras y los pensamientos tenían una cualidad divina y creadora. Las palabras eran el foco de la meditación y los agentes que acercaban al individuo a lo divino. A la luz de estas consideraciones, no es difícil encontrar un paralelo entre el concepto del «poder creador de la palabra de Dios» y «el poder creador de conciencia y energía contenido en el pensamiento y expresado en la palabra».

Sin embargo, una diferencia importante entre estos dos conceptos es que la única vez que la palabra tiene un poder creador, de acuerdo con el Génesis, es cuando es usada por Dios, y no por hombres y mujeres. En otras palabras, se la considera un atributo divino. En el entendimiento de Ramtha, el poder creador de la palabra está a disposición de todo el mundo. Para Ramtha, este importante don de la humanidad es un testimonio de hasta qué punto hemos olvidado nuestra divinidad así como los cimientos mismos de nuestro libre albedrío.

> «Entonces, la definición de Dios —que se trata de la definición de ti mismo— es que tú eres conciencia y energía, cualquier cosa que tu voluntad ilumine. ¿Y por qué los siete sellos? Porque nuestra voluntad puede operar en cualquiera de esas áreas. Y el cuerpo es un mapa, un duplicado exacto de aquello que se llama los siete reinos —como es adentro, es afuera; como es arriba, es abajo—; y lo que da a esos reinos su viabilidad y, en verdad, su justa razón de ser, es nuestra voluntad y nuestra elección. Eso es todo. Pero es todas las cosas, todo. (…)

Conciencia y energía es la ley intrínseca —la única ley, si queremos llamarla así— que está en funcionamiento. Y lo que hace es tan
ilimitado que la sostiene. Es la única ley, si queremos llamarla así,
en la que tu voluntad puede ser absolutamente libre.»[19]

La ley de conciencia y energía está siempre activa en la persona,
aunque puede que no siempre sea evidente debido al nivel de percepción
consciente del individuo. Ramtha explica que generalmente las personas
no son conscientes de la verdadera dirección de su enfoque y su intención, por eso piensan que su voluntad no se manifiesta. Por otro lado, las
personas que están conquistando su condición humana y volviéndose ilu-
minadas, aprenden a ser conscientes y a redirigir a voluntad la intención
subyacente que crea sus vidas.

«A menos que entiendas que conciencia y energía crean la realidad,
siempre tendrás las frases: pero, por qué, no puedo, es muy difícil,
fracaso, carencia… Siempre las tendrás. Y lo asombroso es que conciencia y energía están creando tu objeción.»[20]
«La conciencia no tiene leyes; cualquier cosa que sea, es la ley. Y
esa es la ley: hacer conocido lo desconocido. Su reinado es libre. La
energía es la servidora de los pensamientos. Es lo que colapsa el
mundo subatómico en una realidad de partículas y crea campos mag-
néticos para atraer hacia tus bandas lo que ya se conoce. Todas las
personas en nuestra vida reflejan un aspecto de quiénes somos, y ese
aspecto está ahí para una redención emocional.»[21]

Ramtha explica, además, que la mecánica de la ley de conciencia y
energía está expresada en la forma como el lenguaje organiza los verbos
y sustantivos en una oración. El verbo es la acción de la conciencia y
energía, y el sustantivo representa la realidad creada por esa acción. Él
concluye, por lo tanto, que el verbo debería ir siempre primero en una

---

[19] Ramtha Dialogues®, Cinta Nº 437.1: *Walking the Journey of the Woman* (Transitando el
camino de la mujer), 9 de enero de 2000.
[20] *Ibíd.*
[21] Ramtha Dialogues®, Cinta Nº 437: *Blue College Weekend* (Retiro de fin de semana del
Colegio Azul), 7 de enero de 2000.

oración y después el sustantivo, para imitar fielmente la manera como se crea realmente la realidad. La lengua nativa de Ramtha estaba estructurada de esa forma. Algunas lenguas antiguas, como el griego clásico, presentan también indicios de este formato.

Es importante que el lector tome esto en cuenta cuando lea las enseñanzas de Ramtha, dado que en algunas instancias podría parecer, a primera vista, que su uso del inglés es más bien arcaico o tosco. Ramtha es muy cuidadoso y minucioso al exponer su pensamiento. Todo lo que hace, cada término que utiliza, tiene un significado y un propósito específicos; representa y es consecuente con la totalidad de su mensaje.

Al preparar las enseñanzas de Ramtha para su publicación en forma impresa, se ha puesto especial atención en presentarlas, en la medida de lo posible, en el mismo contexto y forma en que fueron transmitidas. Para evitar la alteración de las enseñanzas, se ha tenido mucho cuidado en no sacarlas de contexto ni usar un sistema de puntuación que pudiera cambiar el significado. Sin embargo, somos conscientes de que el elemento humano de percepción y de comprensión limitadas es inevitable. El único modo de asegurarse de que el mensaje sea transmitido y recibido en su belleza y originalidad prístina es cuando el lector lo adopta como un paradigma verdadero. De esta forma, da los frutos de verdad y sabiduría que promete.

«Te he dado, en verdad, una gran cantidad de información, y es cierto que mi lenguaje no siempre fue comprensible, y eso se convirtió en una excusa. He visto mis palabras, como tú las llamas, editadas y cambiadas de lugar en favor de la continuidad del pensamiento. Y, sin embargo, cuando las palabras fueron editadas en favor de la continuidad del pensamiento, se excluyeron palabras de un profundo poder. ‹*En verdad así es en este tiempo tal como tú lo conoces, en esta misma hora, que aquello que se llama en verdad el Dios dentro de ti se alza, tal como se ve en este momento, para hacer frente a aquello que se llama, y así es en verdad, la creciente sombra que yace en las profundidades del alma de todo aquello que se llama la humanidad.*› ¿Recuerdas esas palabras? Las quitaron en favor de la continuidad. (…)

Ahora, las palabras eran poderosas porque no eran simples palabras. Estaban organizadas de acuerdo con la dirección y el impacto de su energía, y cómo estarían destinadas a florecer. Así que las palabras que usé en tu pasado estaban allí por el poder del momento. Yo era quien las transmitía; por lo tanto, estaba obligado a darles existencia.»[22]

Las Enseñanzas de Ramtha como un Sistema Autónomo de Pensamiento

Los Pilares del Sistema de Pensamiento de Ramtha

◊ El Vacío
◊ Conciencia y Energía crean la realidad
◊ «He aquí a Dios»
◊ Hacer conocido lo desconocido

Las enseñanzas de Ramtha abarcan una gran cantidad de temas, sin embargo, todos ellos sirven para exponer los conceptos fundamentales de su propio sistema de pensamiento. En repetidas ocasiones, Ramtha ha recalcado que la totalidad de su mensaje podría expresarse con la frase «Tú eres Dios». Pero ¿cómo hemos de interpretar esta afirmación? Probablemente haya tantas definiciones de la palabra «Dios» como personas en la Tierra. A fin de comprender correctamente las enseñanzas de Ramtha, es crucial que tomemos conciencia tanto de nuestro propio concepto de Dios como de su contraste con la explicación y definición de Ramtha acerca de Dios y de la naturaleza de la realidad.

¿Cuál es la esencia de todas las cosas? ¿Cuál es su origen? ¿Cuál es su naturaleza? ¿Cuál es su destino? Para abordar estos interrogantes, Ramtha comienza con el concepto del Vacío.

---

[22] Ramtha Dialogues®, Cinta Nº 304, *Preserving Oneself* (Preservarse a uno mismo), 6 de febrero de 1991.

El Vacío es la fuente de la cual surgió todo lo que existe. Ramtha describe al Vacío como «una vasta nada materialmente, pero todas las cosas potencialmente». En el Vacío no hay nada, ni movimiento ni acción. Muchas aproximaciones filosóficas al interrogante de Dios, incluyendo las teologías de las religiones monoteístas, han concebido a Dios como un ser omnisapiente, infinito, absoluto, trascendente e inmutable. En el sistema de Ramtha, los atributos de absoluto, infinito e inmutable son características del Vacío. El Vacío es autónomo, autosuficiente, está en un estado de reposo y de ausencia de necesidad. Aunque el Vacío se vea como una vastedad que lo contiene todo, en su estado original no posee conocimiento de sí mismo, ya que el conocimiento es una acción.

«Bien. Retrocedamos hasta antes de que hubiera un comienzo. ¿Puedes imaginarte esto? Si el tiempo, entonces, se basa en el concepto de que existe entre dos puntos de conciencia —¿me sigues filosóficamente?—, ¿qué era cuando no había dos puntos de conciencia? ¿Te puedes imaginar eso? Vamos, despierta. Ahora, si no había dos puntos de conciencia, no había nada. ¿Sabes lo que significa la palabra «nada»? No-cosa. ¿Puedes imaginarte una inmensidad de no-cosas? Bueno, existió, y sigue existiendo.

Entonces, esto es con lo que vas a tener un problema. Esta condición siempre existió. Eso es con lo que tienes problemas. No puedes imaginarte algo que existió que no era nada y que nunca tuvo su propio creador. Siempre existió. Eso es lo que desconcierta al cerebro amarillo.[23] Siempre existió. Poderoso. Bueno, a esto lo llamamos —y quiero que lo escribas— el Vacío. El Vacío. Ahora quiero que escribas la definición del Vacío justo detrás. El Vacío es una vasta nada materialmente, todas las cosas potencialmente. Entonces, ¿te vuelves a tu vecino y lees la definición del Vacío? (…)

Ahora, llamamos entonces al Vacío una vasta nada materialmente, sin embargo, todas las cosas potencialmente. Vamos, principiantes, decidlo. Ahora, esto es lo que en los viejos tiempos de mi aparición aquí llamé el Principio Madre-Padre. Se llama el Principio Madre-Padre, el Vacío. También se lo llamó la Fuente. La Fuen-

---

[23] El «cerebro amarillo» es el nombre que da Ramtha a la neocorteza del cerebro, la morada del pensamiento analítico y emocional.

te. Ahora, hay un magnífico y brillante científico que llegó a un entendimiento del Vacío. Él lo llamó algo así como el éter, pero eso es incorrecto. Este científico —y se llama David Bohm— entendió que las partículas no viajan. No viajan; aparecen y reaparecen. ¡Qué concepto tan asombroso! ¿No hacen esto? Sí, aquí abajo lo hacen. (…) Él dijo que el Vacío pliega, enrolla, y desenrolla potenciales. Tiene razón.[24]

El concepto de Dios como creador, «la primera causa» o «el motor inmóvil», que encontramos en la filosofía de Aristóteles y en la teología de Tomás de Aquino, es descrito por Ramtha en función del Vacío contemplándose y conociéndose a sí mismo. Este acto de contemplación representa un movimiento único en el Vacío, el cual originó un punto de conciencia y saber de sí mismo. A este punto de conciencia se lo llama Punto Cero, el Observador, la Conciencia Primaria, Conciencia y Energía, y Dios. Punto Cero lleva en sí la intención primordial de experimentar y hacer conocido aquello que es desconocido y que se encuentra en un estado de potencialidad dentro de la vastedad del Vacío. Esta es la base para la evolución. El Vacío contemplándose a sí mismo es la fuente y origen de la persona. La afirmación de Ramtha «Tú eres Dios» habla de la persona como el Observador, la encarnación de Punto Cero, y Conciencia y Energía creativas.

Para cumplir con su naturaleza de evolucionar y hacer conocido lo desconocido, Punto Cero imitó el acto de contemplación del Vacío. Al hacer esto, Punto Cero creó un punto de conciencia referencial que funcionó como un espejo a través del cual pudo tener conciencia de sí mismo. Ramtha se refiere a esta conciencia de reflejo como la Conciencia Secundaria. Punto Cero descansa en el seno del Vacío y no tiene límites en cuanto a lo que puede saber. El reflejo entre Punto Cero y la conciencia de reflejo genera un medio ambiente, un plano tangible de existencia en el tiempo y en el espacio. El Espíritu es el aspecto dinámico de Punto Cero; es la voluntad o la intención que desea saber y experimentar lo

---

[24] RAMTHA: *Creando la Realidad Personal*

desconocido. La exploración de los potenciales del Vacío, llevada a cabo por Punto Cero y la conciencia de reflejo, generó siete niveles de conciencia y, en consecuencia, siete niveles de espacio y tiempo, o frecuencia. Este viaje y acto de creación, bajando por siete niveles de conciencia y energía, se llama «el viaje de la involución». La travesía de regreso a Dios y al Vacío se llama «el viaje de la evolución». El alma es diferente del espíritu; Ramtha se refiere al alma como el Libro de la Vida. El alma es quien registra todas las experiencias y la sabiduría que se han obtenido en el viaje de la involución y la evolución.

El conflicto del ser humano se expresa en función del olvido, la amnesia y la ignorancia de sus orígenes y de su destino. El viajero, o la Conciencia de Reflejo, se identificó tanto con el plano de existencia más denso y más lento, que olvidó su propia inmortalidad y divinidad. El ser humano se ha convertido en un extraño para sí mismo —para el Dios que vive dentro de nosotros y que es nosotros— y ha buscado ayuda, sentido y redención en una causa externa. Al hacer esto, la humanidad niega su propia divinidad y excluye cualquier posibilidad de liberarse de su condición actual.

Es importante observar que en el sistema de pensamiento de Ramtha, el mundo material —el plano de existencia más denso— y el cuerpo físico, jamás son considerados como indeseables, perversos o esencialmente malos. La interpretación dualista de la realidad que encontramos típicamente en las tradiciones gnósticas —que recalca la lucha entre el bien y el mal, lo bueno y lo malo, la luz y la oscuridad, el pecado y la virtud— está básicamente excluida del sistema de pensamiento de Ramtha. Lo que se vuelve una situación indeseable es permanecer en un estado de ignorancia y negación de nuestra naturaleza y destino verdaderos. Es absurdo discutir por nuestras limitaciones, cuando somos nosotros, como conciencia y energía, quienes las hemos creado.

La Gran Obra es la aplicación práctica de las enseñanzas de Ramtha, donde la persona tiene la oportunidad de conocerse a sí misma y alcanzar la iluminación. El sendero hacia la iluminación es el viaje de la evolución de regreso a Punto Cero. Al llevar a cabo esta tarea, la persona cumple el mandato de hacer conocido lo desconocido y entregar al Vacío su experiencia para que se convierta en sabiduría eterna.

«Entonces, de todo aquello que se llama el sistema solar y el espacio y las estrellas y las nebulosas y los telestars, ¿qué es el espacio? Lo importante no es lo que ves que deslumbra al ojo, sino aquello en lo que existe, la Nada. ¿Qué es eso? La Nada, el Vacío. ¿Podría ser eso el progenitor de la luz y las constelaciones y los sistemas estelares y las nebulosas? Lo es. Se llama el Vacío. ¿Qué es el Vacío? Es aquello que existe sin tiempo, distancia ni espacio.

Ahora, la Escuela Antigua, entonces, se basa, no en una verdad nueva sino, literalmente, en aquello que se llama los cimientos del mundo: cómo llegó a existir el sistema solar y por qué, y quién eres tú con relación al sistema solar; cuál es tu camino, el camino del sistema solar; cuál es, en verdad, el significado del cosmos; por qué eres tan pequeño con respecto a la imagen más grande. Aprenderás eso en esta escuela. Y esta no es una verdad nueva; esta es una verdad antigua.

La escuela, entonces, está construida sobre una piedra angular. Piensa en la escuela como un edificio gigantesco, que no es nada que puedas ver, sino que es todo lo que sientes. Y la piedra angular de este edificio se llama conciencia y energía. Entonces, ¿qué dije? Vuélvete a tu vecino y dile eso. Conciencia y energía: es la piedra angular de esta escuela. Conciencia y energía. ¿Sabes qué significan esas palabras? Un sueño con poder e intención; eso es lo que significan. Así que la escuela está construida empezando con esta piedra angular.

Y otra piedra angular es que tú eres Dios. Di eso. Más alto. Ahora, mira, no te quemaron vivo por decir eso, ¿no es así? Esto no es blasfemia. Esta es la Sagrada Escritura. Dilo de nuevo. Que así sea. Ahora, ese es un maravilloso lugar en donde estar, pero sí que implica algunas responsabilidades. Entonces la otra piedra angular es que tú eres Dios. ¿Y cuál es la otra piedra que forma el cuadrado? Conciencia y energía crean la realidad. Tú eres Dios.

¿Y cual es la otra piedra si vamos a cuadrar esto? La otra piedra es que tu vida es para hacer que evolucione lo que ya se conoce. Di eso. De nuevo.

Ahora, ¿significa eso que debes ser igual que un entrometido y dirigirte a tu vecino y hacer que evolucione su vida? ¿Es así? Significa que te ocupes de tu propio destino. Tu propio destino es tu vida. Y tienes que ver lo que creaste, a lo que estas adherido emocionalmente, adueñarte de esa emoción, y seguir adelante creando nuevos paradigmas de vida. Y si haces eso, nunca morirás; no acabarás en el cementerio. Así que cuanto más creas, más joven te vuelves. Cuánto más joven te vuelves, más viejo te vuelves. Entonces, ¿es posible que nunca se te acaben las ideas? Sí. ¿Te vuelves a tu vecino y le dices eso? Vamos. Vamos. Queremos esta manifestación. Vamos. (…)

Y la evidencia es la verdad que dice que ni siquiera has empezado a soñar tus sueños más grandiosos o a vivirlos. ¿Y cómo sabemos eso? Porque observa esto: usas menos de una décima parte de este cerebro; menos de un décimo.»[25]

Todas las disciplinas de la Gran Obra diseñadas por Ramtha, y que él utiliza para iniciar a sus estudiantes en las enseñanzas, siguen el modelo —y en cierto sentido lo imitan— del proceso de contemplarse a sí mismo experimentado por el Vacío, el cual dio origen a Conciencia y Energía, las que a su vez crean la naturaleza de la realidad.

En conclusión, los cuatro pilares o piedras angulares de la filosofía de Ramtha son: el concepto del Vacío, Conciencia y Energía crean los siete niveles de la realidad, la afirmación «Tú eres Dios», y el mandato de hacer conocido lo desconocido. En las tradiciones antiguas pueden encontrarse numerosos indicios del pensamiento de Ramtha, aunque en la mayoría de los casos, todo lo que queda son débiles ecos que apenas han sobrevivido el paso del tiempo y la pérdida de un contexto apropiado para su interpretación. Algunas de estas tradiciones son: las filosofías de los antiguos egipcios y el faraón Akhenatón; la descripción de Buda de sí mismo como «el que está despierto»; el entendimiento de Sócrates acerca de la virtud y la inmortalidad del alma; el concepto de las formas universales de Platón; la vida y las enseñanzas de Yeshua ben Joseph[26]; las obras del apóstol Santo Tomás, el Himno de la Perla; el Himno al

---

[25] Ramtha: *Creando la Realidad Personal*

[26] Ramtha se refiere a Jesucristo con el nombre de Yeshua ven Joseph, siguiendo la tradición judía de la época.

Verbo Divino en el Evangelio según San Juan; Apolonio de Tyanna; Orígenes; los cátaros y los albigenses; Francisco de Asís; los místicos judíos y cristianos; el dibujo de San Juan de la Cruz *Subida al Monte Carmelo*, donde la cumbre se ubica en la parte superior de la cabeza del cuerpo humano; las obras de arte de diversos artistas como Miguel Ángel y Leonardo da Vinci; los escritos y las experiencias místicas de Teresa de Ávila; las obras de Fray Luis de León; los humanistas del movimiento renacentista en Europa; los rosacruces, y los maestros del Lejano Oriente, entre otros.

Finalmente, es importante observar que un elemento común en la exposición que hace Ramtha de sus enseñanzas es la reinterpretación del entendimiento tradicional de la vida y enseñanzas de Yeshua ben Joseph.[26] Él cita esta fuente en repetidas ocasiones, pero arrojando una nueva luz y discernimiento sobre las enseñanzas de Jesús. La particular interpretación de Ramtha acerca de Jesús dista de ser una manipulación arbitraria de la información. Siempre que Ramtha se desvía de la interpretación tradicional de Jesús y sus enseñanzas, proporciona una evidencia sustancial para sus hipótesis y afirmaciones.

Quisiéramos finalizar este estudio preliminar haciendo un paralelo entre el Padrenuestro —la oración de Jesús que se encuentra en los Evangelios Sinópticos— y la oración de Ramtha al Espíritu, entre las cuales existe una gran similitud. El Padrenuestro es la oración que se usa tradicionalmente en el cristianismo para dirigirse a Dios; se considera que esta oración es representativa de las enseñanzas de Jesús. Por su parte, la oración de Ramtha al Espíritu ofrece a sus estudiantes los medios para promulgar y proclamar las afirmaciones básicas de sus enseñanzas. Esta oración es una iniciación poderosa en los misterios sagrados de la creación, el espíritu y el viaje de la involución y la evolución de regreso a Dios.

Paralelo entre la Oración de Jesús al Padre y la Oración de Ramtha al Espíritu

El Padrenuestro	Oración de Ramtha
Padre nuestro,	Oh, mi amado Espíritu,
	mi Espíritu poderoso,
	el Omnipotente,
	tú que estás lleno
que estás en el Cielo,	del poder del Cielo y de la Tierra,
santificado sea tu Nombre,	lléname con tu poder.
	Oh, mi Espíritu, lléname
venga tu Reino,	con tu Reino manifiesto;
hágase tu voluntad	que yo sea un receptáculo
	para revelar aquello
así en la Tierra	que es invisible en el Cielo,
como en el Cielo.	para dominar aquello
	que es visible en el Tierra.
Danos hoy	Manifiesta para mí
el pan que nos corresponde;	mi alimento diario,
	de modo que yo viva
y perdona nuestras deudas,	para reconocer mi culpa,
como también nosotros	mi duda,
perdonamos	mi pesar, y, entonces,
a nuestros deudores.	ser consciente de la verdad.
	Oh, poderoso Espíritu,
Y no nos dejes	no permitas
caer en la tentación,	que yo sea tentado.
sino líbranos,	Protégeme
del Maligno.[27]	de todo lo que pueda persuadirme.
	Y manifiesta a través de mí
	al Dios divino.
	Así lo digo yo.
	Que así sea.
	Por la vida.[28]

---

[27] Mateo 6, 9-13 *La Biblia Latinoamericana*, CD-ROM, Buenos Aires, Ed. San Pablo, 1995.
[28] Ramtha Dialoguesâ, Cinta N° 327.09, *Our Omnipotent Spirit: Direct Line to the Power of Manifestation* (Nuestro espíritu omnipotente: la línea directa hacia el poder de la manifestación), 23 de febrero de 1996.

Las palabras de la oración de Ramtha que presentan un claro paralelo con la oración de Jesús podrían servir como una clave para la interpretación del mensaje de Jesús. Cuando aplicamos el entendimiento de Ramtha de esas palabras a las enseñanzas de Jesús, su mensaje concuerda notablemente con la obra atribuida al apóstol Tomás en la colección de escritos de Nag Hammadi.[29] Esto es importante, ya que se considera que los textos de Tomás datan de mediados del siglo I, una fecha anterior al Evangelio de Juan y a los tres Evangelios Sinópticos[30].

«Ahora, quiero que sepas también que si sientes una ligera repulsión hacia esta oración, se debe, muy probablemente, a un recuerdo profundo y consciente de la religión y tu aversión hacia ella. Pero escúchame: esto se conocía en tiempos de la antigüedad. Los grandes, grandes maestros y Cristos de la Tierra enviaron este mensaje a la gente. Fragmentos de los misterios sagrados fueron robados, y a su alrededor se creó una religión en la que se produjo una gran farsa. Y la gran farsa es que la religión se convirtió en el custodio de Dios y, en verdad, en último término, tenía poder sobre las almas de todos sus feligreses. Es más, tomó este conocimiento y dijo que sólo a través de Cristo podía suceder esto. Eso no es verdad. Es más, está hablando de una deidad de la cual ha enseñando que existe en forma ajena a la gente. Eso no es verdad.

---

[29] Conjunto de manuscritos, en su mayoría de origen gnóstico, descubiertos en 1945 cerca de Nag Hammadi (Egipto). Estos manuscritos son la colección mas completa y mejor preservada de varios evangelios y escritos teológicos considerados por la Iglesia Católica como apócrifos, entre los que merece especial atención el Evangelio de Tomás, uno de los doce apóstoles. Este documento —mencionado por los Padres de la Iglesia, pero excluido del canon ortodoxo— es una colección de 114 dichos de Jesús recogidos por Tomás.

[30] «En este libro discutiré, en primer lugar, que desde ningún punto de vista histórico significativo puede considerarse al documento de Tomás como *gnóstico*. Cualquiera haya sido la función del Apócrifo de Juan, el Origen del Mundo, Eugnostos, Pistis Sophia, etc., el Evangelio de Tomás es algo diferente. Para ver un típico evangelio de dichos gnósticos, habría que dirigirse al Evangelio de Felipe. En segundo lugar, demostraré que, sin ser un documento sistemático, Tomás contiene, sin embargo, un conjunto inteligible de ideas, las que en su mayoría están tomadas de la sabiduría judía y de las tradiciones apocalípticas. Finalmente, ubicaré a Tomás dentro del contexto de la Iglesia primitiva. Es una colección de dichos que

Observa que en esta plegaria estamos diciendo: ‹Oh, mi amado Espíritu›. Le devolvemos a Dios el plan y el poder que Dios nos dio, que es donde deben estar. Estamos invocando a la deidad y a su poder dentro de nosotros. Somos la proyección de esa deidad; se nos ha dado el poder de crear. Cuando la invocamos, lo hacemos desde nuestro propio lugar sublime y profundo. Esta no es una oración religiosa; es la plegaria invocadora del Espíritu individual, del Dios Todopoderoso; Dios Todopoderoso.»[31]

La oración de Ramtha contiene los elementos básicos de su filosofía. La plegaria está dirigida a nuestro espíritu personal, al aspecto dinámico de Punto Cero, al Dios interior de la persona, y no a un ser que está fuera de nosotros y que nos trasciende. Nuestro espíritu personal se define como el Todopoderoso y el Omnipotente, el hijo del mismo Vacío. El concepto del Cielo se interpreta en relación al océano de potenciales del Vacío; la palabra «Tierra» se utiliza en referencia a la manifestación y expresión de esos potenciales. El Cielo es el principio creador de conciencia y energía, y la Tierra es su séptima expresión y manifestación.

La personalidad humana —la conciencia secundaria o conciencia de reflejo— es quien está dirigiendo la plegaria al Observador o conciencia primaria. Expresa su deseo de convertirse en un receptáculo de los potenciales invisibles, de hacer conocido lo desconocido. El valor de alimen-

---

se utilizaba para la instrucción de los cristianos recién bautizados. Parece reflejar una forma primitiva de la prédica joánica y, probablemente, proceda de la misma época que el Documento Q (fuente de dichos de la que, según muchos estudiosos, Mateo y Lucas tomaron gran parte de su material). El documento de Tomás debería fecharse entre los años 50 y 70 d.C.

Si se aceptan estas conclusiones, entonces el Evangelio de Tomás puede ocupar un lugar dentro de la erudición y del autoconocimiento cristiano; lugar que ahora se le niega. Me preocupa menos que cualquiera de mis conclusiones específicas acerca de Tomás sean aceptadas, que el hecho de que el texto se ubique a mediados del siglo I, pues sólo entonces se reabrirá el interrogante del significado de Tomás en la historia cristiana.»
Stevan L. Davies, *The Gospel of Thomas and Christian Wisdom* (El Evangelio de Tomás y la Sabiduría Cristiana), New York: Seabury Press, 1983, 2.

[31] Ramtha Dialogues™, Cinta N° 327.09, *Our Omnipotent Spirit: Direct Line to the Power of Manifestation* (Nuestro espíritu omnipotente: la línea directa hacia el poder de la manifestación), 23 de febrero de 1996.

tar el cuerpo físico y sustentar una forma de vida humana reside en tener la oportunidad de tomar conciencia de nuestra culpa, duda, y pesar. En otras palabras, lo que es importante en la vida es liberar y apoderarse de la verdad de todas las emociones humanas que hacen que continuemos repitiendo las experiencias de nuestro pasado. El alma proporciona la lista de lo que aún necesita ser resuelto en nuestras vidas para poder continuar nuestro viaje de la evolución de regreso a Dios. La meta de la oración es alcanzar la unidad con lo divino, obtener la iluminación. Manifestar al Dios divino a través del individuo es convertirse en Dios-mujer/Dios-hombre realizados, un ser inmortal que ya no está limitado por el tiempo o el espacio. La frase que cierra la plegaria la distingue de ser una mera petición que ha de ser concedida por una fuente externa o un ser superior. Esta oración es, antes bien, un poderoso mandato de manifestación y un fuerte reconocimiento del poder creador del ser humano como Dios y Observador.

Las enseñanzas de Ramtha nos ofrecen una perspectiva única desde la cual contemplar el misterio de la vida; nos brindan un marco en el que los interrogantes que la filosofía, la ciencia y la religión no han respondido, encuentran un nuevo significado. Estas enseñanzas pueden llevar el alcance de la experiencia humana mucho más allá de los limites que, hasta el día de hoy, han establecido la ciencia y las diversas religiones del mundo. El sistema de pensamiento de Ramtha no es ni una religión ni una interpretación filosófica de la realidad, es la verdad que se obtuvo y se comprobó a través de la experiencia de un miembro de la raza humana. En este sentido, es el conocimiento de Ramtha, la ciencia de Ramtha. Y ahora que el sendero ha sido transitado, las puertas están abiertas para todos aquellos que deseen explorarlo y realizar su propio camino hacia lo desconocido.

Jaime Leal Anaya

16 de marzo de 2000

Traducido por Gabriela Contreras

PRIMERA PARTE

~✦~

RAMTHA
EL CAMINO DE UN MAESTRO HACIA LA ILUMINACIÓN

I
Autobiografía

～⚘～

Lemuria y Atlántida

Yo soy Ramtha el Iluminado. Era conocido como el Ram. Fui el primer conquistador que conoció este plano. Conquisté tres cuartas partes de tu mundo conocido, entidad. Mi marcha duró sesenta y tres años. Ascendí al nordeste del río Indo, delante de todas las entidades que eran mi gente, unos dos millones de personas. Ahora mi gente constituye la población de la India, Tibet, Nepal e incluso de aquello que se llama el sur de Mongolia, y así es en verdad. Mi gente es una mezcla de lemures, de aquello que se llama los pueblos de Ionia —más tarde llamada Macedonia— y la gente de las tribus, aquello que se llama, y así fue en verdad, la gente de las tribus de Atlantia. Mi sangre, entidad, está en todos ellos.

Yo no viajé por la totalidad de aquello que se llama el continente de Atlantia, sólo por el puerto más meridional, llamado Onai. Había un canal —lo que tú llamarías un canal— o vía fluvial que conectaba Atlantia con lo que se llama Mu. ¿Comprendes lo que significa Mu? Lemuria. La patria más grande de todas. Realmente fue la cuna de la civilización, si el hombre desea saber dónde estaba. Pero por los canales llegaban a Atlantia los peregrinos, puesto que la tierra llamada Mu estaba invadida por aquello que se llama las grandes bestias. Ellas eran los restos —y así fue en verdad— de una creatividad anterior, la cual te he explicado en aquello que se llama «Creación[1]». Y mucha gente tenía sus estructuras bajo tierra. En Lemuria nadie habitaba en estructuras sobre la tierra. Vivían en lo que se llama un monte. Había solamente una gran cordillera, que quedaba en la parte superior de la costa del Pacífico de este país (Estados Unidos) y que se internaba en los canales. En esta época en particular, las viviendas se construían en las montañas, pero en las llanuras, la gran llanura de Mu, todos vivían bajo tierra. Así que tenían una maravillosa red de túneles, en verdad, autopistas y desvíos que estaban por debajo de la tierra para protegerse de los animales que estaban arriba. Los animales se multiplicaron y produjeron criaturas enormes, más grandes y superiores.

Las entidades que decidieron permanecer en la patria sabían que la tierra se iba a hundir, porque las grandes aguas —y así fue en verdad— ya se estaban empezando a formar en el estrato. Y cuando la tierra se hundió, se destruyeron los animales y las bestias. Cuando esto sucedió, el continente se movió sobre su eje rotativo y esto produjo una gran helada en las regiones más altas de Lemuria. Fue la helada lo que extinguió todo. La tierra se estaba hundiendo. Los que eran los patriarcas de Lemuria decidieron permanecer en su amada tierra y perecer con ella. ¿Sabes? Ellos recuerdan la época de su llegada; se cuenta en su historia. Los más jóvenes hicieron su peregrinaje hasta Atlantia. Y la única vía fluvial que conectaba Atlantia con Lemuria era un canal. Nos llamaban esclavos, perros, desalmados, estúpidos. Todo lo que provenía de aquel continente no era apreciado ni respetado por los atlantes, porque ellos eran altivos en su intelecto, mientras que los lemures —y así fue en verdad— eran fuertes en el espíritu, el entendimiento invisible. Mis antepasados adoraban un poder al que llamaban el Dios Desconocido. E incluso en vuestra historia reciente, su nombre permaneció en altares durante varias civilizaciones.

Cuando yo llegué a Atlantia, entré por aquello que se llama un canal, y el puerto más grande de Atlantia era su esfera meridional llamada Onai. ¿Y tú crees que esta ciudad[2] es grande? El puerto de Onai —y así es en verdad— equivaldría a dos ciudades como ésta, incluyendo su costa; era

---

[1] RAMTHA DIALOGUES© Specialty tape 005, *Creation*.
[2] Se refiere a la ciudad de Nueva York, donde tuvo lugar este diálogo.

enorme. La cuenca, —o lo que ellos llamaban una cuenca— que separaba a los atlantes de los lemures, era más bien una barrera pequeña ahuecada en el centro, por eso tenía agua dentro de ella. Pero el pantano era un lugar bastante fijo. Ni siquiera los que mi amado médico llama forajidos se atreverían a pisar lo que se llama ahora tu América. Y separaba en entendimiento a los dos continentes.

En ese tiempo, Atlantia era el continente de una civilización que había perfeccionado el pensamiento hasta llegar al poder de la energía pura. Ellos adoraban el intelecto. Por eso en esta parte de tu país, en lo que tú llamas América, la costa este es conocida por su intelecto y la del oeste es conocida por su espíritu. Es una verdad. Es una actitud que persiste aquí. La costa de tu gran ciudad aquí (Nueva York) era en verdad la costa de islas más distantes de la parte septentrional de Atlantia. Así que lo que se llama las Américas, Brasil, Sudamérica, solían ser así. Eran una sola masa de tierra que se formaba en un punto y donde éste se formaba, toda la tierra que estaba por encima de ella era el gran continente llamado Atlantia. Y lo que separaba a Atlantia de estas dos masas de tierra era la zona del canal que conectaba a Lemuria con Atlantia. Era una vía fluvial muy singular. Era el único puerto que tenía la esfera sureña del norte, Onai.

El Cataclismo

Ahora tú dices, «¿Dónde, Ramtha, estaban todas las aguas, los océanos que tenemos?» Todavía estaban en vuestro estrato. El agua siempre había estado allí. Eso es lo que hizo que el maravilloso niño llamado Terra fuera fértil, porque tomó la luz del sol —y así fue en verdad— y la depositó por partes iguales en toda la Tierra. ¿Cómo sucedió la helada en los días finales? Las aguas bajaron al gran canal. Cuando los atlantes habían perfeccionado aquello que se llama la luz con el fin de viajar —con el fin de destruir, con el fin de transmutar pensamientos y cosas— una gran luz rompió el gran canal que estaba en el estrato. Entonces empezó a caer el agua de la atmósfera en forma de lo que tú llamarías humedad.

Poco a poco, a medida que esto sucedía, Lemuria empezó a rugir en sus entrañas y a temblar. Y cuando empezó a temblar, el estrato que había sido perforado por la gran luz encima de Lemuria, comenzó a inundar de agua. Cuando el agua bajó sobre los lemures, la Tierra empezó a inclinarse. Porque es como cuando el bebé está en la matriz. Si perforas la matriz, el agua que está allí y que lo protege lanzará al bebé a un lado, puesto que él se balancea en la matriz de acuerdo con el agua. Sucede lo mismo con Terra. Cuando las aguas bajaron sobre el gran planeta, éste se movió hasta el punto de un gran frío. Cuando se desplazó y el agujero estaba en el estrato, la luz del sol fue absorbida y condensada en todos los lugares donde todavía estaba el estrato, y como no había calor que pasara por el agujero, se creó una gran helada. Todo se hizo de una forma inmaculada, porque destruyó Lemuria —cuyos habitantes eran llamados perros, y en verdad no cosas— y a todos los animales que empezaban a representar una amenaza para los atlantes. Ahora, ¿qué pasó con Atlantia cuando comenzó el gran derrumbe y catástrofe en Lemuria? Empezó a caer por secciones. Primero se vino abajo la parte norte de Lemuria. Y cuando se hundió a causa de la helada, avanzaron las vías fluviales. Las grandes aguas comenzaron a llenar cada parte del continente a medida que éste empezaba a descender. Cuando empezó a suceder esto, los continentes que unidos conformaban el elemento de apoyo de Atlantia, empezaron a desmembrarse, porque el agua entró por la vía fluvial —y así fue en verdad— y comenzó a dividir el canal que separaba los continentes, de modo que se desplazaron. Lo que tú llamas los continentes de Brasil y Sudamérica son partes separadas que una vez estuvieron unidas donde ahora fluye un gran canal.

Verás, los atlantes creían fervientemente que éste había sido un acto de su inteligencia, ya que ellos eran conquistadores de mundos, ya que su terrible luz —y así fue en verdad— no era nada terrible. Eran simplemente lo que tú llamas láseres, pero en una forma más refinada y utilizable. Ellos despreciaban a los peregrinos, quienes no tenían intelecto para las máquinas. Cuando vieron desde lejos la división del estrato y la desintegración, fueron tan arrogantes como para pensar que ellos nunca serían aniquilados, y que el agujero en el estrato no era más que una aventura.

El continente de Atlántida —al que se llamaba Atlantia— es y fue la civilización roja. Lo que vosotros llamáis vuestros indios, vuestra gente roja, son en verdad los antiguos conocidos como los atlantes.

EL PEREGRINAJE A ONAI

Ahora, durante mi tiempo, cuando los peregrinos se habían establecido y había barrios marginales en Onai, se necesitó mucho tiempo para que entrara en operación esto que te he contado. Se necesitaron 600 años, según vuestro cómputo del tiempo —y así fue en verdad—, desde la primera perforación del estrato hasta la inundación y ruptura del canal. Esto es mucho tiempo, no sucedió en un momento. Todos los peregrinos estaban en la región meridional de la Atlántida. En esa época —y así fue en verdad— el avance del entendimiento tecnológico ya había alcanzado una gran decadencia. Ya estaban empezando a desmoronarse y a caer las regiones septentrionales de Atlántida, pues estaban haciendo mal uso de la luz. Ellos podían viajar sobre la luz, sus naves podían viajar sobre la luz. No podían ir en círculos, pues la luz no tenía forma redondeada. Tenía forma de línea recta. Ellos querían subir, colocaron sus naves sobre la luz y subieron. Al hacerlo perforaron el estrato. Y cuando perforaron el estrato en la parte septentrional, llegaron las grandes aguas y hubo una gran destrucción. Se emitió una gran presión sobre Terra. Y la parte septentrional que está más allá de vuestra costa este aquí, empezó a caer, a partirse y a moverse, a medida que las grandes montañas se agrietaban y caían debido a los golpes de las olas. Eso fue lo que sucedió. Sin darse por enterados, y aunque las masas de tierra caían al agua, ellos continuaron subiendo.

En vuestro Libro de los Libros está escrito un dicho que fue muy apropiado para ese tiempo. Y dice: «He aquí que en sus últimos días se lanzaron como águilas para fijar sus nidos en las estrellas, y yo los bajé»[3]. Eso era para ellos; no es el futuro, fue el pasado. Y al continuar haciendo esto —y así fue en verdad— perforaron más y más el estrato. Y he aquí

---

[3] La Biblia. Abdías 1,4

que lo que estaba debajo de la tierra —la luz, en verdad— empezó a emerger por donde aparecía una perforación del estrato. Y toda el agua que permanecía en el otro estrato, que ahora estaba debajo de lo que tú llamas ecuador, y que envolvía la superficie inferior de Terra, se volvió rígida, porque ya no había consistencia para que el agua transportara la luz equitativamente, para que emitiera calor. Ahora estaba desplazada. El continente se partió de a pedazos y se hundió. Yo llegué a Atlantia —y así fue en verdad— en los últimos cien años, y durante ese tiempo, en lo que tú llamas las Carolinas —como popularmente se las llama—, el continente se había partido debajo de ellas. Ellas son restos de las cimas de las montañas.

En este punto, la civilización de los atlantes se había degenerado hasta convertirse en una tiranía, en tiranos que ya no sabían cómo usar los adelantos tecnológicos que sus antepasados habían usado, sino que usaban el poder a través del pensamiento. Los tiranos formaron democracias. En las democracias, los tiranos gobernaban a la gente con leyes inexorables; no había repúblicas. En una democracia de leyes irrefutables, nosotros —aquello que se llama los lemures, los miserables, los peregrinos, los perros, los no-cosas, los desalmados, estúpidos desperdicios del intelecto, vivíamos entre la espada y la pared. Y ese era mi tiempo. Ya no teníamos las grandes luces: habían caído cuando ocurrió el último gran terremoto en la Atlántida, en el centro de su metrópoli científica. Y después de eso todo se destruyó.

Hay un lugar llamado «Dead Horse Drones». Está en vuestro mar, en la costa este. ¿Sabes que allí no hay viento? Ha habido marineros que han navegado por ese lugar terrible y diabólico, y el viento se acaba y allí perecen. Es allí —debido a la falta de viento— donde descansa el centro científico de aquello que se llama Atlántida. Y también hay una gran puerta controlada por una columna de vacío, que conduce a la civilización interior que hay dentro de tu Tierra. ¿Por qué está muerto todo allí? Verás, la actitud que se acumuló ahí en la última parte de aquellos días, la mediocridad de la inteligencia suprema de esos últimos días, todavía emite una actitud de soberanía sobre todas las cosas. Por eso es que no hay vida allí.

Ahora, en el día del Ram —y así fue en verdad—, cuando yo era un muchachito, ya no gobernaba la luz, sino los tiranos, la ley irrefutable. Y la vida humana no tenía ningún valor. Vuestros hombres rojos, los indios, ¿por qué fueron masacrados? Porque una vez fueron ellos quienes masacraron a los pueblos blancos, porque una vez ellos fueron los grandes soberanos de la totalidad de Terra. Y para ellos su karma —y así es en verdad— ha dado la vuelta completa.

Y en la tierra que ellos llamaban el desperdicio, solían colocar todas las cosas viles y montones de excremento de los muertos, en este laberinto que conectaba a los dos continentes, donde había pantano y no tierra. ¿Alguna vez has tratado de fijar una planta en una tierra que siempre está húmeda? De ahí es de donde procede vuestro arroz, y la ciencia de su cultivo procede de vuestros pueblos amarillos, puesto que ése fue su hogar por causa de los atlantes.

En mi tiempo, con lo único que tuve que habérmelas fue con los tiranos. ¿No es eso suficiente? ¿Es eso más poderoso que la luz? En verdad lo es. Y en mi tiempo, amada entidad —y así fue en verdad—, hubo épocas terribles, porque la vida no tenía ningún valor. Las mujeres que pasaban hambre en la calle no significaban nada para ellos. Cuando pasaban a nuestro lado, se tapaban las narices con pañuelos de lino fino que habían sido mojados en agua de jazmín y rosa. Nosotros éramos cosas hediondas y maltrechas. Y esa fue la época en la que yo nací.

Hubo etapas durante mi aprendizaje, mi obediencia, en las que fui una especie de niño abandonado. Era muy flojo y endeble en mis movimientos corporales. No tenía —y así fue en verdad— la fuerza suficiente para llevar los leños más pequeños al brasero. ¿Por qué era yo así? Porque no tenía lo que se llama alimentos para comer. No tenía lo que se llama linos y pieles para calentarme cuando llegaban el invierno y el silencio blanco. No tenía estas cosas, de modo que mi cuerpo era lánguido. Cuando yo era un muchachito, muy pequeño, en verdad, aquello que se llama las perspectivas de mi tiempo eran de privación. En este tu flujo de tiempo has creado un paraíso, porque aquello que se llama las vidas anteriores te han enseñado emocionalmente a crear una conciencia más favorable en la que puedas crecer. Y cuando yo era un niño, aquello que se llama la vida y sus ilusiones eran algo muy difícil en verdad, porque mi linaje era el excremento de la Tierra. Era el desperdicio de la Tierra. Y desde nuestro punto de vista consciente sobre razas más prominentes, hubiese sido mejor para mi gente y su linaje que hubiéramos perecido con todos los mares que exterminaron a los animales que vivían en la superficie de mi tierra.

Contempla por un momento que te llamen desalmado, inútil, inservible, repugnante, nauseabundo, vil; imagínate que toleras que te escupan, te orinen, que defequen sobre ti y no te permitan lavarte, excepto con tus lágrimas. Contempla ser huérfano de madre y padre. En verdad, contempla que el perro callejero tiene mejor alimento que tú, que salivas y deseas con vehemencia algo que mate la agonía de tu barriga. Contempla en qué tipo de sueño estaba yo. El comienzo de aquello llamado la creación del hombre y su llegada a la estupidez arrogante de su inteligencia, cuando se volvió tan majestuoso que todo lo que fuera inferior al color de su piel o al emblema sobre su puerta no valía nada, pues no había nada que pudiera igualar su arrogancia. Ese fue mi sueño.

Antes de la Encarnación Física

¿Quién escogió ser Ramtha? Yo. ¿Quién ha escogido ser tú? Tú —como yo— antes de entrar en aquello que se llama el pensamiento coagulado que es la carne, escogiste los patrones genéticos a partir de los cuales evolucionarías en tus procesos de comprender la materia. Cuando estás en un nivel más alto y no has descendido nunca a las frecuencias más bajas, no puedes entender. En la inocencia de tu ser, no tienes conocimiento para entender. Así que no comprendes la totalidad del reino de Dios; simplemente estás allí.

Yo no creé mi cuerpo. Me dejaron en aquello que se llama el Atrio de los Constantes. Esto era —y así fue en verdad— un estante; se llamaba el Manto de Terra. En el Manto de Terra, después de que las cinco razas habían descendido sobre este plano, yo fui uno de los que no habían descendido, pero había una gran muchedumbre conmigo, no era inusual. Porque, ¿quién iba a querer estar aquí, maestro, cuando la cópula empezó a agitarse y la semilla fértil surgió? ¿Qué alma y espíritu iban a habitar la semilla si Dios se había dividido en dos con el fin de crear—y así fue en verdad— una extensión de sí mismo hacia la creatividad para sus amados hermanos? No se convertiría en el otro hermano que él creó a partir de los dos; no podía. El hijo que se crea a partir de los dos debe tener un alma y espíritu. Los cuerpos se crean con facilidad. Las almas y los espíritus son eternos. Fue a través de un movimiento corporal como yo quise venir a expresarme. ¿Por qué no?

De muchas maneras yo había sido un dios imprudente, como lo fuimos todos al principio, y así fue en verdad. Utilizamos mal nuestros pensamientos y entendimientos hasta llegar a una competitividad que destruyó un maravilloso lugar. Y yo estaba entre ellos, así como tú estuviste entre ellos. ¿Y por qué deseamos expresarnos en las cosas que creamos? Si no nos expresamos en la realidad, ¿cómo sabemos que ella existe? ¿Cómo sabemos que la creatividad de lo que hemos hecho tiene una existencia, si no nos hacemos parte de ella?

Y cuando aquello que se llama las razas del hombre estaban floreciendo y fomentando la vida, la cultura y el amor, y la exuberancia de Dios amándose a sí mismo, fue en un orden natural de sucesos —y así fue en verdad— que yo tuve la opción de venir —como la tuvieron todos los del Atrio del Manto—, y yo escogí venir. Verás, yo apoyaba a Terra, porque Terra era una esperanza para nosotros. Era hermosa, luminosa, virtuosa, y habíamos aprendido de nuestros errores del pasado. Y yo deseaba ser partícipe en ella. Pero lo que yo no sabía era que, una vez que reduces tus vibraciones a planos inferiores, olvidas los campos superiores, puesto que estás viviendo en los inferiores. Cuando alguien nacido desde el Atrio en este plano olvidaba los superiores, estaba en su instinto. Así como los animales tienen su instinto, el hombre también lo tiene, pero no en memoria completa. El momento en que el espíritu toma en éxtasis la totalidad del cuerpo, el espíritu —y así es en verdad— posee la totalidad de la memoria, pero el ego no la tiene.

Así que cuando yo nací sobre este plano, nací como un bárbaro ignorante. ¿Cómo podía yo comprender la ignorancia y la separación de las especies; qué era un bárbaro y qué era un rey? ¿Cómo podía yo comprender la diferencia entre esas actitudes? En mi caso, yo no podía definirlas, puesto que no las había vivido. Verás, los elementos superiores nunca juzgan a los inferiores. Solamente los elementos inferiores juzgan a los superiores, porque éstos no tienen la capacidad de comprender al elemento inferior, pues no lo son. ¿Comprendes lo que digo? Antes de entrar yo no entendía que el hombre esclavizaba al hombre. Yo no entendía —y así fue en verdad— un desperdicio llamado vida humana, la privación, la esclavitud. ¿Cómo podía yo comprender esas cosas? Yo no era esas cosas. Y sólo cuando llegué a ser quien era estuve a merced de ser un ignorante, un bárbaro, de ser un perro desalmado e imbécil. Así era como nos trataban. ¿Cómo iba yo a saber que eso significaba estar por debajo de la aristocracia llamada Atlantia si no hubiera sido víctima de ellos? Cuando eres un ignorante y no posees el intelecto común de la región, entonces estás viviendo, en verdad, al margen de una sociedad que no te acepta. Porque si lo hacen, les recuerda a ellos quizás su propio fracaso. Al ego no le gusta eso. Al ego alterado no le gusta que le recuerden que está alterado.

Yo escogí ser Ramtha. Tú escogiste ser tú, a tus padres, el color de tu piel, tu género —que lo determina tu alma—, el lugar donde vives, lo que llamarías un zona geográfica. ¿Correcto? Entonces, tú eres tú. En mi vida yo fui Ramtha, pero ¿cómo me concebía el mundo? Yo sólo era la imagen de mis superiores nunca apreciada por mis inferiores. Y la imagen de mis superiores me otorgó desdeño: rechazado, despreciado, vil y miserable sobre la tierra. Por lo tanto, esa era la imagen que yo tenía de mí mismo. Y no obstante, el linaje que yo había escogido, genéticamente hablando, era grandioso en su conocimiento de los valores invisibles. Y se aferraban a ellos y a su tierra natal, que ahora yace debajo del gran mar. Y aquellos peregrinos —y así fue en verdad— se aferraban a un conocimiento que mis superiores no creían a menos que se mostrara como una realidad, lo que vosotros llamaríais máquinas, reinos, poder, orden. Escogí mi linaje porque yo provenía de la casta llamada Ramuste;

Ram. En ella, la casta se determina colectivamente a partir de la emoción del alma. Y el entendimiento emocional de casta de la cual yo provenía era el poder para dominar. Había otros que procedían de castas cuya emoción era la creatividad. Ellos crearon las máquinas, el orden, la tiranía, la segregación, el odio. Pero ellos estaban destinados para crear progreso. Cuando procedes de una casta, te es claro de cuál. Lo único que tienes que hacer es volver tus ojos hacia dentro para encontrar dónde está tu honor y qué fidelidad tiene. Yo no necesito decírtelo; tú ya lo sabes. Así que yo escogí nacer en lo que tú llamarías Lemuria, Mu, en contra del progreso. Yo no culpé a mi madre porque no tuve padre, ni culpé a mi hermano de que nuestro padre no fuera el mismo, ni culpé a mi madre por nuestra pobreza absoluta. No culpé a aquello que se llama mi Dios por lo que yo abiertamente había escogido ser. Tenéis mucha necesidad de aprender eso, entidades. Pero lo que resultó de una casta de emoción para dominar versus una casta de progreso fue exactamente aquello a lo que llevó: el combate. Combate. ¿Sabes lo que significa el término? No tienes que estar en un gran ejército para conocer el combate. Lo único que necesitas tener es una lengua viperina.

La Batalla contra el Dios Desconocido

En mi vida, cuando era un niño pequeño, vi cómo llevaban a mi madre a las calles y le arrebataban su dulzura. Observé en mi vida —y así fue en verdad— el lugar donde vivíamos y el desprecio que me rodeaba. Y observé cuando se apoderaron de mi madre; vi al niño crecer en su vientre y yo sabía quién era. Y vi a mi madre llorar. ¿Por qué? Eso era muy obvio. ¿Habría otro hermano pequeño en la calle para sufrir al igual que había sufrido ella en esta tierra prometida? Observé y ayudé a mi madre a traer al mundo a aquello que en tu idioma se llama una hermana pequeña. Ayudé a mi madre porque estaba demasiado débil para dar a luz a la niña por sí sola. Y la niñita llegó al mundo gritando; no era feliz, era muy obvio. Pero el ser de mi madre pesaba sobre el mío, pues ella estaba tan débil que no había leche para el infante que mamaba de su tierno pecho, ya que había pasado mucha hambre, y así fue en verdad. Y mi hermanita, que mamaba del pecho de mi madre, estaba muy débil. ¿Por qué, dices tú, tenemos esto en nuestra vida? Porque somos los campesinos, somos los insignificantes; somos las no-entidades de una tierra gobernada.

¿Quién gobernaba esta tierra? Aquellos con medios que nos hacían vivir en sus tierras y trabajar en sus campos y que afirmaban que no darían siquiera un tallo para nuestra propia vida. ¿Y qué, dices tú, hacían ellos con estas cosas? Las guardaban en graneros bajo llave, y he aquí que comían con dedos delicados con sus caras delicadas. Y yo te digo que esto era injusticia. ¿Y quién es este Dios del que ellos han hablado? Estoy enfurecido, pues mi madre llora porque no hay leche en sus pechos. Yo mendigaba con maña en las calles, y mataba perros y aves salvajes; y tarde en la noche, robaba aquello que se llama el grano de los propietarios, pues yo era muy hábil con mis pies. Y alimentaba a mi madre, quien a su vez daba de mamar a mi pequeña hermana. Y la pequeña niña —así fue— se volvió diarreica. No podía retener lo que entraba en su cuerpo: lo expulsaba rápidamente y perdió toda la vida de su cuerpo. Y así se fueron.

No culpé a mi hermanita por la muerte que pronto le llegaría a mi amada madre, pues la niña mamaba de mi madre. Toda su fuerza la entregó a la nueva vida para que la nueva vida pudiera continuar. Y mi madre pereció con el bebé en su pecho. No había nada. No había más. Mi odio por la gente roja —llamados atlantes— creció en mi ser como una gran víbora cuando yo no era más que un niño. Y no quedaba nada, pues a mi hermano se lo llevaron como esclavo a otra ciudad, a merced de un hombre y de su necesidad de lo que se llama gratificación sexual.

Mi linaje adoraba y amaba aquello que estaba más allá de las estrellas, más allá de tu luna. Amaban lo que no podía ser identificado; se llamaba el Dios Desconocido. Cuando era un niño, no culpé al Dios Desconocido por su incapacidad de amarme a mí y a mis gentes, a mi madre y a mi pequeña hermana. No lo culpaba, lo odiaba.

Y en mis tiempos, ninguno de los de mi pueblo murió noblemente. No existía tal cosa como la nobleza, la virtud, en verdad. Entonces encontré una gran montaña que se asomaba a lo lejos, un lugar muy misterioso, pues si yo podía subir allí me pondría en contacto con el Dios Desconocido y proclamaría mi odio por él a causa de su injusticia. De modo que inicié mi viaje. Salgo corriendo de lo que era mi choza y hay una gran montaña, allá a lo lejos, que apenas veo. Y mi travesía ha sido de 90 días. Después de 90 días —y así fue en verdad— de devorar langostas y raíces y montones de hormigas, encontré esta montaña. Si hubiera un Dios, viviría allí por encima de todos nosotros, así como aquellos que gobernaban nuestra tierra vivían por encima de nosotros. Y he aquí que lo busqué. Sin embargo, él no estaba ahí, sólo el gran frío. Y lloré intensamente hasta que la blancura —y así fue en verdad— se congeló en mis lágrimas.

«Yo soy un hombre, ¿por qué no tengo la dignidad de uno?» Y he aquí que se presentó ante mí una doncella encantadora como nunca has visto, cuyo cabello dorado —y así fue en verdad— danzaba a su alrededor. Y la corona sobre su cabello no era de azucenas ni de capullos de rosa o de lirios, sino de una flor desconocida. Y su atuendo, en verdad, sus vestidos, eran traslúcidos, suaves y libres. He aquí que se acercó hasta mí y me entregó una gran espada que cantaba. Cantaba. Y, sin embargo —y así fue en verdad— hacían falta cerca de nueve manos para sostener su empuñadura, tan grande era. Y ella me la entregó. Esto es lo que dijo: «Oh, Ram. Oh, Ram te suplico —a ti que has aprendido y despertado nuestro espíritu de la pena de nuestros seres— la verdad. Debe haber una verdad que persista en la tierra. Y por lo tanto tus oraciones han sido escuchadas. Tú eres un hombre de recursos y convicción. Toma esta espada y úsala bien». Y se marchó. Yo estaba cegado en mi locura y mis ilusiones por lo que había visto. Y ya no temblaba por el gran frío, pues allí encontré calor. Y así, cuando miré de nuevo hacia donde mis lágrimas se habían congelado, crecía allí una flor de una melodía y color tan agradables que yo sabía que la flor —y así fue en verdad— sería aquello que se llama esperanza. La espada Crosham, la Mensajera Alada, fue el SER[4] que se formuló a sí mismo en una hermosa aparición que me dio la espada y me dijo: «Ve y conquístate a ti mismo». Y el resto es historia.

---

[4] (N.T.) En el original en inglés «Isness», palabra que Ramtha usa para referirse a la esencia del Ser.

¿No lo ves? No había ninguna entidad que viviera en aquello que se llama una forma singular existente que me dio esa espada. Es la armonía del Ser lo que produjo a la Mensajera Alada.

Bajé de la montaña con mi gran espada a la choza de mi madre, que había perecido. ¿Quién era el que mamaba sobre el pecho de mi madre? Eras tú, pues tú eres de mi reino y de mi casta y de mi sueño. Y siendo un niño recogí aquello que se llama madera y la amontoné. La puse encima de mi madre y después me escabullí en la noche y conseguí aquello que se llama fuego. ¿Sabes lo que es eso? Es un poco diferente a esto. Lo traje y lo abracé, y dije una magnífica oración para mi madre y mi pequeña hermana, y las amé inmensamente. Y prendí la madera, pues si no lo hacía rápido el hedor que salía de ellas causaría agitación en la zona donde vivían. Y para que no les molestara, las arrojarían al desierto a merced de las hienas que las despedazarían. Les prendí fuego y las quemé. Quemé a mi madre y a mi hermana en una pira funeraria, y lloré.

Ahora, de aquello que se llama el resto de la historia, hay muchos de vosotros que la conocéis bien. Pero lo que me impulsó a conquistar y a dominar, que era parte de la emoción de mi alma, fue el deseo de ajustar cuentas. Yo creé la guerra, en verdad, pues no había facciones en guerra contra la arrogancia de los atlantes, ninguna. Yo la creé. Bajé de la gran montaña, intimidado por el Dios Desconocido; me habían dado una espada y se me dijo entonces que me conquistara a mí mismo. Yo no podía voltear la hoja y cortarme la cabeza; era demasiado larga. Mis brazos no alcanzaban —y así era en verdad— aquello que se llama la envergadura de la espada. Lloré muchísimo, pero hallé honor en mi espada. No siendo ya frágil ni débil de movimiento corporal, me convertí en un Ram[5] en todo el sentido de la palabra y les hice la guerra a los tiranos que esclavizaban a mi gente. Y cuando regresé, sitié Onai.

---

[5] (N.T.) La palabra inglesa *Ram* significa *carnero*.

Marcha contra la Tiranía

Después de que sitiamos Onai, nos llevó mucho tiempo quemar sus restos y los restos de la gente que había allí. El hedor se extendió sobre el agua, no sobre la tierra. Eso fue muy bueno: el agua purifica el hedor. Y desde esos comienzos —y así fue en verdad— desprecié la tiranía y sólo luchaba, entidad, esperando morir. No tenía miedo cuando luchaba. Nunca conocí eso; sólo conocí el odio. ¿Y sabes, entidad? Eliges al más digno de tus enemigos, el que tú consideras superior a ti, ya que él puede ser tu destrucción. Pero sabes, entidad, cuando el miedo está ausente, se presenta —y así es en verdad— la conquista; de eso están hechos los héroes. Yo quería llorar, entidad, porque sabía que había hecho algo espantoso, algo abominable, y llevaba conmigo la espada terrible que aún era un misterio para mí. Quería odiar, pero era algo espantoso. Me había convertido en el horror que yo odiaba. Y este hombre estudioso, con sus cejas pobladas, su vino y sus libros, se había empeñado en educar a un bárbaro, y eso es lo que yo era. Yo no era un guerrero muy impresionante; mi cuerpo era muy pequeño en aquellos días, pero más tarde, crecí.

Mientras descendía por aquello que se llama un camino —que tomé desde la carretera, y fui a través de las montañas donde había recibido mi espada— no podía escaparme de la gente. Caminaba un trecho, miraba por encima de mi hombro, y ellos estaban corriendo detrás de mí. Y cuando me detenía, todos se detenían, y el polvo caía a su alrededor. Las ropas de los ancianos se enredaban alrededor de sus caras y cabezas, ya que sólo estaban atadas en los costados. El viento los azotaba y el polvo se amontonaba en los pliegues de sus vestidos. Algunos estaban descalzos y algunos tenían sandalias, y algunos afortunados tenían botas. Todos traían bagaje consigo, tú sabes, sus cacharros de cocina o sus armas, sus pocos bienes. Se ponían en fila y me miraban.

A mi entender, yo era un muchachito, no un hombre, de ningún modo. En cierta ocasión, corrí muy velozmente y vi una colina. Corrí de inmediato hacia la colina, fui hasta un pequeño altiplano y trepé hasta la cima.

Mientras me arrastraba por el suelo hasta la orilla, para ver si los había dejado atrás —para observar cómo me miraban desde abajo mientras yo los miraba disimuladamente desde arriba—, los perros ladraban y los burros rebuznaban, los caballos relinchaban, y el polvo se arremolinaba. Por fin, me puse de pie y mirándolos les grité: «¿Por qué me estáis siguiendo? ¡No quiero que me sigáis! ¡No me gustáis, ninguno de vosotros! ¡No me pertenecéis! ¡Os odio, os odio a todos! ¡No quiero que me sigáis! ¡Dejadme en paz!» Fue como una pequeña rabieta, tú sabes. Mis ojos ardían, y todos me estaban mirando. En aquel momento, su número era cercano a quinientos. Todos me estaban mirando: ancianos de sonrisas desdentadas; una mujer con el rostro velado, sus hermanas detrás de ella —ni siquiera podías decir si eran mujeres o no—; niños agarrados a las faldas de sus madres, con unos ojos enormes que iluminaban; bocas entreabiertas, esperando que pasara algo; perros olfateando y mordisqueando, buscando algo que comer; las banderas que flameaban; taparrabos... Allí había de todo.

Finalmente, me sequé los ojos con el brazo. Los miré y les dije: «No sé hacia dónde voy. Soy sólo un muchacho, soy un bárbaro. No tengo alma. Yo no soy quién para que me honréis. No me sigáis» Y de en medio de la multitud, salió un hombre joven. Tenía una pequeña arpa y estaba envuelto en aquello que se llama una túnica muy toscamente tejida. El tinte era muy pobre; ni siquiera era un buen tinte. Era de un color pardusco, terroso, y le cubría el cuerpo. Sus brazos eran firmes y redondeados, resplandecían. Y la túnica le llegaba a las rodillas y dejaba ver unas piernas robustas como las de un granjero. Y el sol lo había bronceado muy bien. Y tenía un cabello muy rizado y muy negro que se enrollaba alrededor de su nuca; casi era bello. Y todos murmuraban y se hacían a un lado para dejar que el joven pasara. Y él empezó a hablar —y yo le di la espalda— y dijo: «Gran Ram, escucha. Tengo un regalo para ti». Me di vuelta y comenzó a cantar, y cantó una canción de esperanza y sobre los desesperados. Hablaba de la tierra y el mar, de familias y fantasmas sin nombre. «Somos los desterrados de todo lo que existe, pero hemos conseguido sobrevivir cuando todo lo demás pereció. Somos los inservibles de los credos y colores, y nos hemos unido para ver nuestra libertad. Y tú, gran entidad, que nos has liberado de todas nuestras cadenas, eres nuestra familia para siempre. Y donde tú estés, estaremos nosotros. Y donde duermas, allí dormiremos. Y cuando estés sediento, también nosotros beberemos. Y adondequiera que vayas, contigo iremos.»

Y la gente, los ancianos, comenzaron a cantar. Algunos no podían recordar las palabras, pero cantaban. Y muy pronto, todos estaban gozando de la maravillosa armonía. Y yo caí de rodillas y lloré. Y ellos cantaban al gran día del Ram, el muchacho conquistador. Y cantaban y cantaban y cantaban. Las mujeres empezaron a bailar, las ancianas hicieron fogatas y comenzaron a preparar pan, lo amasaban con las manos y lo ponían en el fuego. Y muy pronto llenó el aire el aroma de un buen guisado, pan ácimo, vino agrio, sudor, canciones, grasas, tabaco, orina de los animales, algo de estiércol, y de vez en cuando, un delicioso aroma a jazmín. Yo me senté en la orilla y no sabía qué hacer con todo esto. Ni siquiera pude cuidar de mi madre. ¿Cómo podría hacerme cargo de todo esto? Y las canciones continuaron. No me podía dormir.

Me levanté y escuché que alguien se acercaba detrás de mí. Era mi viejo maestro. Tenía unas cejas muy pobladas, y yo nunca podía ver hacia dónde miraban sus ojos. Me recordaba a un mago. Y se acercó a mí y sacó un taburete, se sentó y se acomodó en él. Era un hombre al que le gustaban las comodidades. Sacó una botella de su excelente vino —él bebía en aquello que se llama una copa— y me la dio. Yo bebía de la botella —era un inculto— y él fruncía el ceño y miraba para otro lado. Me dejó algo de queso y un poco de pan y me dijo: «Te traje a alguien». Y yo maldije de miedo, y él ni siquiera toleraba lo que yo estaba diciendo. Y llegó con el hombre del arpa. Éste volvió su rostro, miró las estrellas y empezó a tocar. Yo estaba muy irritado, y el anciano me dijo que bebiera todo y que tomara un poco más. Y lo hice. Y las cosas se pusieron cada vez mejor; los sonidos se volvieron mejores y mejores. Y cuando desperté en la mañana, el sol ya estaba alto en el cielo: qué absurdo hacer eso con el sol. Y al mirar hacia el suelo, vi un insecto arrastrándose, con su cabeza en mi hombro y mi brazo, y lo aparté rápidamente. Y mientras

estoy mirando, ahí estaba el hombre que tocaba el arpa. Rehusé hablar
con él, y me dijo: «Señor, permíteme. Todos somos una gran familia y te
amamos. Escucha sus gritos. Te necesitan y te aman. Se están reuniendo;
hay algunos que se están agrupando. Iremos adondequiera que tú vayas y
moriremos contigo. Escucha sus gritos». Abrí mis oídos, miré hacia abajo, y allí estaba todo ese griterío. Los ancianos todavía sonreían, las mujeres sonreían, y los niños jugaban. Les pedí que se quedaran quietos, y
se quedaron quietos. Comencé a hablarles. Les dije que no sabía adónde
iba, pero que iría a algún lugar; si no tenían un hogar, podían seguirme. Y
se alzó un gran griterío.

Y descendí hasta las asambleas que había en sus campamentos; bajé
y los observé atentamente. Y cuando me detenía y miraba alrededor, ellos
se detenían y me observaban. Yo daba un paso, y ellos daban un paso. Yo
corría, y ellos corrían. Fueron conmigo; marchamos. Y se apoderaron —
y así fue en verdad— de aquello que se llama un castillo, no lejos de
Onai. Y jamás vi guerreros semejantes. Yo nunca supe que los ancianos
podían ser tan ágiles cuando lo necesitaban. Jamás supe que las mujeres,
—y así fue en verdad— podían ser tan veloces y que podían levantar la
masa de cualquier cosa, recogerla, y volverla a poner en su lugar. Jamás
supe que los niños —y así fue en verdad— eran tan tranquilos. Cuando
todo terminó, se nos unieron gentes aún más diferentes, y yo tuve mi
familia. Y después de cada batalla, cuando todo estaba resuelto, ellos
repetían el mismo griterío y la misma danza, y las mujeres con sus panes
ácimos, y los hombres que escupían y apostaban. Y el ejército se hizo
más y más grande. En el momento de la ascensión, eran más de dos millones. Eso es un montón de gente gritando. Esa es la historia.

Ya no soy un muchacho pequeño. Ya no soy un bárbaro. Ya no soy un
conquistador. Yo soy. ¿Por qué, dices tú, se me conocía como el Ram?
Porque cuando me ungieron sobre una gran montaña me llamaron el Ram
que desciende de la montaña hacia los valles. Yo no asediaba reinos,
dejaba que ellos mismos se asediaran. Y mi ejército trajo justicia a la
región y a todas las tierras sobre las que marchábamos. Y las flores, dondequiera que pisáramos, crecían con libertad. En mi furia y mi hostilidad

y mi deseo de ser noble y honorable con lo que sentía, me convertí en una gran entidad. ¿Sabes lo que es un héroe? Bueno, yo fui uno, en verdad. Y el héroe —y así es en verdad— defiende la vida y pone fin a las injusticias de la vida misma, sin darse cuenta de que también está creando una injusticia. Pero durante diez años después de eso fui impulsado por el afán de dar muerte a la tiranía y de hacer más atractivo el color de mi piel. ¿Cómo podía yo enfrentarme a una luz tan poderosa? Yo luché contra una actitud. Y ascendí, amado maestro —y así fue en verdad—, antes del último cataclismo de Onai, antes de que cayeran las últimas aguas del estrato. Y tuve el gran privilegio de viajar por el Sudán y a Egipto y, a través de las tierras persas —ya no las reconocerías—, llegué hasta el Indo, a la esquina más lejana del noroeste del Indo, donde el sol es especialmente maravilloso. ¿Y sabes tú por qué se pone de este a oeste, en lugar de norte a sur? Qué lastima si el sol se hubiera puesto en el sur, donde ya no se lo podría ver, puesto que las partes delgadas del estrato todavía cubrían esa zona. Fue algo maravilloso que se quedara atrapado en los reinos del este y del oeste. Durante toda mi vida en mis últimos años yo me deleité mucho amando el sol, la luna, el viento y las estrellas, la vida. Y lo que nosotros derrotamos, maestro, eran tiranos, pero sólo —para mi gran desgracia— para que volvieran a nacer como tiranos religiosos, quienes, según parece, son más peligrosos. ¿Estás iluminado?

Atravesado por una Espada

Llegó —y así fue en verdad— el décimo año de nuestra marcha. Llegamos a un valle de mucha fama, un valle que siempre había sido pacífico con sus gentes, y donde no había tribus que saquearan e impusieran la tiranía y el temor sobre la región. Vino aquello que se llama una especie de diplomático, que encontró nuestra marcha en las afueras del valle de Nazire. Habíamos instalado nuestro campamento —y así fue en verdad— y ya llevábamos casi tres meses según tu cómputo del tiempo. Las mujeres estaban muy ocupadas en sus asuntos, y todas las entidades que preparaban el campamento, maestro, continuaban sustentando la vida y cuidando los rebaños y manadas que acompañaban a nuestro séquito.

Una tarde tormentosa, maestro, de mucho trueno y relámpago, apareció un mensajero de noble distinción. Llegó y trajo una especie de litera. Y todos los nubienses que traían la litera eran muy altos —y así fue en verdad— y estaban empapados por las frías lluvias y los truenos amenazantes. Cuando llegaron a nuestro campamento, el agua todavía chorreaba por sus cuerpos de ébano y caía sobre la arena de color azafrán. Colocaron su carga sobre el piso y corrieron una cortina muy elegante para permitir que saliera un estadista de cierto renombre en la tierra de Nazire. Y el nubiense que iba al frente de este séquito, maestro, anunció que todos deberían dedicarse a preparar la llegada de esta entidad que traía buenas nuevas para la marcha y la hora del Ram. Yo maldije a la entidad —y así fue en verdad— y desprecié su litera y el hecho de que colocara su pomposo ser sobre suaves cojines y que lo atendieran hombres amables y gentiles, porque en esos tiempos yo no amaba al Dios de mi ser, sino que odiaba y me enfadaban todas las cosas, porque la tiranía me había arrebatado a la madre de mi ser, a la hermana de mi ser, así como la belleza de mi ser. Y yo era el Terrible Día del Ram.

No salí personalmente a recibir a esta entidad; lo vieron entrar en aquello que se llama mi toldo. Y yo lo hice esperar. Entonces —y así fue en verdad—, con una tediosa impaciencia, empezó a proclamar con impertinencia la rudeza y la injusticia con que lo trataba el Ram.

El Ram sale y la entidad empieza a anunciar que el Ram y su ejército habían sido invitados al palacio de Nabor en el valle de Nazire para que fueran los huéspedes de un gran concilio que se había reunido —y así fue en verdad— con el fin de preparar tratados, para que su tierra no fuera atormentada, quemada, ni sucumbiera ante el Terrible día del Ram y sus ejércitos. Ahora, ante esto yo cambié de actitud y le entregué mi emblema —y así fue en verdad— para que lo llevara a su noble señor. Y yo prepararía un séquito apropiado, así como la hora para encontrarme con él dentro de tres días en su cómputo del tiempo. Y así fue.

Permíteme que te dé una descripción del palacio de Nabor. Cuando te acercas a él, cruzas una especie de lecho de río cuyas aguas no son torrentosas. Pero de piedra en piedra caían unas pequeñas gotas y pasaban a un hoyo olvidado que salía del otro lado de una pequeña montaña. Y cuando nos acercamos al palacio, maestro, si te asomas y miras al nordeste, al otro lado del río verás lo que se llama el Ptolomeo. Es un gran montículo.

Y frente a nosotros se levanta una gran fortaleza, siniestra, imponente y hermosa. La piedra es de un granito opaco y no posee la gracia de la belleza ni del color, sino que toma lo que le han dado los años, toda manchada y con diferentes colores. Los portones son de bronce. En esta época, maestro, los metales negros —el hierro, como lo llaman en tu tiempo— no se habían trabajado sobre la tierra como ahora. Y todos los objetos que requerían fuerza —y así fue en verdad— eran de bronce. Las puertas eran de bronce y eran magníficas en los portones. Y entre las torres que daban a la fortaleza, maestro, había magníficos estandartes. Eran hermosos, de seda y de todos los colores. Cuando el séquito del Ram se acercó, por el otro lado del pequeño e insignificante río, sonaron trompetas.

Y mientras ascendemos por una tierra desolada, y veo que allí no crece ni florece nada, empiezo a preguntarme cómo podía sobrevivir este lugar en medio de un desierto yermo. Las alas de los poderosos portones se abren, y he aquí que mi compañía entra. Y nos reciben los llamados «petimetres» en tu tiempo. No son amantes de las mujeres; son amantes de su propia especie. Tienen toda la confianza del jefe de palacio de Nabor y nunca lo abandonan. Y se acercan, maestro, y nos hallan dignos de su favor. Rápidamente atravesamos las puertas, y encontramos mujeres de una belleza exótica que yo nunca había visto, con escasas ropas, pero muy decoradas con bronce, latón, joyas y piedras. Y encontraban su deleite en lo material.

Los jardines son maravillosos. El aire está perfumado dentro de los portones de Nabor. Y hay fuentes de donde brota agua perfumada con jazmines, lirios y rosas. Y tienen árboles cuyos troncos han bruñido y pulido de tal forma, que cuando uno les coloca la mano se siente aquello que se llama la suavidad de la corteza. Las hojas son verdes y flexibles, y los capullos florecen. Es algo muy peculiar. Y si uno mira, no encuentra un camino vulgar, maestro, sino un piso que es del granito marmóreo más blanco que jamás se haya visto. Es tan blanco, maestro, que ni siquiera he visto nieves en las altas montañas que se comparen con él. Es todo limpio y puro. Bueno, esto me maravilla. Colocamos nuestros pies sobre él e inmediatamente se refrescan. Hay descanso y confort en este refugio en medio del desierto en el valle de Nazire.

Nos llevan y nos guían por jardines donde se asoma, por detrás de las puertas, una procesión de flores caídas de color púrpura, blanco y rosado. Se escucha música y voces suaves, voces apagadas de historias nunca dichas que suceden detrás de los muros y los jardines interiores. Y mujeres de gran belleza, maestro, tientan a todos los de mi compañía y, sin embargo, todas parecen la misma.

Nos dicen que nuestros aposentos están preparados. Todos compartimos los mismos aposentos, porque no queremos estar separados. Y he aquí que hay pinturas y cenefas que son aún más hermosas que las que hemos visto en la habitación anterior. Y el magnífico salón que ocupamos es una terraza abierta que da a un jardín exuberante y fértil. Hay una piscina con peces extraños. Y hay cojines y floreros y jarrones de alabastro, ungüentos perfumados, pinturas y cenefas en las paredes que describen batallas desconocidas para mí. Y hay sirvientes que son sordomudos y no saben nada, excepto servir. Están desnudos —y así fue en verdad— excepto por un collar que llevan alrededor del cuello y se deleitan en servir. Hay una pequeña mesa con incrustaciones de perla, hecha de madera de limonero, y una dádiva de vino exquisito y perfumado. Hay frutas, dátiles y carnes. Hay buena comida para nosotros y una comodidad que nunca habíamos experimentado. Y es extraño observar a las entidades sordomudas que nos atienden. ¿Cómo saben que deseamos algo? Nunca nos dejan solos y observan todo lo que hacemos.

Y si uno pasa de este espléndido cuarto al jardín lleno de columnas, se encontrará con estatuas que no son de animales o de Dios, sino de personas que parecen idénticas. Todas son hermosas, maestro. Y todas son idénticas. Se siente la dulzura y exuberancia del jardín, y suaves brisas nos refrescan. Cuando empieza a caer la noche se encienden linternas y antorchas en el jardín. Y la luz apacigua el enigma de este hermoso lugar que tiene un manto de misterio y que nos tienta con el deseo. Llega un mensajero amable para anunciar que nuestra audiencia ha sido preparada. Nos refrescamos y nos limpiamos. Nos dan ropa limpia —una falda para que nos vistamos—, y salimos. Nos guían por un largo corredor donde hay unos floreros enormes con ramos de flores en árboles que yo había visto en mi jardín, y todos florecidos.

Entramos en aquello que se llama una antesala, frente a un enorme guardia. Y allí espera, maestro, una entidad muda muy peculiar. Es pequeño. Su cabello está descolorido, como blanqueado por el sol. Sus ojos danzan con un fuego cálido; es musculoso, y yo asumo que es un atleta, un amante de los deportes. Y me pide con una mano, maestro, que le entregue mi espada. No es apropiado que entremos armados a este lugar sagrado. Le doy mi espada al mudo. La toma y la observa con mucho estilo y la considera un tesoro. Cuando las puertas se abren, me permiten entrar a mí —y así fue en verdad—, pero no a mi compañía. Entonces, con la idea de lo que en tu tiempo llamas conversaciones preliminares, entro. Y veo hombres que están ungidos y perfumados y adornados con gemas de todos los colores imaginables, hasta sus sandalias están bañadas en oro. Con seguridad nunca han conocido el desierto y todos sus efectos. Y yo los desprecio, porque se pudren en medio de su limpieza. Y seguramente hay siervos en este palacio, hay quienes están bajo su poder, que no pueden hablar, maestro, que deben obedecer. Y me piden que entre; su número es cuatro.

Cuando me acerco, escucho las nubladas y delicadas lenguas que empiezan a decirme cuán grandioso es mi ejército y cómo desean que mi campamento se acerque a su valle, maestro, y a su palacio, y que cuán grandioso sería que su cultura, aunada a nuestra estimada fuerza, pudiera producir una potencia extraordinaria. Y yo guardé silencio. Y entonces, cuando uno se decidió a llamar las cosas por su nombre, y llamó a mi grupo, a la enorme fuerza «paganos», maestro, lo escupí y lo llamé cerdo. La entidad tenía un odio feroz que salía de sus ojos, los cuales se dirigieron a otro lado. Y por mi retaguardia apareció, maestro, sin que nadie lo viera, una entidad muy poderosa con una gran espada, y me atravesó con ella.

Sentir una hoja que penetra la espalda de tu ser y que rompe la costilla, perforando desde la espalda, y que corta lo que se llama los conductos y pulmones y raja este lado del estómago, maestro, y encontrar que su punta abulta esa zona blanda en la parte frontal de tu cuerpo, maestro, y sentir el calor de tu ser estimulado a través del metal que ahora está dentro de ti, maestro, es una experiencia inolvidable. Me habían atravesado. La entidad —que era muy hábil con la espada— la había introducido y la había empujado a tal profundidad que el mango de su espada quedó a ras con mi espalda, y luego la sacó.

Hay una caída. Miro el suelo, y se acerca hacia mí lentamente. Mientras voy cayendo al suelo, veo las desigualdades en el mármol blanco que tiende hacia un color gris. Mi rostro golpea el mármol frío, sin calor. Y mientras yazco incapaz de ver desde el lado derecho de mi rostro y sin poder hablar, porque mi boca está sobre la superficie fría, suave e inflexible, hay algo que grita en las profundidades dentro de mí. Y empiezo a ver un río escarlata que fluye y refluye de mi ser. Hay una hendidura en lo que aparentemente era un piso perfecto, maestro. Y veo cómo este río escarlata fluye al piso y cae en la grieta. Es vida; es la vida que fluye de mí. ¿Qué hay de la mujer que amaba? Ya no está con vida. ¿Y la madre que amé? Tampoco está viva. ¿Y la caricia de una dulce mujer? Nunca la conocería. Y los hijos de mi semilla, ¿los habían declarado bastardos y habían sido rechazados? ¿Y el magnífico árbol al que escuchaba cuando el hambre arrebataba mi ser? ¿Y dónde está ahora el montecillo que una vez se me presentó para ser mi hogar? Ya no lo veré otra vez.

Y escucho un eco y un sonido que retumba dentro de mi ser, maestro. Y en la parte posterior de mi garganta empieza a aparecer el río caliente de vida; sale y salpica dentro de mi boca. Estoy muriendo. Yo había sido —y así fue en verdad— una entidad despiadada que odiaba la tiranía y despreciaba a los hombres viles que esclavizan a otros. Es el final de mis días. Mientras veo la sangre saliendo de mi ser, maestro, escucho una voz. Me habló y me dijo: «Ponte de pie». Me dijo: «Ponte de pie». Empecé a doblar las rodillas para incorporarme. Y al hacerlo escuché cómo la vaina vacía golpeaba el piso y lo raspaba. Me apoyé sobre las palmas de mis manos, alcé la cabeza y erguí mi rostro, maestro, y cuando mi cabeza estaba erecta, alcé mi pie izquierdo, lo estabilicé, coloqué mis manos sobre mi rodilla, sin mirar la herida y me puse de pie. Escupía sangre; salía de mi boca, maestro. Y la entidad que me había traspasado soltó su espada, agarró el amuleto que colgaba de su cuello y huyó. Y los hombres de barbas rizadas y cabezas ungidas, que al principio creían que yo era inmortal, maestro, ahora lo comprueban y salen despavoridos.

Y he aquí que reúno todas mis fuerzas y aprieto mi herida, y mientras el río de sangre se escapa por mis dedos y baja por mis piernas, maestro, se acerca el mudo que estaba fuera de la puerta y me había pedido la espada, y al ver que el Ram está de pie, se arroja a mis pies pidiendo misericordia. Aunque no puede hablar, me suplica clemencia; se la concedo. Porque, ¿cómo podría tener yo la fuerza para condenar a este hombre que ha pedido perdón cuando mi barriga está abierta y mis entrañas ya se empiezan a ver? Le hablo a este ser y le pido que vaya a mi campamento y que busque a la entidad llamada Gustavian Monoculus y a una entidad llamada Cathay y que me los traiga. La entidad se va por su cuenta, escucha a su ser y sale corriendo, maestro, sólo para regresar poco después y entregarme mi espada. Luego se marcha.[6] Si colocas tu puño donde está la herida y aprietas con fuerza, maestro, tu ser deja de morir. Eso fue lo que hice.

Y he aquí que llega Gustavian Monoculus con la entidad llamada Cathay. Les digo —y así fue en verdad— que destruyan el palacio y arrasen el reino. Lo hacen y me llevan ante aquello que se llama la legión de las mujeres que seguía la procesión de nuestra marcha. Y las mujeres, maestro, con su amable cuidado y bondad me atienden muy bien. Al ver-

---

[6] *Estudiante*: Quisiera que me contaras sobre la vida pasada que yo tuve cuando te conocí.
Ramtha: ¿Cómo sabes, maestro, que me conociste?
Estudiante: Simplemente tenía la sensación de que así fue.
Ramtha: Te contaré. ¿Quién fuiste tú para mí, maestro? Fuiste la entidad muda que yo envié, que me entregó la espada y trajo a mis ayudantes. Cuando se arrasó todo en el palacio de Nabor, en el valle de Nazire, tú fuiste perdonado. Fuiste apreciado, se te socorrió y se te atendió; fuiste parte de mi marcha y me viste ascender. Viviste muchos años, más de aquello que se llama 120. Aunque nunca hablaste, maestro, porque no tenías lengua para hablar, tus

se desvalido en manos de una mujer, maestro, que se encarga de tu vida, un hombre puede ver la vida desde un punto de vista diferente.

No pude olvidar la voz que me hizo ponerme de pie y evitó que pereciera. Y busqué encontrar el rostro de la voz. Cuando me curé de lo que había sucedido, empecé a conquistar y a amar aquello que había conquistado; no se destruyó todo, sino que se llegó a acuerdos, hubo perdón. Y el ablandamiento del Ram —y así fue en verdad— continuó aumentando durante la marcha. Encontré la voz, maestro, cuando me encontré a mí mismo, el Dios que yo era. Yo fui el que me dije que me pusiera de pie, maestro. La causa divina, la vida, el principio, el entendimiento, el propósito, era yo. Pero este entendimiento, maestro, cambiaría el pensamiento de generaciones por venir.

Y sólo cuando me atravesaron con una espada tan grandiosa, fui lo suficientemente humilde como para comprender mi propósito y por qué me habían penetrado y por qué lo había permitido. Y el tiempo que me llevó lograr la iluminación fue desde el décimo año de mi marcha hasta los 63 años, según vuestro cómputo del tiempo. Pero yo soy Ramtha. Lo deseaba, lo quería. Amaba al Dios Desconocido fuera lo que fuera. Y después de 63 años de contemplar y entender de dónde procedía el odio, quién lo creó y por qué, llegué a un acuerdo conmigo mismo. Y cuando lo hice, mi mente se liberó como un gran pájaro que se eleva en los cielos del pensamiento, la sabiduría, la creación y el entendimiento.

Yo odiaba, pero tenía un deseo de dominar esto. La manera primitiva era matarlo en otros, asesinar el reflejo de lo que yo despreciaba en otros y deshacerme de ello y darles todo a los pobres, a las criaturas maltrechas que ni siquiera tenían un alma. Bueno, incluso después de todo eso yo no podía conciliar el sueño, pues era una entidad atormentada. Porque aun-

---

ojos y tus pensamientos y la presencia de tu ser enseñaron a muchos. Así es como me conoces.

Estudiante: Gracias. Esa es la razón de que sienta lo que siento hacia ti.

Ramtha: Es una verdad, maestro. Y escúchame: hay muchos que no aprecian la vida o la débil voz que les habla hasta que la ven fluir fuera de ellos. Benditas son las gentes que aprecian la vida, la aman, abundan en ella y se bendicen a sí mismos por ser partícipes en ella. ¿Aprendiste?

Estudiante: He aprendido.

Ramtha: Que así sea.»

Ramtha Dialogues®, Specialty Tapes 021, Ramtha's Lifetime.

que lo tenía todo, no tenía aquello que se llama paz, que es el resultado de un entendimiento emotivo de mi Yo, de Ramtha.

LA CABAÑA DE RAMTHA

Durante aquello que se llama la Gran Marcha, había períodos en los que yo contemplaba a un tirano: lo observaba dos años antes de sitiarlo. Durante este período —y así fue en verdad— hubo oportunidad de construir ciudades o aquello que se llama cabañas, para albergar a una gran cantidad de esta magnífica confluencia de entidades y bestias.

¿Sabes lo que es un altiplano? Es como una montaña a la que se olvidaron de construirle la cima. Y en su olvido, es un lugar muy confortable en donde estar. Yo tenía aquello que se llama una cabaña. Tenía lo que tú llamarías un palacio, en donde vivían todos mis hijos, pero mi verdadero hogar estaba en aquel altiplano. Tenía una vista excelente desde donde observar al sol hacer su trabajo todo el día, ajeno a la muerte, a morir, a los testamentos, la pobreza, y todas esas cosas; en realidad, no importa. ¿Alguna vez pensaste en eso? Yo lo hago, hasta en la noche, al contemplar la luna. Siempre creí de la luna —a la que yo llamaba la hechicera—, que todas las estrellas eran sus hijas: que crecerían y se convertirían en grandes lunas. Jamás lo hicieron.

Yo estaba en un lugar maravilloso, donde no había paredes ni corredores establecidos que me encerraran. Un lugar donde, si el Dios Desconocido estaba en alguna parte, yo sabía que andaría escondido por ahí. Y entonces allí, en momentos de contemplación y observación, y de volverme infinitamente consciente, en verdad, de lo no radical —¿es el término apropiado?— encontré la mayor de las felicidades. Pues verás, entidad, esa fue la gran guillotina, sencillamente sobre un altiplano, en donde pude ser yo mismo y continuar conmigo mismo. Luego, me iba a lo que tú llamarías un palacio. Allí estaban todos mis niños. ¿Sabes lo que significa el número ciento treinta y tres? Ciento treinta y tres; tantos niños había. Era un buen número; no cabían en el altiplano.

Yo iba y los observaba, pues si dejas solos a varios hermanos y los observas y les proporcionas todo aquello que les dé una curiosidad natural —por ejemplo: peces y agua, un limonero, una zarza, un pájaro, una lagartija— y todo eso lo pones en un jardín, y dejas que vayan a donde creen que pueden ocultarse, aunque en realidad tú puedes verlos, entonces verás una vida maravillosa desplegarse de una bellísima manera. En ese entendimiento de la gente, ellos eran mi forma, y con esa inocencia, virtud y belleza exudaban al Dios Desconocido. Y yo era de tal carácter, entidad, que si alguien extendía aquello que se llama una mano para despeinar sus cabellos, o tan sólo contemplaba abusar de ellos, yo le cortaba la cabeza y la arrojaba al mar, porque sobre todas las cosas, ellos representan a Dios en su forma más pura y más maravillosa. ¿Qué sentía? Bueno, en el palacio, como lo llamarías tú, aprendía muchísima risa, pero cuando iba al altiplano… Allí no había nada para mí. Todo seguía su curso sin mí; no había nada que dijera siquiera que me había echado de menos cuando me iba. Eso era un gran desafío. ¿Por qué no me había extrañado? ¿Por qué estaba allí? ¿No sabía que yo estaba allí? Verás, era una combinación —como dirías tú— de aquellos lugares que para mí eran el hogar, y eso estaba dondequiera que yo lo encontrara.

No Tuve más Profesor que la Naturaleza

Al quedar al cuidado de aquello que se llama las mujeres de mi ejército, entidad, me sentí intimidado, humillado, tuve que obedecer sus órdenes y ser desvestido ante sus ojos, y gran parte de mi odio y mi poder —y así fue en verdad— tuvo que ceder. Yo contemplaba —no pudiendo hacer otra cosa— todo lo que me rodeaba. Despreciaba al hombre; jamás contemplaba al hombre, pues él era malvado en su alma. Esa era la obra de aquellos que eran malvados dentro de su ser; sin embargo, yo era tan malvado como ellos. Fue entonces cuando contemplé el sonido de un pájaro nocturno, y el amanecer, y cómo resplandece sobre el valle.

Al aprender sobre la Fuente, no tuve un maestro que me enseñara en cuanto a ella o al Padre. Fue una experiencia de simplicidad que todo el mundo da por hecho, que es un término bueno y apropiado para usar en esta sociedad. Yo aprendí del clima. Aprendí —y así fue en verdad— de los días. Aprendí de las noches, y así fue. Y aprendí de la vida tierna e insignificante que parece abundar en medio de la destrucción y la guerra. El maestro de mi ser fue la Fuente.

Al no tener el privilegio —y así fue en verdad— de la educación y de lo que se llama ciencias, ni el privilegio de expresarme como un ser humano, fue casi por odio, un dolor inexplicable, por desespero y pena por lo que no me quedaba nada más que desafiar, excepto quizás el razonamiento que me trajo aquí. En ese momento, yo no sabía que el razonamiento que me trajo aquí era yo mismo. ¿Ves? Pero como resultado de eso, y aprendiendo, en verdad, a comprender un elemento que yo encontré más contundente que el hombre, un elemento que yo encontré mucho más inteligente que el hombre —un elemento que podía vivir en coexistencia pacífica al lado y a pesar del hombre— tiene que ser el Dios Desconocido. Y fueron los elementos, querida entidad, los que me enseñaron. Y soy muy afortunado, pues al haber sido instruido por los elementos y haber razonado con ellos, no tuve a nadie que me dijera que yo estaba equivocado. Y los elementos nunca me enseñaron el fracaso, ¿ves? Porque ellos son constantes. De esa forma aprendí.

Aprendí de algo que es constante, que nunca falla, de algo que se puede entender fácilmente si el hombre se lo propone. Y por eso —y así fue en verdad— no estuve a merced de la hipocresía del dogma ni de las creencias supersticiosas; o de los dioses de múltiples caras —y así es en verdad— a quienes tú estás tratando de complacer; o del estigma de que quizás éramos inferiores en perfección y que nunca podríamos lograrla. Nunca estuve en manos de esa clase de enseñanza. Por eso fue más fácil para mí hacer, en mi única existencia, lo que a muchos les ha tomado un milenio, porque ellos han buscado a Dios en el entendimiento de otro hombre. Han buscado a Dios en las reglas gubernamentales, en las reglas eclesiásticas, en la historia, sobre la cual ni siquiera cuestionan quién la escribió y por qué. Han basado sus creencias, su entendimiento, su vida, sus procesos de pensamiento en algo que vida tras vida tras vida ha demostrado ser un fracaso. Y, no obstante, el hombre, al tropezar con su propio ego alterado, temeroso de admitir que quizás se ha equivocado, continúa —y así es en verdad— con la hipocresía inquebrantable que sólo conduce a la muerte.

Yo fui de lo más afortunado, entidad. El sol nunca me maldijo; la luna nunca dijo que yo debiera ser de tal manera. El viento jugueteaba conmigo y me provocaba. Y el rocío y la escarcha, el olor de la hierba, los insectos que van de un lado a otro, y el grito de un pájaro nocturno son cosas infalibles. Su ciencia es simple. Y lo maravilloso que aprendí de ellos, entidad, es que, ¿sabías que en su inmutabilidad no articulan ni una palabra? El sol no miró hacia abajo y me dijo: «Ramtha, tienes que adorarme para poder conocerme». Ni tampoco me dijo: «Ramtha despierta; es hora de contemplar mi belleza». Estaba ahí cuando yo lo miraba.

Eso es el principio. Eso nunca te fallará. Eso te enseñará una verdad más limpia y más clara que cualquier cosa que haya sido escrita por el hombre.

Había un gran bosque en el norte. Escogí —y así fue en verdad— a los que tú llamarías mis guerreros más feroces; y a algunos de ellos, muy ancianos y tranquilos, aún les rechinaban los dientes. Y me los llevé a una larga marcha —que duró ochenta días, según tu cómputo— hacia un bosque en el norte. Caminaron hasta el centro de la espesura, y yo encontré el árbol más grande del bosque. ¿Sabes qué tan grande era? Puse a una legión entera a su alrededor, tomados de las manos como niños pequeños. Se sintieron humillados y rodearon el árbol. Ya sabes, los bufones se tropezaban una y otra vez con las raíces y miraban si alguien los estaba observando. Hice que se tomaran de las manos como niños pequeños... Y tomarse de las manos, tú sabes, era algo despreciable.

Yo caminaba a su alrededor y me reía de ellos. Les levantaba las faldas y me reía de ellos; miraba sus piernas estiradas, y mi espalda estaba contra las suyas, y luego miraban por encima del hombro, preguntándose qué sería lo siguiente que les haría el Ram. Les dije: «¿Pensáis que este es un gran árbol?» Y todos estuvieron de acuerdo en que era un gran árbol.

«¿Qué es lo que tiene este árbol que vosotros no tenéis?» Y ellos todavía estaban ocupados en tomarse de las manos y no ponerlas en sus caderas. Se tambaleaban y hablaban entre dientes, y me miraban de arriba abajo preguntándose qué haría yo en el momento siguiente. Ni siquiera estaban pensando en el árbol. Di una vuelta otra vez, saqué mi espada y puse la punta en sus traseros. «¿Qué tiene este árbol que vosotros no tenéis?»

Y los pinché bien, uno por uno, para que prestaran atención. Y uno dijo: «Este árbol es más alto que nosotros». Esa era una buena respuesta. Y otro dijo: «Nunca he visto un árbol de esta manera, así que para mí es un árbol nuevo».

«¿Qué es lo que sabe este árbol que vosotros no sabéis?» Y uno dijo: «Pero, Señor, un árbol no piensa, no tiene intelecto». Y yo le dije: «Ya sé que no. ¿Piensas que todas las cosas necesitan un intelecto, tú, bárbaro?» Y dije: «Intenta ver la copa de este árbol». Y tendrías que haberlos visto a todos con sus cabezas para atrás esforzándose por ver. Ahora se había convertido en un juego muy serio para ellos, ya que ahora se trataba de la competencia: ¿quién encontraría más rápido la respuesta correcta? Y eso es un guerrero para ti, sabes. Y balbuceaban de manera incoherente, y nadie podía ver realmente la copa del árbol; y aunque te alejaras a una gran distancia, ciertamente no podrías.

Volví al tema. «Este árbol no sabe cómo morir. Este árbol sólo sabe cómo vivir.» Y mientras ellos observaban, giré sobre mis talones y recogí aquello que se llama la semilla de este árbol, y dije: «¿Veis esta pequeña semilla? Así es como se ve. ¿Qué sale de la semilla? Sólo crece». Y ahora ellos arrugan el entrecejo y comprenden de verdad lo que intento decirles. «Este árbol estaba aquí antes que la madre de la madre de la madre de la madre de la madre de la madre de vuestra abuela. Ya entonces era un gran árbol, y estará aquí cuando muráis en vuestra carne. Y estará aquí dentro de varias generaciones, cuando regreséis en la semilla de vuestra generación, pues vuestros hijos serán vuestro futuro Yo.» Y uno me dijo: «Pero, Señor, podríamos tomar un hacha, talar este árbol y quemarlo».

«Precisamente. Sólo tú sabes eso y sólo tú mueres. El árbol no; sólo sabe vivir, ir hacia la luz. No posee el pensamiento de la destrucción en su comprensión y es muy inteligente.»

Ellos lo contemplaron, y uno dijo: «Señor, ¿por qué morimos?»
Lo miré. «Porque no sabemos quiénes somos. Vosotros, mis amados
soldados, sois los bastardos de esta tierra. No sabemos de dónde venimos
ni por qué existimos. Cuando no sabemos, somos el desperdicio de esta
tierra. Somos su muerte. Destruimos la tiranía, pero eso es lo que somos
dentro de nuestros seres. No sabemos como sabe el árbol.»

Y, sabes, el hombre se echó a llorar; se agachó, apartó su espada, y
lloró. «Señor, ¿por qué no sabemos quiénes somos?»

«Porque no has estado quieto el tiempo suficiente para contemplar lo
que hay dentro de ti como lo ha hecho este árbol. Y si alguna vez lo hicieras, jamás llegarías a conocer completamente tu majestad, pues tus pensamientos cambian a cada instante… A cada instante. Pero al comprender
esos pensamientos, estarás preocupado en comprenderte a ti mismo y nunca pensarás en ti mismo hasta causarte la muerte. Sabes que vas a morir,
por eso mueres. Incluso te llevas hasta una situación de guerra con otros
para que eso sea una certeza. Puedes quemar un árbol, es verdad, pero
sólo algo que en su intelecto conoce la muerte podría hacer eso. Un árbol
vivirá para siempre. Y un día construirán aquí una gran ciudad —y así es
en verdad—, y llegarán a este bosque y talarán este gran árbol y construirán muchas cabañas.» Y dije: «¿Sabes algo acerca de las cabañas? Vivi-
rán más que la gente que las construyó. Así que el árbol seguirá viviendo».

Observé todas estas cosas, el más puro de los maestros: los elementos. Los elementos sobrevivirán; mientras que el hombre muere, eter-
namente. Cuando contemplé al Padre en toda su brillantez, hubo dos cosas
que me hicieron creer en la vida perpetua: el sol, al que yo llamaba Ra, su
advenimiento de gloria en los horizontes, y su viaje a través de todos los
cielos que terminaba en la esfera oeste, y pasaba a su sueño y permitía que
la belleza exquisita de la luna y su pálida luz viniera danzando por los
cielos para iluminar la oscuridad de maneras misteriosas y maravillosas. A
pesar de todo esto, también aprendí que la voz silenciosa del Padre, el sol
—aunque no se lo tiene en cuenta—, controlaba sutilmente la vida. Todos los que eran valientes y aguerridos o hacían la guerra entre sí y pla-
neaban bacanales para su deleite, las terminaban cuando el sol se ponía.

Y cuando vi a una anciana abandonar este plano, aferrándose fuertemente al tosco lino tejido que había hecho para su hijo que había muerto hacía tiempo, la vi, maestro, morir a la luz del sol del mediodía. Y la vida se iba de su cuerpo en ahogados golpes de llanto. Y vi cómo la anciana empezaba a marchitarse en la luz. Y su boca se contrajo para abrirse en una expresión horrorizada, y sus ojos vidriados miraban a la luz sin perturbarse. Nada se movió, excepto la brisa en su viejo cabello. Y miré a la mujer que había dado a luz al hijo que murió; qué grande había sido la inteligencia de ambos. Y miré al sol, que nunca perecía. Era el mismo sol que la anciana había visto pasar a través de una grieta en el cielo raso cuando abrió por primera vez sus ojos en los brazos de su madre al venir al mundo. Y fue lo último que vio cuando murió. Y mientras enterrábamos a la mujer, miré de nuevo al sol y lo tuve en cuenta. Y empecé a reflexionar sobre él y sobre los días, sobre la vida y las criaturas que vivían a pesar del hombre. Y empecé a deducir que los dioses que están en la mente del hombre son verdaderamente la personalidad de aquello que más temen y más respetan. Y que el verdadero Dios era aquel que permitía que esta ilusión, este ideal, fuera y viniera, y que aún estuviera allí cuando, otra primavera, otra vida, ellos regresaran otra vez.

Muy pronto concluí esto, maestro: que en ese poder, esa vida, esa eternidad que está ahí para siempre, es allí donde yace la verdadera veneración del Dios Verdadero, el Dios Desconocido, la fuerza vital. Y empecé a saber quién era el Dios Desconocido. No era sino tu vida, inagotable. Me conquisté a mí mismo a través del odio, a través de desear la destrucción de mí mismo, una cosa imperfecta. No es que no haya hecho nada y que sea un ser puro. Lo he hecho todo. Y por eso, entidad, obtuve sabiduría de todo lo que hice y nunca tendré que hacerlo otra vez. Soy virtuoso, entidad, porque lo he hecho todo para convertirme en lo que soy. ¿Cómo sabes lo que es el amor, entidad, sino cuando has odiado? ¿Cómo sabes lo que es la vida sino cuando te encuentras a punto de morir, y el sol saldrá a pesar de tu muerte y las aves ni siquiera te mirarán? No sabes eso hasta que llegas al momento del entendimiento. Cada momento florece con el entendimiento. No hay nada que me haya enseñado el hombre;

nada sobre la iluminación. Iluminación significa conocimiento; el conocimiento de algo se convierte en la iluminación sobre ese algo. Lo de ahí fuera es lo que me enseñó

Cuando me di cuenta de qué y quién era el Padre, por medio de un pensamiento elevado, ya no deseaba consumirme y morir como la anciana, ni ver morir a tantas entidades valientes de mi ejército. Debe haber una manera mejor de conservarse como se conserva el sol. Y he aquí que cuando estaba empezando a reflexionar sobre el estado de recuperación en la más extrema desesperación de mi cuerpo —una vez curado—, me senté sobre un altiplano solitario y miré a lo lejos, en donde había una neblina espesa y se veían las vagas siluetas de montañas fantasmales, y valles todavía no explorados. Y me pregunté cómo podría yo ser parte de la esencia que es el continuo.

La Iluminación: el Señor del Viento

Pero mientras me sentaba en mi altiplano, y mi ejército engordaba y se volvía bastante deforme, poco tenía yo que hacer más que contemplar mi juventud malgastada, como tú la llamarías. Estuve muy ocupado durante mi juventud. Y me sentaba allí y contemplaba al Dios Desconocido y cuál sería su aspecto, y cómo sería ser el Dios Desconocido. Para mi gran sorpresa y alivio, llegó un viento suave. Y el viento se deleitó conmigo en esa hora; se enredaba en mi cabello y se enroscaba entre mis dedos; secó mis ojos mojados por las lágrimas y atrapó mi túnica, que era larga y suntuosa, y la levantó por encima de mi cabeza. Como ves, esa no era una posición muy noble para un conquistador. Pero cuando me quité la túnica de la cabeza y, con dificultad, volví a mi posición de estudio, el viento formó un remolino a mi lado que era de polvo color azafrán y lo convirtió en una columna apacible que subió hasta el cielo. Y yo miré la columna, y entonces, en cuanto me distraje, el viento cesó y dejó que todo el polvo cayera sobre mí. Y luego el viento se fue soplando por el cañón, río abajo, atravesando los maravillosos huertos de olivos, tornando las hojas de esmeralda a plata. Y levantó las faldas de una hermosa muchacha alrededor de su cintura, con todo el revuelo que ello provocó. Y luego se llevó el sombrero de un niño pequeño, y el niño fue corriendo tras él, riendo sin parar.

No había hombre vivo a quien yo quisiera tener como ideal; ningún hombre. Pero el viento demostró ser mucho más que un ideal. Así que le dije al viento que volviera; sólo se rió en el vendaval del cañón. Luego, cuando mi cara se volvió azul de tanto gritar y me senté en cuclillas, él vino y sopló en mi cara suavemente. ¡Eso es libertad! Fue entonces cuando me di cuenta de lo que era el poder invisible. Contemplé el viento y me alineé con su naturaleza escurridiza y su ligereza, con sus contornos indefinibles. Y al contemplar el viento, fue en él en lo que me convertí en la búsqueda de mi realización.

En mi vida, entidad, yo deseaba convertirme en el viento. Y lo contemplé durante años y años. Se convirtió en mi ideal, en verdad; eso es lo que yo quería. Eso era a lo que apuntaban en convertirse todos mis pensamientos. La primera experiencia no sucedió hasta seis años después de mi resurrección —y así fue en verdad—, pero cada noche, maestro, me iba a un lugar solitario a contemplar la luna y su apacible palidez y a contemplar el viento. Y entonces, fue sólo por casualidad que me convertí en él, y así fue en verdad. Pero al convertirme en él, sólo había dejado mi cuerpo, como tú lo llamarías. El pensamiento era tan atractivo que dejé el cuerpo y me vi suspendido en el aire. Y cuando miré hacia abajo, a mi cuerpo, me llevé un susto y sentí miedo por primera vez desde que me habían atravesado con la espada. Fue ese miedo lo que me devolvió a mi cuerpo. Me incliné hacia el suelo y llamé a la Fuente, al poder, la causa, el viento, y lo alabé por elevarme a través de sus pensamientos. Y nunca olvidé su gracia, su belleza, su alineación con la vida, en la cual yo me había convertido en ese momento espléndido.

Y yo estaba en aquello llamado paraíso, maestro, porque yo pensaba que me había convertido en el viento, ya que había estado, estoy seguro, en un lugar donde el viento podría verme, si pudiera. Así que eso es lo que hice. No quería nada, no deseaba nada, nada, salvo el pensamiento de convertirme en esa libertad. Y después de haberlo hecho la primera vez, sin importar cuán desesperadamente luché, ni cuánto sudor salió de mi cuerpo, ni cuántas maldiciones siguieron, no fui a ninguna parte. Me quedé, y mucho más pesado que antes, porque me había vuelto más consciente de lo mucho que pesaba. Y cuando empecé a contemplar qué fue lo que me había llevado a ese estado intangible, vi que fue un pensamiento decidido, claro y completo alineado con un ideal: el viento. La siguiente noche llegué a mi lugar de actividad solitaria, contemplé el viento con un gozo exuberante y no me convertí en nada. Y fui una y otra vez, y sabía que la experiencia no había sido una ilusión, sino que había ocurrido. Había visto una perspectiva diferente. Había estado en el aire como si fuera un halcón. Tenía alas que no veía. Y por debajo de mí vi mi lastimoso ser.

Pasó mucho tiempo, maestro, antes de que me convirtiera otra vez en el viento; dos años después de ese suceso, según tu cómputo del tiempo. Y el suceso —y así fue en verdad— ocurrió no al contemplar el viento, sino entrando en lo que se llama un sueño apacible. Alabé a la Fuente, al sol, a la vida, al polvo de color azafrán, a la luna, a las estrellas, a los suaves olores del jazmín; lo alabé todo. Y cuando cerré mis párpados, he aquí que estaba de nuevo en los cielos. Yo era el viento.

Me demoré mucho para darme cuenta, una vez allí, de cómo ir a otros lugares. Y me quedé fijo incansablemente por encima de mi cuerpo durante largos períodos de tiempo. Y entonces se me ocurrió —y así fue en verdad— que la entidad llamada Cathay estaba en una situación muy peligrosa. Porque él, que era un personaje robusto, amante de las mujeres y la bebida, que contaba historias exageradas sólo para agregarles encanto, estaba atrapado en una situación difícil. Desde mi punto de visión, vi cómo la vida se escapaba de él, maestro. Y para llegar hasta Cathay y soltarle el talón del estribo que estaba atado al caballo, en el instante en que mi pensamiento estuvo con él, allí estaba yo, en un abrir y cerrar de ojos. Le solté el talón del estribo, me paré por encima de él y le deseé lo mejor. Él pensó que estaba soñando.

Aprendí a viajar al instante; me di cuenta de que el Dios indiscutible que se alineaba con el viento, el sol y los cielos, era el pensamiento. Porque cualquier cosa que sea el pensamiento, la entidad que es el Dios que tú eres, lo es. Durante muchos años conocí sus atajos hacia reinos y otras entidades y vidas aún desconocidas. Visité —y así fue en verdad— las llamadas civilizaciones en el nacimiento de su futuro. Aprendí los caminos de mis amados hermanos que me seguirían, maestro, en su llegada a este plano para descubrir la Fuente.

Verás, cuando llegas aquí, no tienes memoria, puesto que estás atrapado en el ego que pertenece al cuerpo de ahora. Cuando aprendí estas cosas, maestro, empecé, sin demora, a enseñarles a mis amados hermanos sobre la Fuente. En el proceso de descubrir quién soy, entidad, primero pasé del rechazo y la negación al odio, la guerra, la cercanía de la muerte, y a un tiempo de estar en paz y mirar a mi alrededor en busca de respuestas. Jamás pregunté nada a nadie. Jamás pedí a mis soldados sus opiniones sobre nada. Sólo me pregunté a mí; sólo a mí. Ellos podían preguntarse a sí mismos si querían unirse a mi opinión. Pero yo siempre estuve correcto en todo lo que hice; siempre fui responsable de todo lo que hice. Maestro, pregúntale a un hombre: «¿De qué forma debo creer? ¿Cuál debe ser mi aspecto? ¿En qué debo creer? ¿Cómo debo vivir?» —mira lo que él es y cuál es la conciencia aquí, igual que yo lo hice en mi tiempo—, si lo haces, morirás. Esa es una verdad.

Ve y pídele al viento: «Dame el conocimiento, viento. Ábreme y permíteme saber», y él lo hará. Te transformará de verde oliva a plata, y te llevará por los recovecos de los cañones, riendo contigo, descaradamente libre. Yo no confiaba en el hombre; lo despreciaba. Pero cuando aprendí acerca del Dios Desconocido y la vida, comencé a aprender sobre mí mismo y a amarme. Entonces empecé a amar a otros. Pero después de un punto, doctor,[7] ese pensamiento se convirtió gradualmente en la fuerza vital de la totalidad de mi estructura celular. Debido a que el deseo era tan fuerte, mi alma cambió la programación de mis células para aumentar la frecuencia vibratoria en ellas. Pero la paz fue lo que permitió que esto ocurriera. Cuando tratas arduamente de ser algo, lo único que consigues es ser muy arduo; es el esfuerzo que se está expulsando. Jamás perdí de vista ese ideal ni olvidé la sensación de aquel momento cuando por primera vez miré por encima de mi cuerpo insignificante.

Pero fue la paz, doctor, que fue de aquí hasta aquí, y ahí comenzaron a funcionar los controles. Todas mis glándulas se transformaron. Aquello que se llama la pituitaria comenzó a expandirse enormemente, porque

---

[7] La persona a quien Ramtha está contando esta historia es un doctor.

no había deseo en mis genitales; todo era miedo. Eso dispuso al alma para que cambiara el nivel de vibración y toda la frecuencia de mi cuerpo —toda— hasta que me volví más y más ligero. Y la gente me miraba y decía: «Mirad, hay una luz alrededor del maestro». La había. Y el resplandor y la luz eran la evidencia de que mi cuerpo estaba vibrando a una velocidad más rápida. Y entonces, maestro, mis pensamientos se volvieron uno, y todo lo que existía era pensamiento en acción. Y entonces, absorto en la contemplación de la luna, comencé a volverme más y más tenue. Y una noche, entidad, llegué hasta donde estaba la luna. Y ya no hubo más miedo; estaba lleno de júbilo y alegría. Lo que yo había hecho, entidad, no tenía precedentes. Y, aún así, regresé, pero sólo para aguardar ansiosamente el ver si podía hacerlo una y otra y otra vez. Y lo hice.

Se convirtió en una expectativa, como el respirar lo es para ti, pero requirió todo ese tiempo programar al alma para que dejara que ocurriera. ¿Lo ves? La personas se sientan y piensan acerca de ser esto y ser lo otro y después, si no lo son en el segundo siguiente, se dan por vencidas y se sienten frustradas. No tienen paciencia, porque el pensamiento debe trascender en emoción, y la emoción debe pasar por la totalidad de la configuración física. Así es como se hace. Ahora, de ningún modo estoy diciendo que esto te llevará a ti tanto tiempo como me llevó a mí. Yo era un hombre ignorante; tú eres culto. Lo que se necesita es aceptarlo; aceptarlo. Tú lo sabes. No existe la duda; tú lo sabes. Eso es lo que crea la emoción en el alma que produce el cambio en la estructura física y hace que ocurra.

La Ascensión

Y luego llegó un día —y así fue en verdad— cuando fue la hora en que los días de este anciano se habían terminado, y todo lo que me había propuesto hacer, quién era yo, en verdad, estaba cumplido. Hice un viaje a través del río llamado Indo. Y allí, a un lado de la montaña llamada Indus, maestro, viví en comunión con todo mi pueblo. Les expresé que esta verdad era una verdad, que su guía divina no llegaba a través de mí, sino de la Fuente que me había creado, así como los había creado a ellos.

Y he aquí que para que creyeran y para su sorpresa, maestro, me elevé muy bien por encima de ellos. Las mujeres empezaron a gritar estupefactas; los hombres que eran soldados dejaron caer sus espadas admirados. Me despedí y los exhorté a que aprendieran, como yo lo había hecho, a convertirse en lo que yo me había convertido, a su manera.

Cuando quieras ser cualquier cosa que desees ser, alinea tus pensamientos con ello. En el viento hay un poder que puede intimidar a un soldado solitario, y tomar la tierra y enviarla a los cielos de un solo soplo. Y no obstante, no puede ser dominado ni esclavizado y no puede —y así es en verdad— ser siervo de nada, excepto de sí mismo. Yo contemplé el movimiento libre del viento y me convertí en él. Así es como lo hice.

La dificultad que todos tienen con este ideal es que todavía están atrapados en medio de la muerte y la vejez. Y están atrapados tratando de encontrar una máquina que los lleve allí. Y están atrapados en medio de las complejidades en vez de en la sencillez que es el Padre. Se hace de una manera muy sencilla, nunca de una manera ardua. Que así sea.

Después de ascender fue cuando supe todo lo que quería saber, porque salí de la densidad de la carne y entré en la fluidez del pensamiento; y al hacer esto ya nada me inhibía. Entonces conocí la constitución estructural de aquello que se llama el hombre; Dios. Pero en aquel momento no lo sabía. Sólo sabía que estaba en paz con todo lo que había hecho y con la vida misma. Entonces dejé que fluyera a través de mí.

Ya no era un bárbaro ignorante, ansioso de batalla. Ya no me sentía rendido y fatigado. Ya no tenía —y así fue en verdad— los pensamientos que tienen los hombres. Estaba más allá de eso. Estaba en la vida y la maravilla que veía en los cielos día tras día y noche tras noche. Esa fue mi vida. Fue entonces cuando llegó la paz y llegué a ser uno con el Dios Desconocido. Ya no luché contra él. Ahora, que todos sean así de pacientes en esta vida es una tarea ardua de pedir, pues ahora todos viven muy de prisa y mueren jóvenes. No saben cómo vivir, porque viven con relación al tiempo. Tienen que hacerlo en un cierto perímetro de tiempo o jamás lo conseguirán. Mientras sientan de esa manera, nunca lo conseguirán. Sólo habrán vivido por el tiempo, y ese será su logro en esta vida. ¿Entiendes?

Yo soy el Ram, entidad, a quien llamaban el Dios. Yo fui el primer Dios que se haya conocido. Fui el primer hombre que ascendió; que habiendo nacido de la mujer y del hombre en un plano de conciencia, ascendió —y así fue en verdad— no debido a las enseñanzas de ningún hombre, sino a través de una comprensión innata del propósito de la vida en todas las cosas. Mi ascensión ocurrió hace 35.000 años, según tu entendimiento del calendario. ¿Qué es la ascensión? Llevarme todo lo que soy a la eternidad, como el viento. Si hubiera escuchado al hombre, entidad, habría perecido en esa vida. Aquí todos perecen porque saben que lo harán, y aquí todos viven por las opiniones de los demás; qué locura. Yo aprendí a amarme a mí mismo cuando estuve contento con algo grande y majestuoso.

Aquello en lo que el hombre se contemple a sí mismo, en su ser, en eso se convertirá, pues él es el Dios escondido detrás de la máscara de la humanidad. Tu verdadera identidad, Señor, no es tu cuerpo.[8] Creaste tu cuerpo de aquello que se llama los genitales de tu padre y el vientre de tu madre. Lo diseñaste a partir de la arcilla que ellos te dieron, pero no eres tú. Lo que tú eres, entidad, es invisible. Nadie te conocería a menos que tuvieras una boca para hablar y ojos para mirar y manos para sentir. Si fueras mudo, ciego, y catatónico, entidad, te enterrarían, porque nunca llegarían a conocerte, ya que no puedes expresarte sobre este plano a menos que poseas un cuerpo a través del cual expresarte.

Tu verdadero Yo es invisible. Muéstrame un pensamiento; muéstrame tu manera de pensar; muéstrame una actitud; muéstrame una vida pasada. Los grandes Dioses que crearon este plano, entidad, no eran de esta dimensión ni de esta vibración, sino de una llamada «luz», donde los pensamientos tienen un cuerpo de luz. Tu cuerpo es luz, pero este plano no puede verla, pues vibra a una velocidad más lenta que la luz; está en la materia. Cuando me convertí en el viento, me di cuenta de que yo no era lo que yo soy. Yo soy un enigma dentro de este cuerpo, pero existo, y todo el que viene a esta audiencia siente mi maravilla. Y, así y todo, quién puede decir que yo soy real, pues qué sabe nadie acerca de la realidad sobre este plano, entidad.

---

[8] *Señor* es otra palabra para *maestro*.

Contémplate más allá del cuerpo hacia lo invisible. Es una aventura. Es allí donde te encontrarás a ti mismo; no en los ojos de nadie más, sino en tu propio entendimiento. Yo les enseñé eso a mis guerreros. Hoy en día, en mi país, me adoran como un Dios, entidad. Yo desprecio eso; ni siquiera saben qué es Dios. Son un montón de adoradores en vez de «ser-es». Conviértete en ti, pero sabiendo quién eres. Observa tus pensamientos. Mírate. Conversa con el viento. Danza a la luz de la luna. Ama el amanecer. Ellos te enseñarán todo acerca de la vida, pues ellos son la vida y continuarán viviendo cuando todo esto muera. ¿Entiendes lo que te he enseñado?

CONQUÍSTATE A TI MISMO

Para obtener aquello que se llama sabiduría interior tienes que volverte humilde y mirar quién eres —no lo que te dice el espejo, sino quién eres tú— y ver lo que está dentro de ti, el sublime Dios individual. Y tienes que dejar de tener prisionero al Yo. Todos vosotros lo hacéis, con excepción de una entidad en este salón, una entidad. ¿Sabes lo que es una prisión? Puedo manifestarte un calabozo o dos para que puedas entender lo que la verdad siente cuando está tras las rejas, y las ratas comen a tus pies, y los piojos se mueven en tu cabeza, y los gusanos salen del hedor de tu excremento.

Eres prisionero de ti mismo, así como yo lo fui. Porque aunque el deseo de dominar, de donde yo procedo, estaba ahí, yo no entendía la carne, el pensamiento coagulado y sus necesidades, deseos, ni su conciencia en un plano de existencia más bajo. Yo no sabía qué supondría eso. De modo que terminé en medio de un gran conflicto y en una época grandiosa y terrible en vuestro tiempo, todo pasado, en el cual las cosas tenían que enderezarse en conciencia y dentro del Yo. ¿Sabes cómo encarcelas tu verdad? No sabes quién eres. Yo fui un lemur hediondo, desalmado. ¿Sabes quién eres tú? ¿Conoces la virtud que está dentro de ti? ¿Sabes qué viniste a hacer aquí? Todas las culpas de tu vida las colocas sobre los hombros de otros, todos lo habéis hecho. Todos los demás son responsables de tu infelicidad. Eso es un gran disparate, pero es también un gran aprendizaje.

Cuando sepas quién eres —en mi vida necesité 63 años para aprenderlo— te mirarás a ti mismo y sabrás, rápidamente, quién ha creado todos los destinos que has vivido por elección propia. Y toda la infelicidad es cuestión de elección propia, así como la felicidad. Pero lo elegiste tú, y nadie más. Cuando tengas la humildad de mirarte a ti mismo, de sentirte, y de preguntarte por qué y luego decir: «Sé por qué», y puedas razonar con el Yo, entonces le habrás quitado las barras de la prisión a la verdad, que es el pájaro que se eleva en un cielo llamado felicidad, virtud, unidad y paz. Durante la última parte de mis 63 años de iluminación, yo dormí bien. Dormí bien porque era un hombre pacífico. Había llegado a un acuerdo con todas las cosas, había hecho la paz con todas las cosas y aprendí a amar, respetar y admirar a mis mejores adversarios, porque yo constituía su amenaza. Aprendí a amarlos porque aprendí a amar la elegancia llamada Ramtha, en verdad.

Tu vida es vida, tras vida, tras vida. En una vida se pueden vivir un millón de años. ¿Sabes por qué te toma tanto, tantas vidas? Por tu incapacidad de mirar quién eres. Juzgas a otro, y un día, en verdad, decidirás vivir el juicio que has expresado, será por tu propio bien, para que comprendas mejor a otros a través del medio llamado el Yo. Pero en su mayor parte, has aprendido sólo una cosa en cada una de tus vidas. Has sido muy lento para acelerar la sabiduría interior, porque te has negado a mirar quién lo ha creado; te has negado. Bueno, puedo decir, entidad, que has sido toda entidad concebible que haya sido creada por los genes del hombre y la mujer. Has sido todos los colores, desde lo peor, como un lemur, hasta lo más arrogante, como un atlante. Has sido todo eso, todo. Pero ¿por qué no acelerar en una vida lo que puede proclamarse en un momento, y revelar el Yo en la compasión del alma, mirando quién eres?

Y yo empecé a comprender quién era Ramtha. Y decididamente amaba lo que yo era, en verdad, y me sentí muy complacido con la entidad, así que llegué a ser yo. ¿Por qué? Porque estaba en paz con el Dios Desconocido, al que había encontrado a través de mí mismo, y la manera maravillosa, única y poderosa de crear mi destino y conducir a mi pueblo a un entendimiento mayor. Y cuando me perdoné a mí mismo y comprendí por qué, lo que había hecho antes ya no importó, pues ya no me atormentaba. Ya no dolía, ya no me impulsaba a conquistar.

Te he enseñado muy bien. Pero te digo —y la mayoría de vosotros aún no sabéis lo que estoy diciendo— que todo lo que has sido, lo has sido con el fin de obtener entendimiento, amor. Cuando el hombre creó el bien y el mal, la verdad sentenciosa, también creó el temor y la culpa y la incapacidad de progresar en la vida espiritual. Cuando digo espiritual, hablo de toda la vida, no simplemente de algo maravilloso de lo cual hablar en términos filosóficos, o en ciertos días de tu semana, sino todos los días. Entonces te vuelves inhibido y te ahogas en tu propio pesar, te pierdes en tu propio menosprecio y te rechaza tu propio Yo. Te digo que todo lo que has hecho en todas tus vidas está bien. Dios, el Padre, que es la resonancia de esta maravillosa estructura molecular, no te ha juzgado; no conoce el juicio, pues no conoce la perfección, que es una limitación total. Él simplemente es. Es el estado de ser que ama, que es todo por sí mismo. Y ese ser es el poder que abarca a todos vosotros que estáis aquí, a todas las gentes en todas partes.

Dios nunca te juzgó, nunca clamó para que fueras un santo o un demonio. Eso lo hiciste tú mismo, de nuevo por no saber quién eras. Si el Padre, en todo lo que él es, ha encontrado mucha bondad en tu maravilloso ser, y has obtenido y todavía tienes vida en este momento que sigue, para vivir, para que rebose el Yo divino, te aseguro, amada entidad, cuando yo te diga que eres Dios, vívelo para que puedas perdonar, y ver y comprender por qué has sido como has sido, en verdad.

De modo que el Dios Desconocido era todas las cosas: el crepúsculo, el pájaro nocturno y su susurro en el arbusto, el ave salvaje en su vuelo matinal de temporada, la risa de los niños y la magia de los amantes, el color rubí del vino y la dulzura de la miel. Es todas las cosas; todas las cosas que son perpetuas. Yo conocí al Dios Desconocido en todos estos entendimientos. No hubo un maestro que me enseñara esto. El Ram, el maestro, el conquistador, estaba dentro de mí para comprender; fue la necesidad de comprender. De modo que me dejaron con mi herida profunda para que me curara, me sentara, reflexionara y pensara. Lo único que tenía era a mí mismo, en verdad, solo, sentado sobre una gran roca, no en una silla maravillosa como ésta. En medio de eso, razoné sobre el perdón antes de que existiera tal palabra. Y razoné sobre el Yo antes de que hubiera tal identidad. Y razoné sobre Dios y el Yo como uno, para resolver el misterio.

Lo que hice en mi vida te lo he enseñado elocuentemente, y lo he manifestado valientemente en tu vida para que tuvieras la oportunidad de mostrar el mismo deseo de ser humilde para ver quién eres. Y para todos aquellos de vosotros que todavía cierran los ojos, yo no puedo enseñarle a la única imposibilidad que pueda existir: una mente cerrada. Ellos ni oyen ni perciben, porque pone en peligro su verdad encerrada que les proporciona seguridad. Tú, ¿cómo te conoces a ti mismo? Como la paloma que está en la prisión. Perdónate a ti mismo. El Padre siempre te ha perdonado; ha comprendido.

Contempla quién eres; contémplalo. Contempla tu ira; ¿por qué estás furioso? Contempla tus celos; ¿por qué eres celoso? Contempla tu envidia; ¿por qué eres envidioso? Contempla tus inseguridades y entiende por qué. Contempla tus juicios; ¿por qué juzgas? Contempla tu crueldad; ¿por qué no eres compasivo? Y contempla tu risa; ¿dónde está? Reflexiona sobre todo esto que te he contado. No tienes la paciencia para aguantar 63 años, puesto que eres muy veloz. La impaciencia es desdeñosa. Ahora la necesitas totalmente. Pero en mi vida, esa fue mi vida. Y eso me hizo ser quien soy para ti en esta hora, y ha conservado la personalidad del Yo llamado Ramtha el Grande, para que el conocimiento infinito de Dios pudiera salir desde este recipiente establecido y enseñarte en términos familiares.

Si quieres ser como yo soy, piensa como yo pienso. Y hazlo aplicable a todas tus costumbres y ceremonias, no importa cuáles sean, pero hazlo.

Segunda Parte

⚘

Conceptos Fundamentales
de las
Enseñanzas de Ramtha

II
Conciencia y Energía
crean la
Naturaleza de la Realidad

~⟿⟾~

Saludos, mis hermosas entidades y principiantes. Os saludo. Tomemos un trago. Lo vais a necesitar. El agua representa aquello que se llama la Fuente, la conciencia eterna. El agua es el medio apropiado para saludar a aquello que se llama el Dios dentro de todos nosotros. Ahora, comencemos la sesión saludando nuestra divinidad en vez de nuestra fragilidad.

Oh, mi amado Dios,
en algún lugar dentro de mí,
manifiéstate este día,
y abre mi mente,
abre mi vida,
para que aquello que escuche
lo experimente.
Oh, mi amado Dios,
en este día
bendice mi ser
y lo que aprenda.
Que así sea.
Por la vida.

Hermosos principiantes, estoy muy complacido de que estéis aquí. Todos los que estáis aquí como parte del grupo de principiantes, levantad la mano. Ahora, ¿por qué viniste? ¿Esperas que tu nivel de aceptación se expanda y que, de alguna manera, eso cambie tu vida? Bien, esa es una buena respuesta. Me gusta.

Yo soy Ramtha el Iluminado. Yo soy la entidad que expresó todas las palabras que has leído, las que en verdad has escuchado y te conmovieron. Fue, por decirlo así, un tañido de verdad. No te consternes por el cuerpo en el que estoy. Constérnate por el cuerpo en el que estás tú.

Yo llegué a esta conciencia hace mucho tiempo, según tu cómputo, y en lo que se llama este cuerpo. Esto fue lo que llamarías un acuerdo realizado antes de la encarnación de este ser (JZ Knight, el canal). Estás aquí para aprender que Dios no se parece a nadie, sino a cada uno y a cada cosa. Es más, estás aquí para aprender que Dios, exaltado a la máxima potencia, se puede percibir en algo tan simple como un árbol o tú mismo.

Yo soy más que mi Cuerpo: Soy un Ser Iluminado

Yo no vine aquí, no me desenvolví hasta aquí con el propósito de crear un cuerpo que inspirara reverencia, que fuera exquisito y hermoso, porque eso es lo que durante eones han venerado los adoradores, incluso hoy en día. La belleza ha asumido aquello que se llama características físicas; ya no es espiritual, lo inerte. Y tú la adoras, pero te hace pequeño, porque es una cualidad fugaz; lo es. Y florece sólo pequeñamente en la vida física de uno, y luego se deteriora. Yo me convertí en un ser iluminado extraordinario. ¿Y qué quiere decir eso, un ser iluminado? ¿Qué es la iluminación para ti? Significa alguien que es consciente, que tiene una visión muy amplia. Un ser iluminado es aquel que es conciencia pura manifestada en espíritu o mente. Y esto significa que un ser iluminado poseerá una calidad de riqueza mayor en su espíritu que en su cuerpo. Una entidad iluminada es alguien que no se ve a sí mismo como su cuerpo, sino como el aspecto que está unificado con toda la vida. Eso es una entidad iluminada. Y alguien que no lo es, es aquel que se ve separado, especial o diferente a todas las otras formas de vida. Esas son las entidades ignorantes.

Entonces yo soy un ser iluminado porque en mi vida y en los tiempos que conocí tuve la gran oportunidad de ser mi yo-hombre, de ser un ser humano, de crear la guerra, de acabar con los tiranos. Qué meta tan elevada, ¿no? Pero sólo cuando me traicioné a mí mismo fue que llegué a ser humilde y vencí mi arrogancia. Y en medio de esa humildad, cuando me aferraba a mi vida pendiendo de un hilo delicado, me pregunté cuál era el propósito de mi vida y de mi gente pobre y desdichada. Y después de aferrarme a la vida día tras día, y cada día hacer una marca de los días que había sobrevivido, comprendí que la vida en sí misma y por sí misma era el premio. Entonces me senté sobre una roca y me curé a mí mismo durante siete años, algo que tú encontrarías aborrecible. Cada día y cada noche, mi espíritu se llenaba de gozo cuando me despertada y me daba cuenta de que aún estaba aquí. Y cuando observaba la luna crecer y menguar en los cielos de medianoche, jamás me cansé de la escena. Llegué a desear a la naturaleza desesperadamente, perdidamente, apasionadamente. Fueron la luna y el sol quienes reafirmaron, día tras día, que yo estaba vivo. Empecé adorándolos; terminé convirtiéndome en ellos.

Me llaman iluminado porque lo que aprendí trascendió mi yo físico. El guerrero pereció; el conquistador murió. La arrogancia, como el humo de un fuego que se apaga, danzó en el aire nocturno y desapareció. Mi ignorancia desapareció. De modo que me convertí en una entidad espiritual. ¿Y qué significa eso? Significa que utilicé mi cerebro y mi cuerpo, así como mi cuerpo emocional, no para conquistar, lograr metas, sembrar el caos o resucitar la Tierra. Cambié. En vez de convertirme en la soledad —hombre a hombre, fuerza a fuerza— cobré fuerzas día tras día, poco a poco, para convertirme en una personalidad que hallaba valor, no en la conquista de este reino, sino en la conquista de la ignorancia.

¿Y cuál era mi punto más ignorante? Tenía muchos, pero el más ignorante era que yo odiaba al Dios Desconocido de mi gente. Verás, mi gente no adoraba a Dios. Ellos sabían que sólo había un Dios, y que no tenía nombre y no ocupaba un lugar en el espacio, excepto que podía ser visto en todo lo que existía, y todo lo que es pensamiento existe. Y así que este Dios le había fallado a mi gente de una manera miserable y espantosa. Yo no lo entendía. Yo pensaba que si amabas a un solo Dios tu vida sería placentera, agradable, que derrotarías a tus enemigos y vivirías en paz, y cantarías y danzarías todos los días de tu vida. Pero el Dios Desconocido de mi gente, que era toda la vida, permitió que se convirtieran en siervos de una raza que no era muy poderosa. Y yo odiaba al Dios. Entonces busqué asesinarlo en cada persona; ya que él había dominado a mi pobre y miserable familia, es fácil de dominar. Ese fue el punto más ignorante de toda mi vida: que uno podía dominar a Dios, y que por amar a Dios, uno quedaba a salvo del daño, de la esclavitud, de la servidumbre. Yo no sabía que el Dios Desconocido habitaba en todas mis gentes y en todas las otras gentes, y que lo que él daba era su propia naturaleza. Dios es amor. ¿Qué significa eso? Significa que Dios crea y da y jamás quita. Eso es lo que significa. Y Dios dio vida a todos —este Dios Desconocido—, y al dar y sustentar esa vida, permitió que la forma de vida, con un duplicado de su mente, creara su realidad. Mi gente profetizó que un día caerían en la servidumbre. ¿No se cumplió finalmente su profecía porque ellos se enfocaron en ella? Desde luego. El Dios Desconocido no es una sola mente dentro de cada uno; es trozos de una sola mente dentro de cada uno. Y cada uno llega a ser consciente de la manera que elija. Esa es la cualidad dadora de Dios. No me llevó un día entender esto: me llevó el resto de mi vida, porque mi naturaleza barbárica odiaba y despreciaba, pero mi naturaleza espiritual, que era pequeña y frágil, cada día se hizo más grande. Y yo rezaba cada día por tener más de eso que de mi cuerpo.

Entonces, ¿cómo me iluminé? Porque al estar en paz con el Dios Desconocido, decidí que quería ser exactamente eso. Entonces Dios, porque Dios ama —y esto lo entendemos en el sentido de que él da, nunca toma, solamente da— el Dios dentro de mí me dio exactamente lo que yo quería ser: aquello que es todas las cosas, que puede compartir el amor con toda la vida. ¿Y sabes, maestro, cuál fue la batalla que sostuve todos los días? Cada día de mi vida combatí mi naturaleza primitiva a la que deseaba disipar: la duda. Ella quería ir y conquistar; quería dar un grito de servidumbre. Todos los días luchaba contra eso dentro de mí, porque ahora me dedicaba a conquistarme a mí mismo; la más ardua de todas las batallas. ¿Y qué me brindó la conquista? Al principio, nada. Porque yo podía examinar mis heridas, podía ver a toda esa gente y hacer un recuento de todas mis victorias pasadas. Podía ver que eso era real, pero lo que yo quería no era real, al menos tangible. Todos los días lo real contradecía lo irreal; se reía de ello, como dirías tú. Me sentaba allí y decía: «Ramtha, eres un bufón. Eres un viejo bufón». Algo dolía cuando me decía eso. Algo me dolía al decir eso, así que tenía que investigar el dolor. Y cuando investigaba el dolor —algo que sentía cada vez que abusaba de ello— se convertía en algo real para mí. Así que el resto de mi vida elegí mi mente sobre todas las cosas. Y me di cuenta de que la única razón por la que me quedaba en mi cuerpo era que tenía una afiliación con él. Cada vez que me enfurecía, estaba centrado en mi cuerpo. Cada vez que mi cuerpo tenía más poder que mi voluntad, yo estaba arraigado en él. Pero cada día mi cuerpo se volvía más y más pequeño, y mi mente más y más grande.

De modo que al final de mi vida, ¿sabes cómo me fui de este plano? No en un cajón de madera de pino. Me fui de este plano en el viento. ¿Por qué debía ser ese mi carruaje? Por que ese es el carruaje del Espíritu. ¿Por qué no debía morir como la gente normal? Porque yo no era normal. ¿Y qué es lo que me hizo ser así? Conquisté mi yo normal, que era mi cuerpo, mi personalidad, mi genética, como dirías tú. Y en el final de mis días, yo había logrado deshacer el delicado hilo que me unía al pasado.

Y entonces, ¿en qué me convertí? No me convertí en un hombre mejor; me convertí en un ser espiritual, un Dios; no en un hombre. Y eso era lo que yo quería ser. Si el Dios Desconocido no tenía rostro, entonces era el poder y el ímpetu de la naturaleza misma. Eso era lo que yo quería ser, porque para mí esa era la definición de Dios, no ser un hombre, sino un ser que actúa con la sabiduría de que es parte de toda la vida. Eso fue en lo que yo me convertí.

¿Por qué me llamaban iluminado? Porque me convertí en mi espíritu antes que en mi cuerpo. Hoy estoy aquí en este tiempo, como sabes, dentro de otro cuerpo. Has venido a escucharme porque has leído mis palabras, has escuchado a otras personas, has visto algo maravilloso en tu vida. Así que vienes como hombre, como mujer, como niño, como un espíritu pequeño contenido dentro del cuerpo. Y el trabajo de tu espíritu ha sido mantenerte vivo todos los días de tu vida. Es la única razón por la cual lo has utilizado y la única razón por la que no pereciste antes de venir aquí; porque usaste tu espíritu para que te mantuviera vivo. Nunca has abusado tanto de él como para que abandonara tu cuerpo. Es para lo único que lo has utilizado, pero es la razón por la que estás aquí. Porque en la medida en que no se puede ver, sino más bien sentir, eso es lo que yo soy.

No viniste aquí a verme. Eso es lo que estás haciendo ahora mismo, y yo parezco ser lo que se llama ordinario, normal. La enseñanza es entonces que Dios vive dentro de ti en forma de lo que has definido como espíritu. Pero simplemente te ha mantenido vivo, y si alguna vez lo vieras, nunca lo verías tal como se ve tu cuerpo. Bien, estoy aquí en un cuerpo que parece ser una contradicción: es un cuerpo femenino y yo soy masculino. Pero es algo maravilloso, porque tiene como fin enseñar a hombres y mujeres que Dios es ambos y ninguno; y enseñarte que lo que has estado pensando con ese cerebro no es necesariamente todo lo que hay; y para enseñarte también que lo que eres no lo puedes ver.

Así que de una manera muy apropiada, vine aquí a hablarle a gente que una vez conocí en un tiempo que parece muy remoto con respecto a éste y, no obstante, ese tiempo y éste están sucediendo simultáneamente. Estoy aquí para enseñarte lo que nunca te enseñé; yo te abandoné. No te estoy enseñando a que me sigas; no puedes hacerlo. Incluso si mueres no podrás hacerlo, porque cuando mueras sólo vas a recibir el don de vida que sea igual a tu capacidad de aceptar. Y lo único que has aceptado ha sido tu vida, sin importar cómo sea. Eso es lo que es importante para ti. El hambre es importante para ti, el dolor es importante para ti, estar desorientado porque no te gusta la realidad, eso es importante para ti. Para ti es importante ser un hombre, ser una mujer. Verás, todo esto es de naturaleza física y puede arrasar el espíritu. Puedes perder tu enfoque en Dios más rápidamente a causa del hambre que por cualquier otra razón.

Yo vine a enseñarte que incluso si mueres, no vas a estar iluminado —serás un ser espiritual, pero tu mente no estará allí; tu mente estará aquí— y para enseñarte lo que tú sabías y lo que yo aprendí: un Dios; todo es Dios. Esta no es la única existencia que has tenido. Estos cuerpos son como prendas de vestir. Nada más estás usando este cuerpo como prenda en este flujo de tiempo. Has usado muchos de ellos. Entonces preguntas: «¿Por qué no puedo recordar?» No puedes recordar porque no estás iluminado. ¿Comprendes? En tu vida pasada no avanzaste más de lo que has avanzado en ésta. Si lo único que te interesó fue esa vida pasada, entonces lo único que utilizaste fue el cerebro de tu personalidad en aquel entonces, y él sólo se interesó por el cuerpo, como siempre ha sido el caso. Entonces si ese cuerpo pereció junto con ese cerebro, no puedes recordarlo porque el cuerpo y el cerebro ya no están. Lo único que puedes recordar es esta vida, y has olvidado la mayor parte de los días de tu vida porque no los has vivido. Estuviste ausente de ellos.

Oh, has vivido eones. Estás en evolución. Dios te concedió la vida eterna. ¿Qué significa eso? Esto quiere decir que cuando mueras —esta tarde, mañana en la mañana— tu cuerpo perecerá, pero te levantarás en tu cuerpo espiritual. Pero, una vez más, el cuerpo espiritual es sólo tan grande como la mente que lo ocupa, que es lo que estás cultivando ahora. Eso es vida eterna. Y entonces volverás a nacer, si es que aún hay cópula. Volverás a nacer y no recordarás este día. ¿Sabes por qué no lo recordarás? Porque tu cerebro del futuro no estuvo aquí presente, pero tu espíritu sí.

Entonces yo no vine a enseñarte a seguirme, porque eso es imposible, y yo no quiero ser adorado. Quiero que te adores a ti mismo. El templo más grandioso de Dios no fue aquel que fue construido de piedra, oro, plata y joyas. Resulta que el templo más grandioso de Dios es el cuerpo humano, y ese cuerpo lo ocupa el espíritu en este reino. Ese es el templo. Ahora, si lo que aprendes te exalta por dentro, esa exaltación interior es el sentimiento del espíritu. Si vienes aquí y estás cansado, sientes hambre o estás aburrido, ese es tu cuerpo. Y tu mente está en tu cuerpo, no en tu espíritu. Si te exalta lo que vas a aprender, entonces le estamos hablando a aquello que no puede verse dentro de ti, pero que es lo que eres dentro de ti. Va a tener mucho sentido.

¿Cuál va a ser la única objeción hoy y mañana? Tu mente de mono, tu cerebro humano. ¿Sabes por qué? Porque si te pidiera que le explicaras a tu vecino qué tan amplio es el nivel de tu aceptación —piensa en esas palabras: cuán amplio, cuán profundo, cuán elevado es el nivel de tu aceptación— ese es el concepto de la creencia. Nunca puedes manifestar en tu vida aquello que no aceptas. Sólo manifiestas lo que aceptas. Entonces, ¿qué tan amplia es tu aceptación? ¿Es más grande que tu duda? ¿Cuáles son las limitaciones de tu aceptación? ¿Es esa la razón por la que estás enfermo? ¿La razón por la que eres viejo? ¿La razón por la que eres infeliz? ¿Porque el nivel de tu aceptación es la infelicidad? Es todo lo que recibes. No recibes nada más grande que eso porque cualquier cosa que sea mayor yace dentro del espíritu. Y tu espíritu te hace infeliz porque tú le estás diciendo que lo haga.

De modo que lo único con lo que vas a tener problemas hoy es el nivel de aceptación de tu mente carnal; eso está aquí (red neuronal). Y si eres la clase de persona que es víctima de su propia culpa —si has hecho cualquier cantidad de cosas terribles y piensas que eres muy especial por ser tan culpable—, entonces vas a tener problemas con lo que te digo, porque te estoy diciendo que tú creas tu realidad. Y si eres una víctima, es porque tú lo has creado así. Y no te va a gustar eso porque quieres que otra persona sea responsable de tu pena, tu limitación y tu carencia. Y yo voy a decirte que es tu responsabilidad y eso no te va a gustar. El espíritu está de acuerdo, pero el cerebro no lo acepta, ya que él puede decir quién lo hirió, quién lo desilusionó, puede decir por qué duda. Siempre otro tiene la culpa, nunca uno mismo. La arrogancia del cerebro humano, ¿verdad? No te va a gustar eso.

También vas a tener problemas con el concepto de que todos sois Dios, porque hay algunos de vosotros que todavía preferís creer que Dios es una parcela inmobiliaria llamada cielo, y que él —y no ella— está manipulando todo disimuladamente. Por eso es que si algo sale mal en tu vida, puedes decir que es la voluntad de Dios. «No le caigo bien a Dios».

Dios es una imagen conveniente en el cielo porque, mientras se siente allí, él es el que te castigará por tus maldades; ya sabes: tu carencia, tu falta de amor, de interés. Cuando tienes malos pensamientos, en algún lugar del cielo Dios te castigará. Y cuando quieres ser salvado, deseas que alguien pueda hacerlo. ¿Sabes por qué? Porque no crees que te puedes salvar tú mismo. Dios realmente juega un papel maravilloso dentro de la religión, pero yo te digo que la única parcela inmobiliaria llamada cielo es aquello que está dentro de ti, y lo que te permites creer. Entonces hoy mismo tu Dios puede empezar inmediatamente a perdonarte por tu culpa y tu carencia. Hoy puedes dejar de ser la víctima, de estar enfermo. Hoy puedes dejar de creer en el diablo y empezar a creer en ti mismo. Algunos de vosotros no aceptaréis esto porque necesitáis tener un salvador. No te va a gustar esto, porque te hace falta un momento en el que Dios regresará y te castigará. Esto, entonces, será contrario a lo que crees, porque lo que yo te digo y lo que te voy a enseñar es sobre ti mismo y lo que yace dentro de ti. La mayoría de los que están aquí no cree que pueda manifestar nada. Han aceptado su carencia. Todo esto será contrario a lo que crees. Y entonces entrará en juego el axioma de «cree en ti mismo, y todo es posible».

CREER EN UNO MISMO: DE ESO SE TRATA ESTA ESCUELA

Pero, un momento, ¿cuál es el problema aquí? Bueno, creo que lo encontramos. Se llama creer en uno mismo. De eso trata esta escuela: combatir y conquistar un Yo al que sólo le interesa esta vida; ser más grandes que nuestros apetitos más fuertes, y aprender a aceptar lo que nuestro cerebro humano no acepta y enseñarle a hacerlo. Esta escuela es acerca de resucitar al Espíritu dentro de ti —el Dios interior— para que sea el milagro. Yo no estoy aquí para ser un salvador; nunca dije que lo fuera, ni quiero serlo. Estoy aquí para enseñarte lo que sé, que es mucho. Tengo la paciencia de todos los eones para hacer que esto suceda; dudo que tú la tengas.

Lo que vas a aprender es a glorificar a Dios dentro de ti, lo que significará mucho trabajo. Al final, todavía tendrás tu cuerpo, pero tu nivel de aceptación va a ser, en verdad, ilimitado. ¿Sabes por qué? Porque vas a aprender a hacer milagros que te harán creer más en ti mismo.

Eso no significa que sea un jardín de rosas; es un camino traicionero, pues a cada paso que des, tu ego alterado —que es la personalidad de este cuerpo— siempre tratará de asesinarte. Cuando llegues a ser una entidad iluminada, será porque habrás conquistado tu ego alterado. Yo te diría a ti, que no estás pendiendo de un hilo delicado, ¿qué tienes que perder? Un día acá, un día allá, una hora de enfoque. ¿Qué tienes que perder? ¿Sabes qué vas a perder? Sólo tu duda. ¿Qué tienes que perder si aceptas los milagros en vez de negarlos? ¿Qué tienes que perder? Te levantas por la mañana, y yo te voy a enseñar cómo soplar una poderosa respiración del espíritu y crear tu día. Te digo, principiante, lo que perderás en esta vida son sus limitaciones como las has conocido, pero ganarás una vida eterna.

¿Vida eterna? ¿No dije que todos despertarán del lecho de muerte? En verdad lo dije. ¿Pero qué cambiará en ti? Porque vas a aprender a visitar el reino de los cielos y el reino dimensional mientras estés vivo en este cuerpo, expandiendo así tu reino de aceptación. Y si mueres, si escoges la muerte, no irás a donde van todos. Quizás nunca tendrás que regresar aquí de nuevo. Quizás serás tan elevado que una raza de seres superbrillantes, en otra galaxia, serán tus próximos padres, porque estás listo para conocer lo que es insondable en este plano.

Ahora, todo el que viene a esta escuela es examinado. ¿Pero sabes quién los examina? Ellos mismos. El espíritu es frágil cuando se lo deja solo, y siempre se le da la oportunidad de desarrollarse por sí solo. Pero si la mente de la persona, su ego alterado, es mayor y se vuelve fuerte en la vida diaria, empequeñecerá al espíritu que es muy pequeño y frágil. ¿Y qué sucede? Muy pronto regresarán a la duda, a la carencia, a la incredulidad. Y empiezan a buscar todo por fuera de ellos para que les dé consuelo y alimento, porque han perdido el poder que está dentro de ellos.

Entonces regresan a la escuela. Imagínate una estampida que regresa a esta magnífica asamblea, una estampida de espíritus salvajes y de egos alterados indecisos. Imagínate todo el trabajo de limpieza que hay que hacer durante los primeros días. ¿Y cuál es el trabajo de limpieza? Incluso mis mejores estudiantes en esta magnífica asamblea tienen que limpiarse. ¿Qué significa eso? Hay que decirles de nuevo que son más grandes que sus cuerpos, y que lo que existe en el reino de Dios es más grandioso que su duda. Hay que decirles eso y hay que empujarlos hacia las disciplinas y enseñarles de nuevo el poder de manifestar. Y entonces dicen: «Ah, sí, sí, ahora recuerdo». Imagina que sólo tengo una semana con ellos. Estamos hablando de cuatro días de limpieza, tres días para pasar a .otro nivel y aprender a aceptar algo que no aceptaban antes, tres días de logros, y luego se marchan. ¿Tengo estudiantes que han cambiado desde que llegaron y ocuparon el asiento donde estás tú? Oh, sí. ¿Tengo estudiantes que pueden hacer milagros? Sí, los tengo. ¿Tengo estudiantes que no pueden hacer milagros? Sí, los tengo. ¿Por qué hay una diferencia? ¿Por qué unos pueden y otros no? ¿Sabes la respuesta? ¿Cuántos de vosotros sabéis la respuesta? Levanta tu mano, principiante. Vamos, más alto. Toca el cielo cuando levantes la mano. No te quedes ahí abajo, en la axila. Que así sea.

CONCIENCIA, ENERGÍA, MENTE Y CEREBRO

Ahora, lección número uno: «Recibes exactamente lo que quieres». ¿Quieres escribir eso? La siguiente frase que quiero que escribas es: «Conciencia y Energía crean la realidad». Conciencia y energía crean la realidad. No importa con qué letras escribas «conciencia», a mí me da igual. Y la frase siguiente es: «Conciencia y Energía y un cerebro crean mente». Ahora, no te duermas. ¿Sabes qué significa conciencia? Levantad las manos. Vamos, principiantes… Conciencia. ¿Qué tal si decimos algo tan sencillo como, «la conciencia es la estructura de la vida»? Eso es lo que es. No dije que fuera la mente de la vida; dije la estructura de la vida. Y como la conciencia es un estado de percepción consciente, entonces la conciencia ya debe contener energía. De modo que Conciencia y Energía están combinadas de modo indisoluble. Son la misma cosa. No existe algo así como una energía inconsciente. ¿Comprendes? Ahora, sería muy sencillo explicarle a tu compañero cómo Conciencia y Energía crean la naturaleza de la realidad. Simplemente significa que la realidad no podría existir sin Conciencia y Energía, porque la realidad, después de todo, es consciente de sí misma.

Coloca las manos sobre esta especie de melón que tienes por encima de los hombros. Alberga el órgano más fabuloso jamás creado. Lo tienes allí adentro; grande, ¿no es cierto? Sostiene tu rostro bastante bien. El cerebro es diferente de la conciencia, aunque ésta es lo que les da vida a las células. El cerebro no crea la conciencia; crea pensamiento. ¿Quieres escribir eso? El cerebro crea pensamiento, ese es su trabajo. Ahora, un pensamiento equivale a la mente. Escribe eso. La mente se considera idéntica a un pensamiento.

Ahora, principiante, permanece atento. Escúchame: te confundes, y no es extraño, con todos esos eruditos que lanzan los vocablos conciencia, mente y cerebro, pero ninguno sabe cómo funcionan realmente. Pero yo te diré cómo funcionan. Aunque son sólo palabras, tienen su definición. Conciencia y Energía son la Fuente. Cuando ella da vida, la da debido a un pensamiento. El cuerpo, el cuerpo humano, contiene un cerebro que es el vehículo de los flujos de Conciencia y Energía. Es su fuente de poder.

La función del cerebro es tomar impulsos de Conciencia y Energía en el nivel neuronal —no te duermas— y crear pensamientos. El cerebro, de hecho, parte en pedazos el flujo de conciencia y la convierte en formas de pensamiento coherente que se alojan en los senderos neurosinápticos del cerebro. De modo que ahora el cerebro puede recordar un pensamiento; esa es su función. Entonces tu cerebro está allí para funcionar con el flujo de Conciencia y Energía moviéndose a través de él, encendiendo los puntos sinápticos, dándote imágenes aquí arriba. La mente no es Conciencia y Energía; es su producto. La mente es el producto de la conciencia sobre el cerebro, que crea formas de pensamiento o memoria. Cuando tomamos todas las memorias y las juntamos, entonces podemos decir: «Me agrada la mente de esa persona». ¿Cuántos entendéis? Vuélvete a tu vecino y explícale lo que te acabo de enseñar. Vamos, principiantes.

Ahora, ¿hay una diferencia entre los términos Conciencia y Energía y mente? ¿Cuántos estáis de acuerdo? Que así sea. Antes de que avancemos, quiero que entiendas algo. Aquí estás aprendiendo una filosofía, no una verdad. Nada de esto es la verdad. Estás aprendiendo una filosofía. ¿Y qué significa eso? Es una enseñanza. Y la enseñanza es acerca de un concepto teórico llamado realidad que, como hemos dicho, tiene mucho que ver contigo. Pero no es la verdad. La verdad es relativa. La verdad es únicamente lo que sabes. Lo que no sabes no es una verdad. Si alguien te dice que además de éste existe un vigésimo tercer universo, puede que te lo diga a partir de una observación científica. Entonces esa sería la verdad de esa persona, pero ¿es tu verdad? No, no lo es. Es una filosofía, tal como la mayoría de las cosas en tu vida. ¿Sabes por qué no es la verdad? Porque no has experimentado el vigésimo tercer universo; cuando lo experimentes, entonces sí será una verdad. Te pido que no tengas miedo de aprender lo que te voy a enseñar, porque obra maravillas. Acéptalo como una filosofía, y la verdad surgirá de esa filosofía una vez la apliques. ¿Cuántos de vosotros entendéis? De modo que ahora estás a salvo. Aquí no estamos tratando de convertir a nadie.

El uso de símbolos para expresar un concepto

Ahora, en la antigüedad todos trataban de enseñar lo invisible por medio de símbolos. Entonces decían que Dios era como el brillo del sol o la luz de Ra, y que eso era Conciencia y Energía, y que cuando veíamos la luz —has oído ese término, ¿no es así?—, cuando veíamos la luz, ¿entonces estábamos cómo? Iluminados.

Ahora, Conciencia y Energía, en simbolismo, equivalen al sol, porque con sus vientos emiten un flujo de conciencia que es captado por el cerebro humano y es expuesto en formas de pensamiento, que a su vez siembran algo, lo ven o lo crean.

La idea de la luz —tú sabes, «ir a la luz»— es un arquetipo en la conciencia humana, sencillamente porque la única forma que el cerebro humano tiene para descifrar la realidad de Dios y Conciencia y Energía, es verla como una luz que ilumina la oscuridad. Entendemos que en un cuarto oscuro no podemos ver nada, pero cuando entra un haz de luz o se prende una pequeña llama, entonces súbitamente la luz, que cae en ángulos rectos sobre objetos sólidos, da una refracción de profundidad, y luego empezamos a ver. Así que la idea de la iluminación proviene del concepto de que la ignorancia se elimina con una luz de verdad, y la llaman conciencia. Ahora, no es realmente una luz; sólo se ve como una luz y se describe como tal. Cuando decimos, entonces, que si Dios es esta forma aquí que emite este flujo de luz a todas las entidades, entonces esa luz radiante es Dios mismo, el cual es sentido en todas esas entidades. Así es como se ha descrito.

Ahora, para que se pueda decir que un cerebro está vivo debe tener un flujo de conciencia. Cuando al cerebro se le conectan sondas para saber si «hay alguien en casa», lo que se revela es la capacidad del cerebro para procesar Conciencia y Energía por medio de la «descarga» de aquello que se llama las neuronas del cerebro. Dichas neuronas emiten descargas en frecuencias diferentes y, por medio de la descarga eléctrica en el cerebro, la ciencia ha aprendido a establecer si hay alguien en casa. A eso lo llaman estar vivo. Si se presenta una lectura, se asume que esa persona está viva. ¿Pero por qué no están despiertos? Bueno, porque están en coma, pero sí están vivos.

¿No es éste un entendimiento extraordinario y asombroso para ti? Están inconscientes, pero están vivos. ¿Y qué los mantiene vivos? El espíritu de Conciencia y Energía. ¿Por qué no están despiertos? Porque no están procesando los pensamientos en un nivel consciente. ¿Qué sucede cuando estás consciente? Tus ojos se abren y empiezas a procesar pensamientos. ¿Qué es procesar pensamientos? El cerebro cobra vida — eso es lo que vas a aprender acerca de la neurología del cerebro— y comienza a fabricar y activar el motor en diferentes partes. Entonces surge el pensamiento, de pronto tenemos una persona que está despierta y consciente. Y quizás sólo tienen sus ojos cerrados, pero están despiertos y conscientes; están presentes. Están interactuando con su medio ambiente a través del pensamiento. La capacidad de pensar de una persona le proporciona una mente. Entonces, ¿qué tan grandiosa es tu mente? Vuélvete a tu vecino y dile qué tan grandiosa es tu mente. Vamos, sé sincero. ¿Has aprendido todo lo que hay por aprender en esta existencia? ¿Lo sabes todo, absolutamente todo? Si Conciencia y Energía fluyen hacia ti y a través de ti todos los días, entonces, ¿qué impide que lo sepas todo? Tu mente, pues es la base de todo lo que existe; solamente sabes lo que sabes. Ahora, cuando hablamos de ti, entonces empezamos a separarte del todo y hablamos de ti como un individuo. ¿Qué te hace un individuo? La manera como luces, la manera como hablas, como piensas. Bueno, todas las demás cosas son el resultado de la forma como piensas. Y puede que tu mente sólo sea la suma total de toda la filosofía que aprendiste en el colegio. Puedes decir: «Terminé el bachillerato». ¿Qué significa eso? «Significa que recordé todo lo que me enseñaron y superé todos los exámenes basándome en mi memoria». Pero ¿lo experimentaste? «No.» De modo que tu cerebro está lleno de filosofía teórica sobre la cual conviniste que era una verdad, pero no lo es. No es ni siquiera la verdad de la persona que te la enseñó. Es la verdad del individuo que hizo el descubrimiento. ¿Cuántos de vosotros entendéis? Entonces, ¿qué hay en tu cabeza? Lo que hay es todo lo que tus padres te enseñaron, lo que te enseñó el colegio, lo que te enseñó la historia, lo que enseñó tu cultura. ¿Pero cuánto de eso es la verdad? En otras palabras, ¿hay alguien en casa o es sólo una grabación?

¿Sabes por qué ya nadie, con excepción del campo de la tecnología, crea milagros? Porque todos han asumido que todo lo que han aprendido con la cabeza es la verdad. Los milagros sólo suceden a costa de la expectativa. ¿Tiene sentido eso? En otras palabras, es lo que no aprendiste. Es lo que no conoces como verdad que esperas que suceda y sucede. Esa es la verdad. Así que tu mente está llena de muchos galimatías. ¿Y cuánta superstición tienes dentro de ti? ¿Caminas debajo de las escaleras? ¿Piensas que lo blanco es bueno y lo negro malo? ¡Qué vergüenza! ¿Te sientes culpable? ¡Qué vergüenza! ¿Todavía te sientes culpable? ¡Qué vergüenza! Ahora, he aquí el meollo del asunto, y es que una de las razones por las que estás tan aburrido de la vida es porque sólo puedes hacer lo que conoces como la verdad. Tú sabes, sucede todos los sábados por la noche, cada domingo en la mañana, sucede en el trabajo. Estás harto del trabajo y de la vida. ¿Sabes por qué? Porque continúas haciendo lo único que sabes hacer, y esa es la única verdad que tienes. Todo lo demás es conjetura. Entonces, ¿cuán grandiosa es tu mente? Es solamente del tamaño de tu verdad.

La voz de nuestro espíritu

Ahora, ¿cuál es el propósito, entonces? ¿Cuál es el propósito? Imagina lo que tu espíritu está pensando. ¿Alguna vez te has imaginado a tu espíritu un sábado por la noche? «Olvídalo, ¿vamos a hacer esto otra vez hoy?» Imagina a tu espíritu, tu Dios: «¿Qué te pasa?» «¿Es que no puedes hacer algo diferente?» «¿No puedes pensar por ti mismo?» «¿No te puedes callar un rato para que yo te hable?» «Tienes mal aliento.» Imagina que tu espíritu te dice esto: «No quiero ir a trabajar hoy; hoy no quiero hacer lo mismo. ¿Sabes por qué no lo deseo? Porque es a mí a quien usas para hacer las mismas cosas todos los días. Y cada vez me vuelvo más y más pequeño; y si ya empiezas a verte como una ciruela pasa, es porque me has consumido».

Imagina a tu espíritu cuando vas a ser rencoroso con otra persona porque eso te hace sentir poderoso. Yo sé cómo es eso. Imagina cómo tu espíritu mira horrorizado cuando tu mente de mono procede a atacar fieramente y es utilizado como un títere para golpear a una persona inocente. Imagina a tu espíritu sentado allí, gritando: «¿Por qué no te callas? ¿Por qué tienes que ser así? No queremos hacer la guerra; queremos hacer el amor. Ama a esa persona». Imagina esa voz dentro de tu cabeza en el momento de tu mayor tempestad. Estás furioso y te dice: «Cálmate, amemos; nos estamos atacando a nosotros mismos». Imagínate esa voz. No quieres escucharla. Le dices que se calle, te enojas más y golpeas con mayor violencia. Imagina tu espíritu. ¿Qué más se supone que debe hacer? La razón por la cual estás envejeciendo y te afectan cualquier cantidad de enfermedades es porque tu espíritu está harto de ti, pues se supone que debes crecer. Por eso estás aquí. ¿Qué significa crecer? No tiene nada que ver con el cuerpo físico; lo que significa es que tu sabiduría debe crecer. Tu espíritu es la fuerza de vida que consumes en una existencia. Es grande cuando eres niño; está por todas partes. Pero a medida que empiezas a derramar tu semilla o estás en tu época de la sangre[1], y empiezas a formarte opiniones sobre el mundo, el espíritu empieza a volverse más y más pequeño, porque lo estás utilizando para crear.

Ahora, ¿sabes por qué estás muriendo? Porque has agotado una fuente de energía vital de eternidad en forma de pensamientos creados. Uno de estos días ese espíritu no va a esperar para deshacerse de ti. Se va a sacudir, sacudir y sacudir hasta que te caigas. ¿Cómo podría un espíritu llegar a ser tan vil? Ese es precisamente el punto; lo es. Estás aquí para crecer; estás aquí para crear la realidad, no para mantener el statu quo. Estás aquí para crecer en conocimiento, filosofía y luego en la verdad. Estás aquí para vivir, no para tenerle miedo a la vida. Estás aquí para utilizar tu cerebro en la creación de pensamientos y conquistar tu ignorancia.

¿Qué sucede cuando las personas se iluminan? Conquistan su ignorancia. ¿Y qué significa eso? Que desarrollaron su espíritu en vez de su ego alterado, su personalidad y su cuerpo. Y todos los días trabajan para encarnar esa energía. ¿Entonces qué les sucede? Realmente nunca envejecen; poseen una energía dinámica; pueden crear y su nivel de aceptación es extraordinario. Si uno les pregunta que si creen en esto, siempre dirán que sí, nunca que no. Responderán: «Eso ya lo experimenté, me he adueñado de eso». ¿Qué quiere decir eso? «Quiere decir que lo he creado como filosofía, lo manifesté como experiencia, lo viví y, claro que tuve problemas, pero después de la experiencia, sé cómo es. Tengo sabiduría, tengo verdad.» ¿Cuántos entendéis?

---

[1] Con estas palabras, Ramtha se refiere al ciclo de la menstruación

Ahora, esto no significa que tienes que ser un santurrón, no es eso. La Nueva Era no es nueva; es una era eterna. Lo que quiere decir es que tienes que ser superior a tu cuerpo y a tu prejuicio, ser más grande que tu carencia. Esto no significa tener una actitud mental positiva, porque si una persona tiene una actitud mental positiva, eso simplemente significa que lo que realmente tiene es una actitud mental negativa desde la cual está tratando desesperadamente de tener una actitud mental positiva. De modo que lo que tenemos es una cubierta de posibilidad positiva. Quiero que cambies y lo seas.

La disciplina de Conciencia y Energía

Conciencia y Energía crean la naturaleza de la realidad. Esa realidad creó al cuerpo humano con su máximo órgano: el cerebro humano. El cerebro no crea Conciencia y Energía; es su instrumento, una máquina. Su trabajo es tomar Conciencia y Energía, y congelarla y enmarcarla en un pensamiento bioquímico memorizado, para que después ese pensamiento se pueda agregar a la creación de la realidad, y todo lo que se mantenga aquí como pensamiento se materialice en el flujo de tiempo. La idea es tomar Conciencia y Energía, la virgen, y crear pensamiento que evolucione —y ser más grandioso, pensar de manera más grandiosa— de modo que a su vez tu vida sea más grandiosa. Entonces Dios, el Espíritu, está evolucionando dentro de ti. Y lo que sucede dentro de ti, sucederá por fuera de ti.

Voy a mostrarte la disciplina de Conciencia y Energía . La disciplina significa esto: uno de los primeros principios que se aprenden en la escuela es cómo aquietar la mente y encontrar ese lugar llamado Vacío. El Vacío es el Principio Madre/Padre y es de donde nacen Conciencia y Energía. Cuando movemos la energía desde la columna vertebral hasta el cerebro medio, entre lo que se llama las neocortezas, la energía llega hasta el cerebro y éste se aquieta, se detiene. Y entonces, aquello que tú eres desaparece, aquello que sientes desaparece y aquello que te preocupa desaparece. El cerebro queda limpio de todo, porque si él es el mecanismo para crear una realidad tangible a través de los pensamientos, tenemos que limpiarlo y purificarlo y, de este modo, todo lo que coloquemos aquí (lóbulo frontal) en forma de pensamiento consciente y enfocado, se manifestará aquí fuera (nuestro medio ambiente) con una claridad absoluta.

Voy a mostrarte esto con algunos de los estudiantes.[2] Y es chocante, por decir lo mínimo. Es atemorizante y puede, incluso, resultar embarazoso. También te mostrará un nivel de aceptación que necesitas aprender de ti mismo. ¿Qué no aceptas? ¿En qué no crees? Después de haber observado a estos estudiantes y a todos los que están a tu alrededor practicar esta disciplina, quiero que tomes la decisión de si esto es lo que quieres hacer, si quieres pasar el resto del día aquí, y que contemos contigo mañana, porque cuando tomemos un descanso, tendrás la oportunidad de que se te devuelva tu dinero. Y luego, quiero que te vayas. Pero quiero que te vayas, por lo menos, con un pensamiento abierto de que, seguramente, algo maravilloso ha de resultar de este embrollo. Y cuando estés listo, regresa y ven a verme. Desde luego, serás más viejo y más sabio entonces.

Recuerda, el trabajo se trata de ti y de desarrollar ese aspecto de ti. Hay estudiantes en esta escuela —y no sólo uno, sino muchos— que han devuelto a la vida criaturas muertas. Hay muchos que han creado curaciones milagrosas en su vida. Están documentadas. Cada estudiante en esta escuela ha creado la realidad por sí mismo. Han cambiado sus vidas en varios grados. Han desarrollado lo que tú llamas poder psíquico, que es sólo un fenómeno de aquello que se llama abrazar al Dios-fuente en su totalidad.

Cuando regreses, vamos a ponernos a trabajar y vamos a hablar de los orígenes del Yo, cómo te metiste en este aprieto, por qué razón estás aquí, y cómo puedes salir de allí. Y mañana aprenderás la disciplina de Conciencia y Energía , y cómo crear en tu vida tres cosas que desees que sucedan, y cómo cambiar en tu vida tres cosas de las que te gustaría deshacerte. Te amo. Puedes irte. Que así sea.

---

[2] En el juego de videos *Creando la Realidad Personal* (JZK Publishing, a division of JZK, Inc., Yelm, 1998), puede verse una demostración de la disciplina de C&E™ realizada por un grupo de estudiantes avanzados.

III
Los Orígenes del Yo

~⚬~

Saludo al Dios dentro de ti. Para que no olvidemos dónde reside Dios. Y hagamos un brindis.

Oh, mi amado Dios,
yo invoco
aquello que aprenda
este día.
Espero
experimentarlo.
Dios, bendice mi vida.
Que así sea.
Por la vida.

LA IMPORTANCIA
DE ARTICULAR LAS ENSEÑANZAS

Ahora, de aquí en más vas a aprender una gran cantidad de filosofía, pero en el proceso de aprender esta filosofía, quiero que la transfieras desde aquello que yo soy hasta aquello que tú eres. Eso es lo que hoy pido de ti. Presta atención. Escucha. Concéntrate en lo que se está diciendo, porque voy a hacer pausas frecuentemente y voy a pedirte que te vuelvas a tu vecino —tu inocente vecino— y que le digas exactamente lo que has aprendido.[1] Quiero que lo digas con tus palabras. Cuando aprendes a abrir la boca y transformar lo que has oído en verborrea, eso empieza a quedarse dentro de tu cerebro. Y especialmente, si en verdad puedes exteriorizarlo y ponerlo en tus propias palabras, ahora, en vez de ser mi enseñanza, es tu enseñanza. ¿Cuántos de vosotros entendéis?

Ahora, la mente crea la realidad. Cada día de tu vida ha sido aquello que se llama el producto de la manera como has pensado. Si podemos comprender ese proceso y podemos expandir tu nivel de aceptación y, en verdad, tu nivel de entendimiento, deberías, de acuerdo con la filosofía, experimentar la verdad al manifestarla en tu propia vida. De modo que hoy quiero que puedas expresar todo lo que te he enseñado, que seas capaz de dibujarlo, que puedas utilizar tus manos como lo hace un niño, y que seas capaz de expresar lo que te estoy enseñando para que se lo puedas explicar a otra persona. Piensa en tu compañero como si fuera un confesor; o piensa en él como si fueras tú mismo, y háblate de manera que te entiendas. Te pido que no te sientes allí y te quedes sordo y mudo. Participa en todo lo que te pida. Si lo haces, te verás enriquecido al final del día.

Eres como un niñito. En otros planetas —en otras galaxias, otras dimensiones, otros flujos de tiempo— hay civilizaciones y entidades que

---

[1] Esta es una característica muy importante de la técnica de enseñanza de Ramtha. Hemos dejado en el texto todas las veces que Ramtha pide a sus estudiantes que se vuelvan a su vecino y articulen la enseñanza. Sugerimos al lector que siga las instrucciones de Ramtha y que trate de articular las enseñanzas con sus propias palabras, sin importar si tiene o no un compañero al lado.

son mucho más avanzadas que tú. No obstante, hay otras entidades en otros pocos mundos que están un poco más atrasadas que tú, pero no mucho. Eres como un niñito. Eres parte de una comunidad llamada Dios. Y durante eones nos hemos referido a vosotros con un término muy apropiado para el drama humano, y es el término «dioses olvidados». Olvidaste tu divinidad y quedaste atrapado en tu cualidad física, tu yo material.

El Vacío:
La Fuente de Todo lo que Existe

Regresemos al comienzo, o sea, el principio que sucedió sólo hace un momento. ¿Cómo empezó todo esto? La enseñanza que te voy a entregar hoy puede estar llena de verborrea contradictoria. No obstante, existe un nivel de entendimiento que trasciende las palabras. Así que las palabras se convierten en una herramienta de lisiado a fin de explicar ese deseo que no puede ser expresado. Hoy vamos a hablar sobre cómo llegó a existir la inmensidad del espacio y el tiempo, y de dónde procedes tú, por qué estás aquí y qué estás haciendo que no vas hacia donde deberías ir.

Ahora, saca un pedazo de papel limpio. Que no tenga nada en su superficie. Vamos a hablar sobre un enigma en términos de expresión bidimensional. Quiero que repitas esta palabra: el Vacío. Otra vez, el Vacío. Decidamos cuál debería ser la definición de esta palabra. El Vacío es extenso y, sin embargo, no hay nada en su inmensidad. Entonces es una extensa nada. Nada, «no cosa»; significa elemental, pensamiento llano; no hay nada, nada. De modo que es una extensa nada, vacía. Y, sin embargo, en la presencia y en el espacio de la nada existen y coexisten potenciales. Así que diríamos que el Vacío, aunque es una extensa nada, es potencialmente todas las cosas. Quiero que repitas esto: una extensa nada materialmente —dilo—, potencialmente todas las cosas. Una extensa nada materialmente, todas las cosas potencialmente; eso es el Vacío.

Para una mente limitada es difícil concebir el Vacío. Así que la forma más ilustrativa de explicarlo gradualmente es pensar en el espacio y todas las estrellas, planetas y nebulosas que existen en su interior, y observarlos hasta donde alcance la vista. Y luego, en el siguiente momento, apagar toda la luz del espacio. Ahora tenemos un concepto mental del Vacío, una extensa nada. ¿Qué edad tiene esta extensa nada? No tiene edad, porque el tiempo es un potencial que derivará de ella. ¿Cuántos entendéis? Entonces el Vacío siempre ha existido. Ahora, ¿experimentas el Vacío en tu vida diaria? Si le has permitido a tu mente descansar o hacer una pausa en una forma natural, y estás mirando con los ojos inmóviles —y en el momento en que miras fijamente y paralizado, no estás pensando en nada, estás vacío— eso es experimentar el Vacío. El Vacío en su eternidad se llama el Principio Madre/Padre, o también se lo llama la Fuente, la Fuente de donde procede toda vida. Pero ¿cómo procede la vida de un no-concepto? ¿Cómo le da el Vacío vida a aquello que no es?

Esto fue lo que sucedió: una mañana, un martes a las 10.30, creo,[2] el Vacío hizo algo espectacular.

FIG. 1: EL VACÍO CONTEMPLÁNDOSE A SÍ MISMO

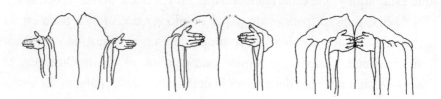

Lo espectacular fue que se contempló a sí mismo. A sí mismo. Ahora quiero que extiendas tus brazos como los niños. La contemplación se puede visualizar de esta forma. Donde se juntan la mano izquierda y la derecha es el centro del imán. Donde se juntan el positivo y el negativo es el centro del imán. El centro del imán no es ni positivo ni negativo; simplemente es. Así que el Vacío —extiende tus brazos—, siendo una extensa nada, se contempló a sí mismo. Y cuando lo hizo, nació un momento.

---

[2] Esta frase debe tomarse como un comentario humorístico, no como un hecho objetivo.

Fig. 2: Punto Cero

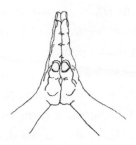

Ahora quiero que tomes el pedazo de papel limpio y lo dobles hacia dentro, y con un lápiz, coloca un puntito negro donde se juntan las puntas. Esto es para darte una imagen mental de cómo empezó todo esto.

Fig. 3: Ejemplo Práctico del Vacío
Contemplándose a sí Mismo

Ahora, recuerda que esto es simple, elemental. Cuando el Vacío se contempló a sí mismo, creó un eco de sí mismo. En otras palabras, dio origen a una alteración de sí mismo, y esto lo reconocemos con el puntito. Esta fue la primera vez que nació un potencial del Vacío, el cual siempre ha existido. Este potencial, donde se contempló a sí mismo, se convierte en el eco, pero es concentrado, es una evolución. Así fue como empezaste tú. Esta entidad aquí [3] está contenida como Conciencia y Energía. Esto es Conciencia y Energía. Ahora, ese fue tu principio y, no obstante, todavía no has comenzado. Hasta ahora sólo has sido contemplado por el Vacío. Todo esto es el Vacío y lo estamos viendo dentro del tiempo lineal bidimensional.[4] Pero este punto de aquí se convierte en un punto de referencia. Esto entonces se llama «Dios». De modo que al lado de esto quiero que escribas ya mismo «Dios Yo Soy». Este punto de contemplación es el comienzo de Conciencia y Energía. Esto (el Vacío) es el Principio Madre/Padre que le dio vida y es ahí donde tú empezaste.

Ahora, el Vacío le habla a esta pequeña entidad y dice: «Buenas tardes. He deseado con vehemencia tu presencia aquí. Estoy deleitado contigo. Quiero que hagas de mí lo que desees. Ya no estoy solo. Ahora tú estás conmigo. Ve y haz de mí lo que quieras».

Cuando tu padre y tu madre te dijeron esto y eras una pequeña entidad, te metiste en dificultades. Corriste por toda la casa, saliste, hiciste todo lo que querías hacer y luego, cuando entraste de nuevo, te diste cuenta de que no era exactamente eso lo que querían tus padres. ¿Cuántos de vosotros recordáis eso? La única diferencia es que con este padre no había restricción; había permiso para crecer y expandirse. Imagínate ahora lo que pensarías: «Ve y haz de mí lo que quieras». Comprende que en este Vacío no existe el tiempo. Y si no hay tiempo, tampoco hay distancia. Y si no hay distancia, no hay espacio.

Entonces esto es lo que empiezas a pensar: «Está bien. Correré hasta allí. Esto parece divertido». Así que cuando apareces allí, estás otra vez aquí, porque «aquí» es «allá» en el Vacío.[5] ¿Cuántos entendéis? No hay tiempo, de modo que «allá» no existe. Luego te frustras un poco y dices: «Bueno, no hay problema, entonces bajaré hasta aquí». Pero ¿qué es «bajar» en el Vacío? De modo que estás abajo y dices «¡Ajá!». Pero en el momento en que percibes que estás abajo, estás realmente en el punto

---

[3] Ver fig. 2.
[4] Ver fig. 3.
[5] En otras palabras, al no existir un punto de referencia para medir el tiempo y el espacio, cada vez que Punto Cero trataba de moverse, descubría que acababa exactamente en el mismo

donde empezaste, porque en el Vacío no hay tiempo. Es lo mismo en todas partes. ¿Cuántos de vosotros entendéis? Esta entidad recorrió todo el Vacío, pero nunca fue a ninguna parte. Desde este punto de reflexión solamente podemos prever cuántos eones debió de haber permanecido esa entidad tratando de ser todo lo que su padre le dijo que fuera, porque «todo» era ciertamente algo nuevo por comprender. Todo lugar al que se lanzaba esta conciencia, ya existía. De modo que nunca fue a ninguna parte.

Fig. 4: Punto Cero Moviéndose en el Vacío

Punto Cero

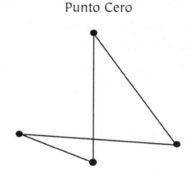

Entonces, un viernes, cuando estaba sentado allí, se contempló a sí mismo. Muéstrame lo que hizo. Vamos… Se contempló a sí mismo. Cada vez que te contemplas a ti mismo, evolucionas. De modo que se volvió hacia sí mismo. Y cuando lo hizo, se creó el punto de contemplación. Algo así como esto: toma tus manos y sosténlas en la posición de oración, un poquito hacia la izquierda.[6] Esto representa ese punto que se volvió hacia sí mismo. El momento en el que se volvió hacia sí mismo, ¿ves cómo se dividió? ¿Cuántos de vosotros lo veis? Cuando lo hizo, era dos en vez de uno.[7]

lugar. Punto Cero no podía percibir ningún cambio o movimiento, ya que no tenía ningún punto de referencia con el cual compararlo.
[6] Ver fig. 2.
[7] Ver fig. 1.

La Creación del Tiempo
y la Conciencia de Reflejo

Bueno, ahora Conciencia y Energía tienen compañía; hay alguien más ahí. Así que el Vacío les dio vida, y ellas a su vez dieron vida a esto (conciencia de reflejo). ¿Qué es esto? Esto es un aspecto inferior de esto (Punto Cero). No te duermas. Sube las manos. Este espacio de aquí es muy especial en el Vacío, porque por primera vez tenemos dos puntos de conciencia: uno, dos.[8] Y entre esos dos puntos también tenemos una nueva realidad, llamada tiempo. ¿Por qué existe el tiempo sólo aquí? Porque existe una distancia entre dos puntos de realidad. Si cerramos las manos, ¿hay todavía tiempo? ¿Hay tiempo ahora? No. ¿Estás de acuerdo? Maravilloso. Bueno, entonces ahora tenemos la segunda magnífica creación: tenemos tiempo, distancia y espacio, que son originados por otra conciencia.

FIG. 5: ILUSTRACIÓN DEL TIEMPO USANDO LAS MANOS

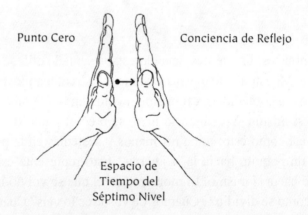

Punto Cero   Conciencia de Reflejo

Espacio de
Tiempo del
Séptimo Nivel

¿Cuántos de vosotros habéis oído hablar del séptimo nivel del cielo? Este es el séptimo nivel. Allí fue donde empezamos. Cierra de nuevo las

---

[8] Ver fig. 5.

manos; ahora somos uno. Sepáralas; somos dos. ¿Qué tan rápida es la realidad en el séptimo nivel del cielo? Bueno, permite que te pregunte: si tuvieras la conciencia de un ser del séptimo nivel y tuvieras un pensamiento, ¿cuánto tiempo se requeriría para manifestarlo?[9]

Ahora tenemos creación aquí mismo. Este es el Dios, y esta la conciencia de reflejo. Ahora la vida se manifiesta. Entre estas dos manos existe una realidad completa, tal como en este plano terrestre, excepto que es el séptimo plano. Y después de haber vivido aquí durante muchos eones —no nos atrevemos a adivinar cuántos—, ¿qué hiciste cuando estabas listo para avanzar? Te volviste hacia ti mismo. ¿Correcto? Bien, ahora existe un pequeño problema, porque el Yo se ha encontrado algo vagando por allí; encontró esta otra mano. Así que éste (Punto Cero) necesita enviarle a éste (conciencia de reflejo) el mensaje para que haga lo mismo. De modo que lo que hacen es colapsar el tiempo. Ahora son uno, ¿no es verdad? Y cuando contemplan, ya no observan el séptimo cielo, sino el siguiente, puesto que ya han experimentado el séptimo. Ellos contemplan —abre las manos—, aquí está el séptimo cielo, pero el programa es ir más allá. Ahora estamos en la sexta realidad.[10] ¿Es el tiempo más lento o más rápido en el sexto cielo? Más lento.

FIG. 6: SEXTO NIVEL

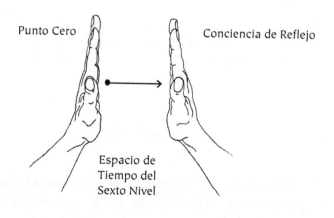

Punto Cero   Conciencia de Reflejo

Espacio de
Tiempo del
Sexto Nivel

---

[9] En el séptimo plano los pensamientos se manifiestan instantáneamente.
[10] Ver fig. 6.

Entonces, si vivieras en la sexta realidad, ¿en cuánto tiempo se manifestaría un pensamiento? Ahora, ¿dirías entonces que eres un poco más lento que la persona que vivió en la séptima realidad? Sí. Esa es la diferencia.

Aquí sucede algo extraordinario. Tenemos niveles. Primero tuvimos el séptimo y ahora el sexto. Observa que la distancia que hay entre estos dos (Punto Cero y sexto nivel) es más larga que la distancia que hay entre estos dos (Punto Cero y séptimo nivel). ¿Cuántos de vosotros lo veis? Bueno, ese es el secreto del tiempo sobre el cual hablaremos ahora. Resulta que es una relación en conciencia, no puntos coagulados como una estrella distante. Es conciencia. Ahora la verdadera creación empieza a tener efecto. Tenemos el Vacío, y desde el Vacío —dentro del Vacío— tenemos Conciencia y Energía que han aprendido un secreto: volverse hacia sí y contemplarse. Cuando haces esto, te expandes. Así que ahora se está construyendo una escalera. Y tenemos esta conciencia de reflejo que siempre le refleja a la conciencia de Dios.[11] Lo que existe entre ellas dos se llama potenciales de vida. De modo que el séptimo cielo tenía una realidad diferente al sexto. ¿Estás de acuerdo?

Fig. 7: Quinto Nivel

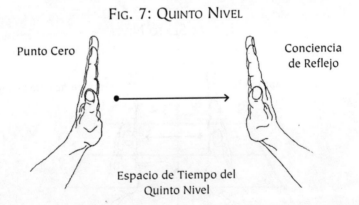

Punto Cero

Conciencia de Reflejo

Espacio de Tiempo del Quinto Nivel

Volvamos a crear la imagen. Quiero que dibujes el Punto Cero como lo has hecho. Este es tu Dios-Fuente. Quiero que dibujes otro punto hacia

---

[11] Ver fig. 5.

abajo. Entre esos dos puntos está el séptimo plano. Sigue haciéndolo hasta que tengas siete puntos.[12] Participa. Hazlo en tu papel del Vacío. Ahora con las manos, súbelas y empieza aquí, frente al rostro, y mide cada uno de los niveles. Vamos. ¿En qué nivel estamos ahora? (Quinto nivel.) ¿Es el tiempo en este nivel más lento o más rápido que en este nivel (sexto nivel)? ¿Cuántos estáis de acuerdo?

Ahora, la tríada fue una de las formas más sagradas que se crearon en la geometría sagrada, puesto que ella traza un mapa de los pensamientos de la creación a partir del punto esencial de creación. Y desde este punto surgen todas las demás cosas. Los triángulos, como los que vamos a dibujar aquí, son el elemento fundamental en la vida como Conciencia y Energía sobre este plano. Entonces lo que vamos a hacer aquí es definir el tiempo colocando líneas horizontales para separar cada nivel. Y cada línea que tracemos será un poco más larga que la anterior.[13] ¿Todos habéis dibujado esto?

FIG. 8: El Descenso de Conciencia y Energía
DESDE Punto Cero

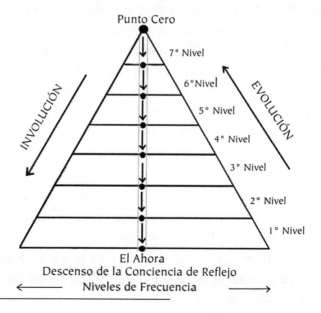

Punto Cero
7° Nivel
6° Nivel
5° Nivel
4° Nivel
3° Nivel
2° Nivel
1° Nivel
INVOLUCIÓN
EVOLUCIÓN
El Ahora
Descenso de la Conciencia de Reflejo
← Niveles de Frecuencia →

---

[12] Ver fig. 8.
[13] *Ibíd.*

Ahora, esto puede parecerte muy sencillo, pero estas son líneas de tiempo. Esta es una línea de tiempo que se basa en este plano. Hoy en día, todos vosotros existís aquí abajo (primer nivel). Estáis viviendo en este tiempo lento y en esta línea de tiempo. En esta misma sala —esta misma sala— existe otro nivel de conciencia que está en otra línea de tiempo en el mismo espacio que tú ocupas, excepto que el tiempo de ellos es más rápido que éste. En el mismo lugar donde estás sentado tenemos incluso otra línea de tiempo diferente, cuya frecuencia es aún más rápida. Y así sucesivamente. De modo que el lugar donde estás sentado es ocupado simultáneamente por otras formas de vida en otras dimensiones. La razón por la que no las puedes ver es porque ellas vibran o su frecuencia de energía es mucho más rápida que la que estás ocupando ahora. Y como la frecuencia de la tierra es 8 Hz, tú estás vibrando a 8 Hz. Pero una entidad espiritual que esté sentada en medio de este salón estaría vibrando a 320 Hz.

Ahora, cuando naciste, Punto Cero —cuando tu Dios te creó aquí (séptimo plano) y empezaste el viaje a través de la contemplación, bajando—, te estabas sumergiendo más y más en el Vacío.[14] También estabas creando un gran tiempo lineal de aquí hasta aquí (dos puntos de conciencia). Éste (Punto Cero) nunca se mueve. Solamente ésta se mueve, esta conciencia de aquí (conciencia de reflejo). Cuando estábamos descendiendo —todos nosotros— llamamos a esto el Libro de la Involución. De modo que quiero que dibujes una línea en este lado de la pirámide, hacia abajo. Y quiero que escribas en tu idioma la palabra «involución». Enséñasela a tu vecino cuando termines.

Entonces, ahora, ¿cómo llegaste hasta aquí abajo? Bueno, ¿a quién se le ocurrió decir que éste era un lugar maligno? Nadie te hizo venir; excepto tú. Fuiste tú quien quiso estar aquí. Tú decidiste caer. Tú escogiste este cuerpo y esta línea de tiempo. Durante eones has estado encarnando en diferentes cuerpos con el fin de seguir el destino de esta línea de tiempo a través de tu propia exploración.

Ahora quiero preguntarte algo. Estás aquí sentado vibrando. Mira tu mano. ¿Se ve tu mano como la del vecino? ¿Son ambas densas? Bueno,

---

[14] Ver fig. 8.

eso significa que las manos están vibrando a la misma velocidad. De otro modo no las podrías ver. Aquí todos son iguales. La frecuencia de todos es la misma. La frecuencia de tu cuerpo está atada a este tiempo. Ahora te pregunto: sólo porque estás aquí y no puedes ver esto, ¿significa que no existe? ¿Cuántos estáis de acuerdo? Todo está sucediendo a la sombra de este punto, y todo está sucediendo dentro del tiempo y el espacio en el que estás sentado ahora. Esto es una ilusión, esta línea de tiempo. Esta línea en el centro, en la parte inferior de la pirámide, se llama el Ahora. Donde tú estás sentado, está sentado un nivel de inteligencia extraordinaria, pero no lo puedes ver porque está vibrando a una velocidad mucho más alta.

Vamos a hacer una pequeña demostración. Toma un lápiz de color. Y si sabemos que esto es la longitud de tiempo, si esto es conciencia, entonces debe ser energía lo que fluye entre los dos (puntos de conciencia). Quiero que hagas esto. La energía ondula de esta forma (como una onda). Esta ondulación o timbre de energía es la oscilación de tiempo que se necesita desde este punto hasta este punto. De modo que esta es una línea de energía. Quiero que las dibujes en esta forma sobre el séptimo nivel.[15]

Fig. 9: La Energía del Séptimo Plano

Y todo lo que existe es lo que está entre esos dos puntos de conciencia. Ahora, ¿qué sucede si cerramos las manos otra vez?[16] ¿Adónde va la energía? Vamos… Si hay energía danzando entre estos dos niveles de

---

conciencia, cuando los colapsamos, ¿adónde va la energía? Se colapsa y regresa a la conciencia. Y cuando llevamos esta mano hasta el sexto nivel, ¿qué le sucede a esa conciencia de onda corta que existía desde aquí hasta aquí (séptimo nivel)? Cuándo la llevamos hasta aquí (sexto nivel), ¿qué pasa con ese nivel de energía? ¿Todavía existe? Todavía existe. Pero ahora, si esto y esto (dos puntos de conciencia) están sobre lo que llamamos el sexto reino, ¿qué le sucedió a la energía divina del séptimo plano? Está bajando en forma de espiral; se está enrollando sobre sí misma. Y mientras tanto, tenemos esta onda de energía más larga y un tiempo más lento en conciencia creando la realidad. Así que si vivías allí (séptimo nivel), pero ahora vives aquí (sexto), ¿significa eso que el séptimo nivel ya no existe? (No.) ¿Cuántos estáis de acuerdo. Que así sea.

Lo que quiero que hagas ahora es que completes el resto de esta pirámide, y la razón para ello es que quiero que aprendas física elemental. Vamos a aprender acerca del tiempo, masa vibratoria, energía, por qué estás aquí y por qué no puedes ver los otros planos. Quiero que te des cuenta de que todos ellos existen, pero es cuestión de encauzar el enfoque de tu energía. Al hacerlo averiguaremos por qué estás aquí. ¿Qué le va a suceder a la energía del séptimo plano que está envuelta en el sexto? ¿Qué le sucederá cuando la movamos hacia el quinto? ¿Se va a comprimir? ¿La estamos jalando y comprimiendo? ¿Cuántos estáis de acuerdo? Es una verdad. Entonces se convierte en el muelle. ¿Qué le sucede a la energía del sexto plano? Si la energía, al bajarla al quinto nivel, se enrolla y se comprime, ¿va a saltar como si fuera un resorte? Así es. Y va a saltar alrededor de la séptima energía, que ya ha formado un núcleo.

Lo que quiero que hagas en tu cuaderno —consultando con tu vecino, por supuesto— es que dibujes la línea de energía, una energía diferente, desde el sexto plano hasta el quinto; es un tiempo más largo. Luego, quiero que tomes la energía del séptimo y que dibujes un pequeño núcleo, y que alrededor de este núcleo enrolles la energía del sexto nivel. Hazlo. Consulta con tu vecino. Quiero que comprendas lo que sucede con la energía y el tiempo?[17]

---

[17] Ver fig. 10.

Fig. 10: La Energía de los Siete Planos de Existencia

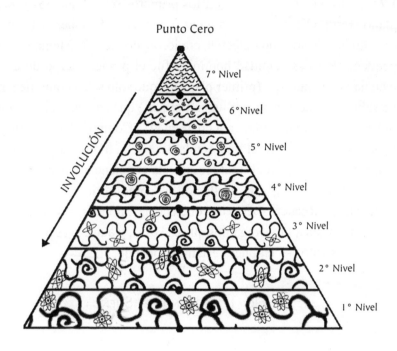

Cuando estés listo, quiero que crees el tercer nivel. Ahora, ¿qué les sucede a la energía y al tiempo del cuarto, quinto, sexto y séptimo? ¿Qué clase de cuerpo vas a tener aquí (tercer plano)? ¿Qué tan rápido vibrará? Ahora, ¿cuál es la razón para que exista el cuerpo? La razón es que si eres un ser espiritual, sólo puedes habitar un plano si estás dotado de los elementos de dicho plano. En otras palabras, si el Espíritu nace del Vacío, entonces, para que pueda existir en un nivel de tiempo, tiene que revestirse de una prenda que esté compuesta de ese tiempo.

El Movimiento de Vaivén
de la Conciencia de Reflejo

De modo que empezamos con los primeros seres humanos sobre este plano, Terra, el cual tenía dos lunas y un manto de nubes. Tu cuerpo no era alto, hermoso y sin defectos; era jorobado, peludo y tenía un cerebro pequeño. Pero esa entidad homínida fue el primer cuerpo de una conciencia que venía aquí (primer plano), y que sólo sabía cómo llegar, pero no sabía nada acerca de este lugar, porque, ¿qué hay que saber sobre este lugar, excepto lo que uno va a crear en él? ¿Comprendes? De modo que ahora aquí estás. Estás al final (en la base de la tríada); algo maravilloso empieza a suceder en el final. Toma esta conciencia y haz esto...[18] Empieza a balancearse, y la oscilación es como la de un péndulo. Ahora concéntrate. Recuerda: esto es conciencia. Entonces, si la conciencia se columpia hasta aquí —digamos que eso es sí, y que eso es positivo, y que eso es un sueño[19]— entonces estamos soñando, sí.

Fig. 11: Soñando el Sueño

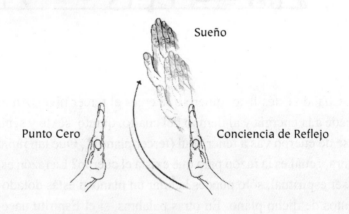

Sueño

Punto Cero

Conciencia de Reflejo

---

[18] Ver fig. 11.

[19] Este movimiento de la mano que se balancea hacia delante representa el lado positivo de cualquier juego de opuestos. Representa bueno en oposición a malo, alto en vez de bajo, sí en vez de no, el futuro en vez del pasado, etc.

Aquí hacemos una pausa.[20] Esto se llama la alineación del Ahora. Para que este sueño se haga realidad tiene que estar alineado de este modo.

FIG. 12: LA ALINEACIÓN DEL AHORA

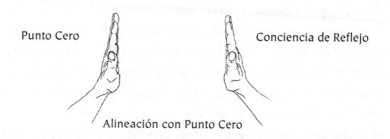

Punto Cero   Conciencia de Reflejo

Alineación con Punto Cero

Así que ahora esta pequeña entidad empezó a balancearse. Y se llama la conciencia de reflejo que sueña, se alinea, se aparta, permite que se coagule, y luego se mueve hacia la coagulación como experiencia: sí/ Ahora, no/Ahora; positivo/Ahora, negativo/Ahora; futuro/Ahora, pasado/Ahora. Esto es necesario porque, si esta entidad no se aleja del centro, no puede tener imágenes. Cuando se aparta del centro, ya puede tener imágenes. Una vez ha creado el sueño, alinea el sueño, cierra la brecha que hay con Dios, va hacia atrás, e impregna la totalidad del tiempo con el sueño. ¿Comprendes?

FIG. 13: EL MOVIMIENTO DE VAIVÉN DE LA CONCIENCIA DE REFLEJO

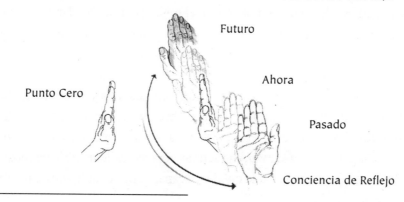

Futuro

Punto Cero   Ahora

Pasado

Conciencia de Reflejo

---

[20] Ver fig. 12.

LA EVOLUCIÓN DE LA ESPECIE HUMANA

Homo Erectus y Tyrannosaurus Rex

Ahora, ¿quién fuiste tú? Estas hermosas, humildes criaturas que hoy te parece espantoso que una vez hayas sido así. Pero eso era todo lo que necesitabas ser. ¿Y cómo llegaste a ser parte de la Tierra que ayudaste a crear? ¿Cómo puede un espíritu oler una rosa? ¿Cómo puede un espíritu tocar una serpiente? ¿Cómo puede un espíritu ser un árbol, observar un árbol? La entidad que escogió bajar aquí, tú, vino en un cuerpo que estaba hecho de la misma frecuencia de esta Tierra, pero con un cerebro muy pequeño. Solamente necesitabas un cerebro muy pequeño porque no sabías mucho. Y tu cara era muy grande, similar a la de un animal. ¿Por qué? Porque los ojos tenían que ser grandes, así como la nariz, la quijada; las extremidades tenían que ser largas, porque este era el cuerpo o vehículo de exploración. Para poder ver un árbol o tocarlo, para percibir la flora y recoger una flor con el cuerpo, todo lo que se necesitaba era un cerebro muy pequeño, un cráneo pequeño, y sentidos desarrollados. Así fueron tus primeros cuerpos.

    ¿Cuál es la importancia de tener este cuerpo? ¿Por qué estás atrapado en él? Y cuando puedas salir de él, ¿cómo evitarás volver a él? No podrás evitarlo. Tendrás este cuerpo hasta que hayas desarrollado tus capacidades espirituales más allá de lo que se llama el nivel del cuerpo. Empezaste aquí, en esta línea de tiempo, desde el mismo comienzo. Tuviste todo este tiempo para evolucionar. Ahora, ¿cómo evoluciona una persona? ¿Cómo cambias? ¿Cómo cambió tu cuerpo para llegar a ser esta hermosa entidad que es hoy, tan diferente a aquello que se llama tus ancestros? ¿Sabes cómo cambiaste? Gracias al Espíritu de Conciencia y Energía que fluía a través de un cerebro antiguo —un cerebro que sólo podía ver aquello que sabía que existía— cada vez que te dabas contra un árbol, cada vez que te caías de una roca, cada vez que sentías el jadeo caliente de Tyrannosaurus Rex, crecías. Cada vez que querías escapar para salvar tu vida y no podías correr con la velocidad suficiente, y deseabas poder hacerlo, estabas cambiando lo que se llama la biología celular. ¿Qué piensas que es, maestro, lo que crea la huella en tus cromosomas? ¿Qué es tu ADN? ¿Cómo sabe él la manera de crearte? ¿Quién es responsable de su organización? ¿Piensas que tus padres son los responsables? Ellos estaban en un nivel inconsciente, porque, verás, cada pensamiento que tuviste, cada temor que experimentaste, cada deseo, traición, sentimiento, gozo, cada momento que experimentas, es una emoción que deja una marca en el ADN. Y es la emoción lo que cambia la espiral del ADN. ¿Cómo lo cambia? Lo marca.

Así que en tu primera existencia, si no podías correr con la suficiente velocidad para escapar de Tyrannosaurus Rex, y esta entidad te devoró, tus últimos pensamientos fueron haber tenido piernas más largas. De modo que moriste, y tu cuerpo fue tragado. Se convierte en el estiércol de la Tierra, y tú te trasladas a este otro nivel (tercer nivel). Cuando estás en este nivel, lo único que puedes recordar al repasar tu vida son las cosas que habías aprendido en esta línea de tiempo, y hasta ahí llega todo. Eso es lo que llegas a ver ahí arriba.

Ahora, ¿por qué regresaste y qué marcó una diferencia en tu vida? Pudiste regresar aquí abajo en la línea de tiempo, porque el niño de la mujer a la que preñaste la noche anterior nacerá con piernas más largas y, genéticamente, se las pasará a las generaciones por venir. De modo que quieres regresar con todo lo que has ganado hasta ese punto. Eso es no es muy espiritual, ¿no es cierto? La mayoría de las personas, cuando están a punto de morir, sienten pesar por todas las cosas que hicieron; se arrepienten de haber sido tan duras con aquellas personas que amaban. Desean, en verdad, haber sido más amables, más generosas, más comprensivas. En el momento de la muerte hacen una gran reflexión, pero es sólo una consecuencia de su evolución. La entidad que fue devorada por Tyrannosaurus Rex carecía de esta reflexión. El único razonamiento que esta entidad tuvo fue que deseó haberle ganado la carrera al monstruo. Fue lo último que deseó.

Aquí arriba (tercer plano), eso es lo único que verá cuando reflexione acerca de cuánto avanzó en la línea de tiempo. ¿Qué le está diciendo la entidad a su Dios? No le dice «lamento haber sido un niño tan travieso», sino «ojalá hubiera tenido piernas más largas». ¿Y qué hará tu Dios? Ese deseo se manifiesta en la siguiente generación. Así que naces, no con piernas cortas, sino en una familia de piernas largas. Tenemos entonces un espíritu que nada más desea correr más rápido que las bestias que lo persiguen. Y ahora se le da un cuerpo que genéticamente le proporciona ese potencial. Entonces este ser crece, es más rápido y más astuto que los depredadores que lo rodean, y debido a eso engendrará una generación que será exactamente lo que él fue en su vida emocionalmente. ¿Comprendes? Concebirá hijos cuyas vidas y cuerpos estarán mejor equipados para vivir en el medio ambiente en el que nacen. Y las almas y espíritus que habitarán en esos cuerpos serán entidades que habrán merecido ese punto de evolución.

¿Cuántos de vosotros tenéis hoy rasgos emocionales y genéticos de vuestros padres? Levanta la mano. Tanto lo emocional como lo físico corresponden a la genética. ¿Cuántos de vosotros no tenéis ninguna similitud espiritual con ellos? Levanta la mano. Esto significa que si eres dominado por tus padres en forma física, si has heredado el temor de tu madre y la fortaleza de tu padre; o la cobardía de él y el sentimiento de culpa de ella, si estás predispuesto a ser así, es porque genéticamente el cuerpo crea su realidad a partir de su dador, o sea, los padres. La gente que es débil de espíritu está supeditada a este destino genético. En otras palabras, como lo dije al principio esta mañana, su energía espiritual está siendo consumida por la genética del cuerpo. La genética del cuerpo se alimenta de la energía espiritual, y la entidad que se supone que debe estar aquí para aprender no ha aprendido absolutamente nada.

Ahora imagina diez millones y medio de años. ¿Cuántos años vives? ¿Sesenta, setenta, cien años? ¿Cuántas existencias, a un promedio de ochenta años, se pueden vivir en diez millones y medio de años? Muchas. Hay entidades que dicen que eres un alma vieja o un alma joven. No, todas las almas fueron creadas al mismo tiempo. ¿Piensas que sólo has vivido dos vidas? No hay nadie aquí que haya vivido dos vidas. Has vivido miles de ellas.

¿Te parece lógico, entonces, que tus antepasados, cuya apariencia era de monos, evolucionaran a Homo Erectus —los homínidos evolucionaron a Homo Erectus— y de ahí a Neandertal? ¿Hay una razón por la cual estas criaturas cambiaron? ¿Cuál fue la razón?

¿Evolucionó la gente porque tenía que enfrentarse a la adversidad? ¿Porque tenían problemas? ¿No has evolucionado en esta existencia a causa de las dificultades por las que has tenido que pasar? Que así sea.

Ahora, ¿es justo decir, entonces, que tus antepasados tuvieron muchas dificultades y problemas? ¿Estás de acuerdo? Bueno, deberías estarlo, porque lo que eres hoy es el producto de su propósito. Vienes del Dios-fuente porque tienes un mandato. Y el mandato dice: «Haz conocido lo desconocido». Esa es la única ley que existe: hacer conocido lo desconocido. Es lo que el Vacío le dijo a su creación: «Haz de mí lo que desees. Sé el creador. Te doy todo lo que desees. No hay ni bueno ni malo, sólo hay evolución. Sólo hay creatividad».

Por lo tanto, hemos aprendido que esta pequeña entidad (Punto Cero), aunque era muy poderosa, tuvo que recorrer todo el Vacío para al final darse cuenta de que no había ido a ninguna parte. Y ahora llamamos a esta entidad Dios. Y Dios ciertamente ha evolucionado desde aquellos días. Ahora posee una forma de vida coherente y un vacío de tiempo coherente. En verdad, este es el campo de juego en el cual debemos cumplir la ley de hacer conocido lo desconocido. Cuando llegamos por primera vez a nuestros cuerpos, tú y yo, no sabíamos nada más que lo que habíamos ganado en encarnaciones anteriores de este flujo de tiempo. Así que si esa fue nuestra primera existencia, no sabíamos nada. Y lo único que tuvimos para que nos enseñara fue nuestro medio ambiente y la necesidad —y así fue en verdad— de estar atrapados en el cuerpo físico, sobrevivir en ese cuerpo.

Pero después de la primera existencia empezamos a aprender. ¿Y cuál era nuestra contribución para esta existencia? Estábamos contribuyendo con pensamiento. Estábamos dotados de un mecanismo que podía tomar un flujo de conciencia porque, recuerda, la conciencia, el cerebro y la mente, son cosas diferentes. La conciencia es el flujo de Dios. El cerebro es el receptor, porque toma esa conciencia y la convierte en pensamiento neurológico que se puede recordar y congelar en forma de memoria. La memoria en la creación es como recoger bloques de piedra con los cuales se construye una vivienda. El pensamiento en el cerebro, reunido en forma de conocimiento, te permite volver a crear formas de pensamiento que, si se las mantiene en la parte frontal de la neocorteza del cerebro, serán legisladoras que colapsan energía y la convierten en forma. De modo que el cerebro tenía que evolucionar para adaptarse a nuestro nivel de necesidad.

¿Qué estamos ganando de todo esto? Si nos damos cuenta de que necesitamos piernas más largas para ganarle a Tyrannosaurus Rex, eso es un aprendizaje; es creación, la necesidad de mejorar a través de la adversidad. Eso sienta las bases en el cuerpo para crear uno más evolucionado. ¿Qué hace esto por tu Yo espiritual? Te ha hecho comprender que para vivir aquí tienes que volver a crearte a ti mismo. Y aquí estamos, diez millones y medio de años: todos habéis vivido como mujeres; todos habéis sido niños, padres, madres, hermanas, hermanos. Todos habéis sido asesinados, devorados, quemados, habéis muerto en paz, habéis perecido ahogados. Habéis visto la muerte de mil maneras destructivas. Lo habéis hecho todo.

La intervención de los Dioses

Hace aproximadamente 455.000 años, en esta línea de tiempo, sucedió algo maravilloso aquí mismo (primer plano). Mientras vosotros todavía estabais en el séptimo nivel, otros seres ya estaban descendiendo. Verás, no todos descendieron al mismo tiempo; lo hicieron en épocas diferentes. No obstante, crear esto fue asunto de cada uno de vosotros. Todavía hoy hay seres muy contentos en el quinto plano, y jamás han bajado de allí. Es posible que emprendan su viaje hasta aquí abajo dentro de los próximos 200 años, pero puede que nunca lo hagan. Eso es todo lo que han conocido. Algunos de vosotros los llamáis ángeles. Los llamáis así porque exhiben una inocencia absoluta sobre este lugar. No juzgan, no hay bueno ni malo. No entienden esos conceptos. Solamente entienden el amor. Pero nunca han vivido aquí; nunca han sido un Cristo, porque jamás han personificado a Dios en carne y hueso.

Mientras estabas más o menos por aquí (cuarto plano), había entidades que ya habían descendido hasta abajo hacía billones y billones de años y que estaban en esta línea de tiempo, en esta masa tridimensional, vibrando a 8.2 Hz. Ellos ya habían descendido por esta línea de tiempo. Cuando llegaron aquí (primer plano) y fueron más allá de este punto de aquí (tercer plano), estaban construyendo una realidad espiritual que estaba subiendo hasta aquí (cuarto nivel). En otras palabras, su realidad se movía a esta velocidad (tiempo del cuarto nivel) en un cuerpo de esta lentitud (cuerpo del primer nivel) ¿Comprendes? Así que continuaron por ese camino y, gradualmente, comenzaron a volverse más y más brillantes, y existen en el cuarto nivel. Son vuestros hermanos y hermanas. Habitan diversos planetas, y la mayoría de ellos viven en el interior de esos planetas, puesto que todos los globos que giran en órbita son huecos. Ahora os sobrepasan. Hace 455.000 años, todos los que estáis en este salón tropezaron con esta línea de tiempo (primer plano); finalmente llegasteis hasta aquí. ¿Y cuán avanzados estabais? Bueno, sabíais que erais masculinos y femeninos. Copulabais con el fin de tener hijos. En las tribus dominaban las mujeres, puesto que ellas eran lo que se llama las líderes de la cultura. Los machos traían la comida a casa. Teníamos una especie de familia moral.

En este punto en particular, el grupo de entidades que bajó antes que vosotros, llamados los Dioses, regresó. Bajaron hasta aquí y se dieron cuenta de que necesitabais un poco de ayuda, porque no habíais avanzado mucho. ¿Qué hicieron entonces? De un modo misericordioso interactuaron con vuestra línea de tiempo evolutiva. Teníais un cerebro pequeño y rasgos faciales sobresalientes. Este cerebro pequeño terminaba en el cerebro reptiliano, el cerebro medio, hasta el cuerpo calloso. En otras palabras, el cerebro no tenía la neocorteza. En este punto de vuestra evolución erais muy psíquicos. Podíais enviar mensajes a lo lejos, porque vuestro cerebro funcionaba en infrarrojo, al que se conoce como reino psíquico. No obstante, teníais un cerebro primitivo. Estas entidades lle-garon, os tomaron, y mezclaron su semilla con la vuestra, de modo que fecundaron sus experiencias en vuestros cuerpos.

Recuerda que te pregunté si llevabas la identidad de tus padres así como su identidad emocional, y levantaste la mano. Cuando estos seres elegidos completaron la fusión con vosotros, cambiasteis drásticamente como cultura. No solamente empezasteis a perder pelo en el cuerpo, sino que ganasteis altura proporcional. Vuestro esqueleto cambió. Perdisteis dos costillas y adquiristeis un cerebro enorme. Vuestros rasgos faciales no eran tan exagerados como los que poseía el homínido.

¿Por qué hicieron ellos esto? Porque son vuestros hermanos y herma-nas. Son dioses de la misma Fuente que os llevan la delantera en la evolu-ción. También os usaron como sirvientes, lo que tenía mucha lógica, puesto que no poseíais la capacidad de conocimiento evolutivo, ya que estabais nada más en esta línea de tiempo. No sabíais todo lo que ellos sabían. Entonces, ¿cuáles eran vuestras tareas? Eran cohabitar, mezclaros y vivir con ellos. Ellos a su vez os enseñaron psicología, arte, matemáticas, as-tronomía. Fueron ellos quienes os infundieron un sentido de la cultura y, más aún, un sentido de aquello que se llama el Yo dinámico. Pero ¿cuán grandiosos erais vosotros? Teníais una neocorteza grande, grande, pero escasamente la utilizabais, porque no vivisteis, como espíritu, la expe-riencia que se necesitó para daros ese cuerpo genético. Era como si vues-tros niños se pusieran la ropa de sus padres. La ropa les queda bien, pero sigue siendo un niño quien se está manifestando a través de ese cuerpo. ¿Comprendes? Ahora, eso sucedió hace 455.000 años. Escríbelo.

Aquellos dioses que se convirtieron en las leyendas de los textos bí-blicos crearon tu cuerpo, crearon mi cuerpo, interactuaron, y continuaron con su vida. ¿Qué hizo todo eso por nosotros? Nos puso, 455.000 años atrás, en un patrón de contención en la línea de tiempo. En otras pala-bras... ¿Qué fecha es hoy, según tu calendario juliano? Estamos cerca del año 2000. Según aquel calendario, ya ha pasado el año 2000. Enton-ces, ¿cuál es tu situación dentro de dos mil años? No has cambiado, por-que estás en un patrón de contención. Así que has reencarnado una y otra vez, regresando con la misma cantidad de crecimiento espiritual que dejaste en la existencia pasada. ¿Y qué quiere decir todo eso? Que la humanidad dejó de crecer hace 40.000 años, y que el cráneo del ser humano de hace 40.000 años no ha cambiado en relación con el de hoy. Eso significa que como gente espiritual seguís reencarnando en una línea genética de la cual aún tenéis que usar toda su maquinaria.

Cuarenta mil años de estancamiento evolutivo

Ahora, parece que esta introducción es demasiado tediosa, pero puede ser algo interesante cuando empieces a comprender hasta dónde se remontan tus raíces. Y es importante que lo entiendas antes de que puedas seguir adelante y comenzar a crear la realidad. Necesitas algunas respuestas a tus preguntas. No utilizas todo el cerebro. Usas menos del diez por ciento. Menos de una décima parte de toda la masa de la neocorteza significa que hay una gran cantidad de potencial que no has materializado. Incluso Einstein, cuando murió, no había usado la totalidad de su cerebro. No había trazado lo que se llama nuevas ideas y nuevas teorías. Se quedó corto para desarrollar el descubrimiento de las nuevas matemáticas para describir lo que él veía en una visión unificada.

Entonces, si eres un ser espiritual que realmente está atrasado en relación con tu naturaleza, empezaría a tener lógica el hecho de que la pereza e impaciencia que hay dentro de ti son un espíritu primitivo en un cuerpo muy avanzado. ¿Te parece lógico? Un genio es aquel que expande las fronteras de su mente, y esa mente es todo. Y la razón por la que no has evolucionado mucho en diez millones y medio de años es porque todavía estás allí, hace 455.000 años —y el cuerpo se estabilizó hace treinta mil años y todavía tienes que utilizar la capacidad de tu cuerpo— y todavía tienes que desarrollar tu Yo espiritual para que pueda manejar este cuerpo como un instrumento de Dios, bien afinado. Ahora, ¿qué hiciste en tu última vida? ¿Estuviste en la revolución técnica? ¿Pereciste en la Segunda Guerra Mundial? ¿Bombardearon tu casa? ¿Pereciste de hambre en Irlanda? ¿O a causa de la Peste? ¿Cuántos hijos tuviste y dónde están ahora? ¿Con qué contribuiste en esa vida pasada? No puedes recordar.

En esta vida, la razón por la cual viniste aquí para aprender fue «¿cómo vivo al máximo mi potencial espiritual, y por ende, cómo uso mi cuerpo en su mayor potencial?» ¿Tienes dioses en tus genes? En verdad que sí. ¿Tienes una inteligencia avanzada que llevas dentro de ti? En verdad que sí. ¿Eres hijo de una raza superior? De muchas. Pero la raza es sólo tan grandiosa como la inteligencia que la creó, y por supuesto, eso regresa a Dios, el soñador de todos lo orígenes.

La razón por la cual estás infeliz con tu vida es porque se te acabó la capacidad para soñar la realidad. Permites que lo demás lo haga por ti. Vas al cine y permites que alguien más interprete una aventura mientras estás ahí sentado mirando. Escuchas a otra persona cantar una melodía para ti mientras tu boca permanece callada. Te desmayas ante la poesía de otra persona. Te maravillas por el arte de otra persona. Permites que el genio de otra persona te conecte, por conveniencia. Y no es de extrañar que estés aburrido y necesites entretenimiento, pues no está saliendo de ti. Si eres Dios, y ciertamente lo eres, y si Conciencia y Energía crean la naturaleza de la realidad, tal vez el problema que tenemos aquí es la incapacidad de creer en uno mismo o en sus facultades. Y quizás has heredado ese gen de tus padres. La mayoría de ellos nunca creyeron que eran más grandiosos que el tronco del cual procedieron.

Entonces durante 40.000 años has hecho balancear con violencia esta conciencia aquí. ¿Cuán voluble eres? ¿Apruebas en un momento y en el siguiente contradices? ¿En un momento te gusta algo y en el siguiente no? ¿Y qué hay acerca de tu futuro? ¿Cuál futuro? Oh, ese futuro. ¿No es tu futuro justamente tener más pensamientos acerca de tu pasado? Bueno, si es así, entonces tu futuro está atascado en el pasado. Cuando los dioses se marcharon, se fueron al cielo y te dejaron aquí. Y tú lo creíste. Y esa creencia, al ser la creadora de la realidad, mandó a dormir a este Dios (el Dios que vive dentro de ti) y colocó por fuera al Dios de tu elección.

¿Y qué hay de Jehová? Jehová no es más que una entidad avanzada —extremadamente insegura y belicosa— que odiaba a su hermana. ¿Qué hay del Señor Dios Id? Ellos eran dioses, seres, personas que tenían problemas así como tú los tienes. Pero en algún lugar te dijeron que eran el

Señor, y alguien lo confundió y dijo que el Señor significaba «jefe». De modo que el Dios con el que se supone que te debes alinear, crear un sueño y dárselo, para luego soltarlo, de modo que se pueda manifestar como energía —esa imaginación coagula la energía; eso proporciona la experiencia— se quedó atascado porque piensas que está ahí afuera en vez de dentro de ti. De modo que durante 40.000 años has estado repitiendo la misma cosa en cada existencia. ¿Qué quiere decir eso? Que has ido al colegio y has aprendido todo lo que la cultura tiene para ofrecerte. Y estás aburrido y no tienes nada más con qué contribuir, porque no sabes cómo tener el sueño, alinearlo, colapsar el tiempo, traerlo de regreso, hacer colapsar la energía en forma visual, y luego experimentarlo.

De modo ahora está sucediendo esto, lo cual tiene que terminar. Todo el mundo se separa un poquito de esta línea de tiempo, y luego muere, llega aquí arriba (tercer plano), observa lo que él es, y regresa a esta línea de tiempo. Estás atascado. Nadie puede ir más allá de su imagen. Solamente unos pocos están escapando y yendo más allá (cuarto plano). Y cuando superan este «problema de Dios», se levantan y empiezan a volverse espirituales, van a lo profundo de la Fuente manifestándola en el primer plano. ¿Quién es un Cristo? Alguien que agota esta línea de tiempo y va a casa. Vuélvete a tu vecino y explícale.

IV

La Servidora
de la Conciencia:
La Energía

~~~~~

Mensajeros

Los estudiantes avanzados están murmurando entre ellos que estás recibiendo un montón de información. Así es. Y he pasado por alto muchos detalles que son muy útiles para tu futuro aprendizaje, pero me gusta hacer eso. Al entregar esta filosofía, te envío «mensajeros» para que te ayuden a manifestarla y la veas como una verdad. Que así sea. Ahora, ¿qué es un mensajero? Una entidad que te trae el correo es un mensajero; una entidad que te llama por teléfono es un mensajero; alguien que interactúa contigo o da origen a una situación cuyo resultado produce una filosofía que se puede experimentar como verdad. Ahora, te voy a enviar muchos mensajeros. La única razón por la que te estoy dando lo que hoy te doy es porque este año en tu tiempo acabará en descubrimientos fabulosos. Y cuando ellos lleguen, recordarás haber estado en esta audiencia y escuchado estas palabras. Y me atrevo a decir que buscarás tus notas y lápices y encontrarás una persona a quien dibujarle estas ilustraciones, las líneas de tiempo, etc.

La Energía: una Onda y una Partícula

Ahora dejaremos esto por un momento y vamos a hablar sobre la energía. ¿Cuántos habéis oído que la energía está relacionada con el aspecto de la serpiente? Levantad la mano. ¿Cuántos habéis oído que la energía está relacionada con el conocimiento? Es lo que representa la serpiente. Levantad la mano. Que así sea. Se llama así puesto que a eso se asemeja una onda de energía. Ahora, la energía no simplemente empieza y luego termina. Empieza con un pensamiento y termina con un pensamiento. Dos niveles de conciencia contienen energía. Ahora, la energía se mueve de este modo: ondula. El nivel de conciencia que se proyecte a la experiencia nos dice qué tipo de energía debemos esperar. Si tenemos una inteligencia muy avanzada, un nivel de conciencia elevado, entonces lo que sentirás provenir de ahí serán estallidos de ese tipo de energía. Es más, las entidades que poseen la habilidad de manifestar sus pensamientos tienen este tipo de energía que irradia desde ellas. En entidades que son lentas y perezosas, que definitivamente están en este primer nivel de la línea de tiempo, a quienes la vida no les interesa mucho, su energía será larga, ondulada, precedida y terminada por pensamientos y conclusiones.

¿Qué significa esto, estas líneas de onda? Cuando dices que alguien posee una energía maravillosa, ¿qué es lo que quieres decir? ¿O qué quieres decir cuando dices: «Siento una energía negativa en esa persona»? ¿Alguna vez en tu vida has hecho esas declaraciones? Levanta la mano. Ahora, eso significa que esa energía es virgen; es una onda portadora de pensamiento; es pensamiento en movimiento. Así que si alguien tiene una energía perjudicial, lo sientes porque se trata de la conciencia de la persona que fluye por su cerebro y sale en forma de mente. Y esa mente se desplaza por este campo. Y cuando tú la recoges aquí atrás en tu cerebro (cerebelo inferior), tu cerebro descifra esa energía y la convierte en campos de pensamiento colectivo. En otras palabras, la sopesa: ¿esto es bueno o es malo? ¿Bueno o malo? La energía no es ni buena ni mala, ni positiva ni negativa, es ambas cosas. Y a la luz de toda la eternidad no hay nada bueno ni malo. Pero para que seas creador y Dios —como dije que lo eras— entonces debe haber algo dentro de ti que haga resonar la divinidad. En otras palabras, debe haber algo más que la digestión que equivalga a tu naturaleza divina. ¿Qué es?

Hay un término sumamente mal empleado, y se llama lo que está escondido. Lo que está escondido es conocimiento sagrado. Pero ¿cuál es ese conocimiento sagrado? Es que mientras no dejes al descubierto lo que está escondido, nunca recibirás el conocimiento sagrado. Pero a manera de comentario filosófico, diríamos que aquello que está escondido significa, sencillamente, que dentro de cada onda de energía hay un campo portador de mente, y que esa energía es tanto partícula como onda y que comienza con una idea o pensamiento.[1] Cuando se libera, es movida hacia un campo y concluye como realidad.

Entonces observa el espacio que hay entre tú y tu compañero. Date la vuelta y mide el espacio que hay entre vosotros dos. ¿Qué existe en ese espacio? ¿Puedes sentir la energía de tu compañero? ¿Está vivo o muerto? ¿Qué es lo que no logras ver? Ahora el espacio entre tú y yo. ¿Qué podemos decir sobre él? Ese espacio se llama aquello que está escondido. Es lo invisible. Y lo invisible sencillamente dice que esta atmósfera a tu alrededor es un campo energético dentro del cual hay potenciales y energía, y que se ve como esto.[2]

Toca a tu compañero en el hombro. El espacio requerido para tocar el hombro de tu compañero es toda la distancia que se necesita para regresar al séptimo nivel. Todo aquello que desees en la vida —una fortuna fabulosa, juventud radiante, salud, longevidad—, la energía que hace falta para producir todo eso en tu vida requiere menos campo que el que se necesita para tocar el hombro de tu compañero. Entonces hazlo de nuevo y contempla eso; eso que está escondido. Ahora, la atmósfera en el tiempo lineal —la atmósfera de este salón, aquellos campos que conforman los elementos de la Tierra, el sistema solar y la galaxia— están todos compuestos del mismo campo energético en etapas evolutivas diferentes. Pero es el

---

[1] Ver fig. 14.
[2] *Ibíd.*

mismo campo en distintas etapas. Este lugar aquí abajo (primer plano), justo donde tú estás, contiene todo esto (los siete niveles de realidad).

EL OBSERVADOR COLAPSA LOS CAMPOS DE ENERGÍA

Ahora, ¿qué hay de divino en ti? Lo que hay de divino dentro de ti es Conciencia y Energía que se congela a través de los mecanismos de un cerebro humano. ¿Por qué es eso importante? Porque si estás rodeado de esto —y debes estar rodeado de esto que se enrolla o se desenrolla o se comprime; está por todos lados—, ¿entonces qué es lo que afecta este campo? El pensamiento. Se llama el Observador. ¿Y dónde está el Observador? Está dentro de tu cabeza.

Si tienes el poder de crear la realidad significa que tienes el poder de afectar este campo de aquí (las bandas que rodean el cuerpo). ¿Y qué hay en este campo? Todo esto (los siete niveles) en diferentes etapas hasta regresar aquí (Punto Cero). ¿Cómo puedes tú afectar dicho campo? Si tú eres esta entidad (el Observador) y tienes un pensamiento aquí (lóbulo frontal), entonces estás afectando el campo que te rodea. ¿Cómo lo haces? Toda la materia, toda la masa —aquello sobre lo que estás sentado, lo que llevas puesto, la composición de tu cuerpo— todo está hecho de partículas subatómicas. ¿Has oído hablar de los átomos? ¿No te parece interesante que los términos átomo y Adán se pronuncien de un modo similar en inglés; el primer hombre, la primera partícula? ¿Cómo es un átomo? Tiene un núcleo, ¿correcto? No te duermas. ¿De qué está compuesto el núcleo? De protones. ¿Qué más? ¿Qué hay dentro de un protón? Un quark. ¿De dónde vinieron ellos? Aquí mismo (sexto plano) está el campo de los quark. Y aquí (quinto plano) está el campo de los protones. Más abajo (cuarto plano) está el cierre del núcleo, y en todo esto de aquí abajo (primero, segundo y tercer planos) está la acción de la materia y la antimateria, los llamados electrones y positrones. Entonces lo que un átomo es, es la disponibilidad de potencial.

Si desenrollas un átomo a nivel de su núcleo, obtendrás una bomba
atómica. ¿Cuántos de vosotros conocéis el poder de la bomba atómica?
¿No es interesante que la energía procede de aquello que está escondido?
Mientras más pequeña la partícula, más poderosa es la energía. ¿Se te ha
ocurrido alguna vez, principiante, de dónde vino esa energía? Quizás la
energía que se despliega al dividir el núcleo está fraccionando, en realidad, esta energía embobinada que ha sido comprimida al disminuir la
velocidad del tiempo.[3] ¿Te parece lógico? ¿Es una buena filosofía? Porque si lo divides, la energía que obtienes es aquella que es común a esos
niveles. Y eso es lo que es un átomo. No es más que aquello que está
escondido: siete niveles de realidad en una partícula.

FIG. 14: LA ONDA DE ENERGÍA COLAPSANDO EN UNA PARTÍCULA

Onda de Energía   Partícula Colapsada

Ahora, ¿qué afecta al átomo? Si toda masa está compuesta de átomos, ¿cómo llegó hasta aquí? Un átomo no es más que atmósferas de
otros planos coaguladas y cerradas. ¿Son sensibles? Bueno, si tenemos
un núcleo y su capa exterior con electrones y positrones que giran a su
alrededor, eso quiere decir que cada electrón que se mueve alrededor de
este átomo, lo hace porque nosotros le permitimos que lo haga. ¿Y cómo
lo permitimos nosotros? Lo damos por hecho. En otras palabras, tú eres
el Observador. Si te enfocaras en esta partícula en especial, este átomo, si
te enfocaras en sus electrones, podrías invertir la rotación de los electrones de este átomo. ¿Por qué puedes hacer eso? Porque es tu naturaleza
divina. Si se supone que debes evolucionar y hacer conocido lo descono-

---

[3] Ver fig. 10.

cido, ¿cuál es la facultad en ti que es responsable de esa misión? Es la conciencia enfocada. Cuando tienes un pensamiento, si te enfocaras en este átomo y le agregaras o le quitaras electrones, podrías cambiar la esencia de su energía.

¿Por qué? El campo que existe entre tú y yo, no lo ves; y como no lo ves, hace esto.[4] Está en movimiento, impulso. En el instante en que dejas de mirar la atmósfera entre tú y yo, comienzas a ver lucecitas. ¿Cuántos de vosotros las habéis visto? Alguien te dijo que sólo era un problema en tu globo ocular. No es nada de eso. Esas lucecitas son, de hecho, ondas energéticas que se colapsan en una partícula con una luz orbital, que se llama electrón. En el momento en que dejas de enfocarte en el campo invisible, las luces desaparecen. Entonces lo único que ves es lo que observas a una distancia cercana, o sea, tú a mí y yo a ti. Mientras ignores este campo, él permanece inerte, o sea, que no lo activas, y permanece quieto. En el momento en el que te enfoques en lo que está escondido, le quitas el velo.

Ahora, Conciencia y Energía crean la naturaleza de la realidad. Cualquier objeto sólido se hace sólido por medio de su creador. Y el creador de dicho objeto acepta que sea sólido, de modo que permanece sólido. Pero la verdad es que esta noche cuando vayas a la cama, tu recámara desaparecerá o se difuminará, y la luz de tu refrigerador se apagará lentamente, porque en el momento en que te dispones a dormir, ya no estás observando la recámara. Y en el momento en el que ya no la observas, se difumina. ¿Estás de acuerdo? Así es.

Entonces, ¿cómo es posible que al levantar un poco un párpado, eches un vistazo a la recámara y veas todo como se supone que debe estar? ¿Quién determina que es así como va a estar? ¿Dices que eres tú? Estás en lo correcto. Pero ¿y si despertaras una mañana y vieras que estás en el vigésimo tercer universo? ¿Que pasaría con tu recámara? Bueno, depende. Verás, esto es una trampa, porque si te despertaras pensando que estás en el vigésimo tercer universo y lo supieras de forma absoluta, estarías

---

[4] Ver fig. 14.

allí. Sería muy claro. En el momento en que te preguntaras: «¿Qué pasó con mi recámara?», te despertarías. ¿Comprendes? Ahora, eres tan poderoso que cualquier cosa que coloques en tu lóbulo frontal, ya sea basura o divinidad, afecta la energía.

Cualquier cosa que pienses está o liberando energía de su pasado o colapsándola en su futuro. Así que ahora quiero que hagas esto con tus brazos.[5] Esto es energía. Vamos... Cuando permitimos que exista, se mueve de esta manera.[6] ¿Qué sucede cuando nos enfocamos en ella? Se transforma en materia. ¿Qué sucede cuando nos olvidamos de ella? Hora de divertirse. Así es como funciona. Ahora, en el primer plano tienes una fabulosa atmósfera llena de potenciales, pero lo que sucede, y la razón por la cual la gente permanece en las mismas líneas de tiempo encarnación tras encarnación tras encarnación, es que han destinado su poder consciente a las necesidades de su cuerpo. Y una vez que lo hacen, nacen en un cuerpo que está genéticamente predispuesto a ser de determinado modo, y entonces dejan que el cuerpo crezca a su manera. El cuerpo está en piloto automático genético. ¿Me sigues?

Ahora, mientras el cuerpo está en piloto automático, todo en tu vida está establecido. No hay nada que entre ni nada que salga de ella; todo está fijo. Y así, día tras día, dejas que tu cuerpo cree la realidad. Ahora, ¿qué sabe tu cuerpo acerca de crear la realidad? Lo único que sabe es sobrevivir, y que para eso necesita comer, dormir y orinar. Necesita limpiar sus desperdicios y, después de un descanso, rejuvenece. Eso es lo que sabe; se llama supervivencia. La mayoría de la gente, aunque muy bien instruida, nunca va más allá del nivel de supervivencia en sus vidas. Nunca se introducen en el espacio libre de la creatividad, así que la magia nunca les sucede. Si el cuerpo y el cerebro están operando una vida basada en el día a día, ¿qué va a traer entonces el mañana? Sabes lo que el mañana traerá porque has vivido millones de mañanas, de modo que tu mañana es sim-

---

[5] La energía se mueve en ondulaciones, como una serpiente. Ramtha demuestra este movimiento con su brazo y con la palma de su mano abierta. Cuando la onda de energía se colapsa en una partícula, el movimiento ondulante se detiene, y la mano se cierra en un puño, el cual representa la partícula.

[6] Ver fig. 14.

plemente tu pasado. Si vas a la escuela y aprendes todo ese conocimiento, será sólo teoría memorizada, y la única razón por la que aprendes eso es para poder ganarte la vida y así alimentar tu cuerpo. ¿Comprendes?

Ahora, si te sientes atraído hacia otra persona magnéticamente, puede que nunca antes te hayas sentido atraído por este espíritu, pero te atrae este tipo de cuerpo. ¿Y por qué? Porque el tipo de cuerpo es igual al tipo de cuerpo que tú posees y lo complementa. Esto supone una resonancia magnética. De modo que tienes relaciones, copulas y engendras hijos. ¿Qué clase de hijos vas a tener? Tendrás hijos que serán un poco mejores que tú, pero ¿nacerán con la habilidad para crear intuitivamente? ¿O necesitarán que se los eduque para crear? Entonces, ¿cuántas existencias como ésta crees que has vivido, en las que dejaste que tu cuerpo dictara tu vida? Infinitas.

¿Por qué es tan importante la magia? Porque la magia nunca les sucede abiertamente a aquellos que llevan una vida gobernada por su genética. ¿Por qué? Porque es el Observador dentro de nosotros, el Espíritu dentro de nosotros, el que tiene el poder de revelar lo desconocido; no es el cuerpo. Pero si somos débiles y vivimos solamente para el yo material, nunca desarrollaremos el enfoque necesario para quitarle el velo a la distancia entre tú y yo y convertirla en una realidad.

¿Quieres escapar, entonces, de esta vida? ¿Te parece muy horrible? Es una bendición, porque no importa si mueres esta noche, vas a nacer otra vez en esta existencia. ¿Y a qué clase de padres regresarás? A aquellos que sean iguales al nivel de aceptación que tienes ahora. De modo que vas a nacer otra vez. Este cuerpo y este cerebro perecerán, y toda su memoria cognitiva se irá con ellos. Entonces estarás en un cuerpo totalmente nuevo que tendrás que volver a desarrollar y de cuya programación genética no estás muy seguro.

Así que no vas a recordar esta vida. Y piensas que es malo y quieres salir de esta vida, pero sólo vas a saltar a otro fuego. ¿Sabes cuántas veces lo has estado haciendo? Durante eones. Digamos, con seguridad, que durante 40.000 años has estado en un progreso estático. ¿Quién es responsable, entonces, de toda esta tecnología? Unas pocas personas. ¿Y por qué produjeron dicha tecnología? Porque esos seres poseían una habilidad que tú vas a aprender —recibirás la inspiración— y vas a desarrollar. Se trata de la capacidad de imaginación para tomar el conocimiento y colocarlo en componentes de creatividad llena de pensamiento y luego estar en posesión de ese pensamiento. Si estás en posesión de una imaginación así durante un buen periodo de tiempo, y la aceptas, entonces ese pensamiento afectará el campo; lo que era se disolverá y pasará a un estado líquido. La imaginación volverá a afectar este estado de modo que se coagulará, no como lo que solía ser, sino lo que será.

La gente espiritual es aquella que ha liderado los descubrimientos. La gente espiritual fueron los filósofos de la antigüedad que te han dado a ti y a tus generaciones los fundamentos de una filosofía que siempre habla sobre lo que está escondido dentro del individuo. Y en cada civilización sólo ha habido unos pocos que han brillado y han causado impacto en la totalidad de la cultura. Pero tú no fuiste el responsable del microchip, ni de la física que lo creó. No fuiste el creador de la descomposición del núcleo del átomo. Tampoco fuiste la entidad que creó los usos telepáticos en forma de teléfono. No creaste las microondas, ni la televisión, ni los autos. No tejiste el tapete sobre el cual estás sentado. ¿Entonces qué hiciste? Trabajaste para ellos. Ahora, cuando despertamos conscientemente, llega un momento en el que sabemos. Yo tuve mi momento, y tú tendrás el tuyo. En ese momento, de repente, nos separamos de nuestra ignorancia y nos elevamos a una bruma de libertad que se llama saber interior. En el momento en que sepas que tu pensamiento enfocado afecta la vida, cuando realmente lo sepas, ese es el momento en el que empezarás a ocuparte de disciplinar tu manera de pensar; pues si dejas que esto te domine, te destruirá. Si el espíritu despierta en ello, te liberará. El gozo no tiene nada que ver con lo físico. El gozo consiste en ser el amo de lo físico, no su esclavo.

De modo que si tú has creado cada cosa en tu vida, entonces eres el responsable de todo lo que has hecho. Eres responsable de tus éxitos y fracasos, y fuiste tú quien decidió si era un éxito o un fracaso. Si tú eres la persona responsable de tu felicidad o depresión, fuiste tú quien escogió sentir de esa manera. Fue así de sencillo y siempre lo ha sido.

En el momento en el que sabes que tu mente puede cambiar esto y acelerarlo —cuando sabes eso—, en ese momento tu vida cambia. ¿Y cómo cambia? Dices: «Ahora sé que el poder estaba dentro de mí. Todo lo que pienso, lo manifiesto. Mi realidad es sólo equivalente a mi pensamiento desbocado, pero qué pasaría si me sentara quieto un momento y me preguntara: ¿qué es lo que quiero de esta vida? ¿Qué es lo que nunca he sabido? ¿Qué es lo que nunca he experimentado? Si uso menos de la décima parte de mi cerebro, ¿qué debo hacer para activar el resto? ¿Y qué amplio potencial poseería si en verdad pudiera hacerlo?»

Ahora escribe una lista. ¿Qué quisieras hacer? Si tu vida se pudiera prolongar y pudieras cambiar todo de acuerdo con lo que estás pensando y de acuerdo con tu aceptación, ¿cuán diferente serías hoy? Muy, muy diferente, porque en ese momento comprenderías que el cerebro funciona con destellos de imágenes, hologramas, y que cada vez que fulguran, decimos que esto es pensar. Y cada vez que hay un destello, sucede en el lóbulo frontal. Y cada vez que sucede algo así en este punto, está afectando este campo.

¿Qué tal entonces si yo pudiera dibujar un pensamiento y lo pudiera mantener durante un periodo de tiempo intencional? ¿Aplicaría la misma ley al uso intencional del principio del Observador para crear la realidad? En verdad sí. Porque el momento en que lo mantienes con absoluta aceptación, es el momento en el que cambias tu línea de tiempo. Todo empieza a cambiar hacia un flujo. Lo que sueñes aquí, lo que sostengas aquí (lóbulo frontal), cuando te levantes, tu vida comenzará a deshacerse. Y vas a decir: «Esto no es lo que yo vi». Sí, es lo que viste; porque a medida que todo se desmorona, lo que decimos es que, si pudiéramos desbaratar las partículas de una mesa, ella desaparecería, y lo que veríamos donde estaba la mesa sería un campo radiante de luz. Eso es cambio, ¿verdad? Entonces, ¿cuán limitada es tu vida? La vida que has llevado en esta línea de tiempo ha estado atascada y continúa reencarnándose. ¿Qué hay más allá de este lugar? ¿Hay algo más por vivir, algo más por ser, algo más por saber? Sí que lo hay. Pero ¿qué tienes que hacer para estar en esa línea de tiempo? Tienes que disolver el pasado, porque todos los aquí presentes pensáis lo relacionado con el futuro basados en el pasado. ¿Y qué es lo que te mantiene allí? La culpa, la negatividad, el temor y el miedo a cambiar. ¿Qué sucede cuando te enfocas en algo maravilloso en tu vida? Empiezan a desmoronarse muchas cosas en tu vida. ¿Por qué? Porque la energía que las mantiene unidas debe liberarse para que aquello que deseas se pueda reformar.

SER DIOS ES DAR VIDA

Es suficiente por hoy. Quiero terminar este día diciéndote lo que por tanto tiempo has oído, pero nunca comprendido: Dios es amor. ¿Qué significa eso? Dítelo a ti mismo. ¿Qué significa? Amor es la acción de siempre dar. No es tomar. Dios, esta entidad de aquí (Punto Cero), da y mantiene inmutable el principio de la vida para que ella se pueda explorar. Cuando te ames a ti mismo, no se tratará de un abrazo apasionado, o de consolarte con palabras poéticas. Amor es la acción de dar. Dar. Dios nunca toma, solamente da. A partir de ese momento la vida se expandió; jamás se redujo. Dios es incapaz de juzgar; es incapaz de juzgarte, de odiarte, de condenarte. No existen tales cosas, sólo existe el permitir.

Saber lo que es el amor es abrirse y dar. Es como derribar el embalse y dejar salir el agua que está retenida en la represa; es un dar de conciencia. Cuando aprendas a amarte a ti mismo, aprenderás a amarte de este modo. No te darás objetos, sino libertad. Dejarás de juzgarte en cuanto a si eres un éxito o un fracaso. Dejarás de sentirte culpable sobre el pasado, porque nunca tendrás un futuro mientras estés anclado a la culpa. Renunciarás a tus enemigos porque, cuando lo hagas, ellos renunciarán ti. Eso es amarte a ti mismo. Se necesita demasiada energía para tener un enemigo y mantenerlo siempre presente en la mente.

Amarse a sí mismo es perdonarse y decirse a uno mismo: «A la luz de

toda la eternidad, ¿de qué valió este acto? ¿Lo suficiente como para de-
jarme rezagado para siempre? ¿O para expandirme de modo que pueda
ver más allá de la montaña?» Dios es amor porque te da cada día de tu
vida y te apoya con la energía necesaria para crear vida. Y tienes tu tiempo y tu época. Cuando puedas hacer lo mismo contigo, entonces el amor
nacerá dentro de ti. No cuentes con el hecho de que la gente te ame; son
incapaces de hacerlo. Cuenta contigo para amarte. Y la manera de amarte
a ti mismo es darte libertad, paz. Cuando te des eso a ti mismo, procede-
rás a darlo a otros. Dales, dales.

Dale a la gente el espacio para que cometa errores. ¿Y qué? Ellos
están al borde de la sabiduría. La virtud no es la abstinencia de la vida; es
vivir la vida. Mantente apartado de la gente. No los busques para cometer
un error. Ámalos; permíteles. No esclavices a nadie ni practiques juegos
de control. Dales libertad y sé honesto y veraz con ellos. Y la honestidad
consiste en: «Te doy lo que yo más anhelo». Perdona a tus padres si no te
criaron de la manera apropiada. Nadie sabe cómo criar a nadie de la
manera apropiada. Pero celebra el hecho de que tienes vida y que tus
padres te la dieron. Da. Da. No tomes. No tomes; da, y en la acción de dar
te conviertes en Dios. Cuando eres compasivo, tu Dios es compasivo.
Cuando eres misericordioso, tu Dios es misericordioso. ¿Cómo puedes
esperar perdonarte a ti mismo y no perdonar a tus enemigos? Solamente
cuando te perdonas a ti mismo posees la sabiduría para poner en acción
ese poder con relación a otros.

Aquellos que toman son víctimas; y todos han sido tomadores. Piensas que la vida te debe algo, que tus padres te deben algo, que tus amigos
te deben algo, que tu amante te debe algo. Nadie te debe nada. Eres tomador, no un dador. Si eres tomador, entonces no encarnas a Dios. Si eres
dador, encarnas el poder divino dentro de ti, porque los recursos no tienen fin.

Quiero que esta noche, antes de irte a dormir, tengas un tiempo de
tranquilidad, y quiero que seas disciplinado al respecto. Quiero que te
sientes a pensar en tres cosas que quisieras que te sucedieran en la vida,
sólo tres cosas. Un sueño; puede ser cualquier cosa. Puede ser un espíritu

más glorioso, o puede ser tener una vida lúcida o sueños lúcidos. Puede ser una fortuna fabulosa. Puede ser cualquier cosa, siempre y cuando la aceptes. Ahora, si no aceptas lo que pones por escrito, no te sucederá.

Así que regresa a tu cuarto de sueños y busca algo que hayas perdido a lo largo del camino. La mayoría de vosotros lo perdisteis durante la niñez. Regresa y encuentra algo que desees que te suceda. Pero asegúrate de que esté dentro del rango de tu aceptación. Luego ponlo por escrito y haz un dibujo de cada uno de los deseos. Cuando termines, quiero que te contemples a ti mismo. Y quiero que te enfoques en lo que quieres cambiar en ti mismo. Todo es posible. No hay algo así como una adicción permanente al pasado. Es sólo temporal. Enfócate en tu carencia, duda, cualquier cosa, tus enfermedades, y luego escríbelas. ¿Qué tres cosas quieres cambiar en tu vida? Escríbelas y haz un dibujo de cada una de ellas. Es todo lo que quiero que hagas.

Y antes de dormir —no veas la televisión— lee, para que te quedes dormido con pensamientos elevados en tu mente. ¿Qué es lo que necesitas leer? Lee sobre la mecánica cuántica, sobre cómo crear la realidad, sobre el concepto de otra vida y quién serás en esa vida. Date alimento para el espíritu; no para el cuerpo, sino para el espíritu. Y vete a dormir con eso en tu cerebro.

Ahora, yo te amo. ¿Y cómo puedo hacerlo? Porque yo te doy, y porque tú eres la razón de que me haya manifestado de esta manera. ¿Y qué es lo que yo amo en ti? Lo que yo fui. Sois dioses olvidados, completamente. Estáis en un estado amnésico en cuanto a vuestra propia divinidad. Muchos de vosotros sois supersticiosos y dogmáticos. Lo que te he enseñado es muy sencillo. Ciertamente es muy complejo si lo entendemos en términos biológicos. Y puede parecer muy enredado y perturbador hablar sobre lo escondido que se manifiesta como energía. Pero todo se aclarará.

Hay mucho que no sabes. Yo jamás defendería mi ignorancia con tanto celo, y ciertamente, nunca pondría barreras de duda para mantener intacta mi ignorancia. Ya te has hecho lo peor que te hayas podido infligir. No hay nada peor que lo que ya has hecho. Y nunca estarás poseído ni serás miembro de un culto, ni serás un seguidor, ni se te va a lavar el cerebro. Ya te ha sucedido eso; eres eso. Nunca retrocederás; solamente avanzarás. Así que mañana vamos a manifestar la realidad, la alegría, y una nueva disciplina. Que así sea.

Saludo al Dios dentro de ti. Ese es el significado de este gesto.[7] Puedes retirarte. Que así sea. Eso es todo.

---

[7] Ramtha junta sus manos como en una plegaria, las lleva a la altura de su séptimo sello, y se inclina en una reverencia. Con este gesto, Ramtha saluda al Dios interior de cada persona.

V
Las Enseñanzas
y sus Efectos en los
Estudiantes de la Gran Obra

~~~❦~~~

Te saludo desde el Señor Dios de mi Ser al señor Dios de tu Ser. Hagamos un brindis.

Oh, mi amado Dios,
el que me ha creado
y me ha dado vida,
despierta dentro de mí
la pasión por saber.
Devuélveme mi poder,
para poder manifestar
un viaje,
un sendero
a la iluminación.
Que así sea.
Por la vida.

TU DIOS NUNCA TE HA JUZGADO

Puedes sentarte. Principiante, ¿cómo estás el día de hoy? ¿Cuántos de vosotros sois conscientes de haber aprendido algo ayer? ¿Aprendiste? ¿Por qué regresaste? Vuélvete a tu vecino y dile por qué regresaste el día de hoy. La confesión es excelente para el alma. Ahora, anoche escuché algunas de vuestras conversaciones. Me gusta oír lo que conversan mis principiantes, ya que puedo entender lo que dicen sus palabras y sé lo que están pensando. Así que hoy deseo responder algunos de vuestros interrogantes en voz alta. Ahora, yo no estoy furioso. Hay dos grupos diferentes que discuten sobre mi comportamiento. Parece que me comporto como si estuviera furioso y enfadado. Yo no estoy ni furioso ni enfadado; simplemente hablo usando la inflexión de mi voz. Quiero que sepas que en el lugar donde yo estoy, ¿qué será aquello que se llama estar enfadado, melancólico y resentido. Te lo digo sin vacilar: no vayas ahí; quédate aquí. No es ese el camino.

Ser aquello que se llama el Dios interior es vivir con un corazón alegre, gozoso, pero no gozoso de un modo artificial, sino con un desahogo en la vida, más que con una carga. Ahora escucha: una espléndida mañana despertarás y te darás cuenta de lo que te he enseñado. Y no te quedarás allí sentado y mudo. Reirás a carcajadas, y éstas vendrán de un lugar maravilloso que no puedes contener. Y vas a reír y reír y reír, porque podrás ver el regocijo que yace al otro lado de esta actitud humana seria en la que todo es opresivo y espantoso. Yo te digo que el Dios que yo amo nunca juzgó a nadie. Es una entidad dadora; es una fuente. Nunca te dice: «Bueno, tú lo quieres, pero no te lo puedo dar». Nunca te dice: «Debes hacer penitencia antes de recibirlo». Nunca te dice: «Di que te arrepientes, y entonces te lo daré». Deberían bajar de la cruz a Yeshua ben Joseph. Qué cuadro tan triste. Lo colocan así para que te sientas culpable.

Yo te digo que el Dios sobre el cual estás aprendiendo es vida eterna, y una vida tan plena que aún no tienes la mente apropiada para empezar a comprender cuánto hay todavía por experimentar. ¿No sabes que has experimentado la parte más dolorosa de la vida? Si estás atascado en el círculo de la reencarnación, has estado experimentando la misma actitud. Imagínate, aquí sentado, imagínate mil existencias en las que has sido el mismo, pero en diferentes cuerpos. Qué aburrido. No es de extrañar que no se te invite a regresar a casa.

Tu capacidad de cambiar está en un momento. Imagina lo que no has aprendido, lo que no sabes. Has estado atascado, reencarnando en el mismo patrón de comportamiento. Cuerpos diferentes, pero la misma vieja actitud. No puedes hacer nada peor de lo que ya has hecho. Como sabes, hay algunas entidades que dicen que lo que se aprende en esta vida no vale nada, y no tiene nada de malo matar y cosas por el estilo. Pero yo te digo: si has estado vivo o has estado regresando aquí durante los últimos diez millones y medio de años, ¿no crees que la probabilidad de ya haber hecho eso es bastante alta? Yo diría que la probabilidad de que hayas asesinado a alguien y que, por supuesto, te hayan asesinado, es una en diez millones y medio. Todos vosotros habéis sido bribones, parias, violadores; habéis sido reyes y reinas, pobres, esclavos, sirvientes, hombres beatos, hombres pecaminosos, mujeres virtuosas, prostitutas. Lo habéis sido todo. ¿Qué te hace pensar que lo que hay por aprender es más de lo mismo? Lo que sigue de aquí no es peor que esto; es mucho más grandioso.

No cavilemos, como sugirió otra persona, que todo está bien. No digamos que esta enseñanza te da permiso para ser malo; ya lo has sido. Lo que esta enseñanza pretende es hacerte discernir eso y preguntar: «¿Qué voy a hacer con el resto de mi vida? ¿Voy a ser todos los días la misma persona predecible hasta el punto de que ni siquiera me amo a mí mismo?» Y si conocieras por primera vez a tu Yo, y él te pidiera entablar una relación, le huirías.

EL CONOCIMIENTO NOS DA ESPERANZA

¿Qué vas a hacer el resto de tu vida? ¿Vas a continuar trabajando el resto de tu vida? ¿Vas a continuar usando drogas el resto de tu vida? ¿Vas a seguir viviendo de otras personas por el resto de tu vida? ¿Vas a continuar sintiendo lástima de ti mismo? ¿Vas a hacer que otras personas, tu padre, tu madre, se sientan mal por tu existencia? ¿Qué vas a hacer? ¿Vas a tener hijos y los vas a hacer sentir culpables de haber nacido? ¿Qué vas a hacer hasta, digamos, el día de tu muerte? ¿Qué hay en tu agenda?

Las enseñanzas, como lo expresó muy apropiadamente un maestro, nos dan esperanza. Nos dan esperanza porque primero nos proporcionan el conocimiento para derribar la ignorancia. ¿Y no sabes que la superstición viene de la ignorancia? Piensa en todas las culturas que le tienen miedo a caminar debajo de una escalera, o las culturas que son supersticiosas en cuanto a blasfemar contra Dios, o las que son supersticiosas en cuanto a la virginidad. Piensa en todas las culturas que creen ciegamente en el sacrificio de sangre. Piensa en ellas. Las enseñanzas le ponen fin a la superstición y a la ignorancia.

Lo que vas a aprender hoy es lo que se llama un matrimonio de la ciencia, la teología y yo. Aprenderás aspectos prácticos sobre tu cerebro, qué parte responde a qué. Obtendrás la respuesta a la pregunta: «¿Dónde obtengo el cuerpo al cual me muevo después de que éste muere? ¿De dónde procede? ¿Cómo lo manifiesto?» Vas a encontrar respuestas a preguntas como: «¿Por qué unas personas son psíquicas y otras no?» Esto no es conocimiento nuevo. De hecho, el conocimiento nuevo de hoy está lastimosamente empobrecido, y por lo general, eso es intencional, ya que los gobiernos no sobreviven cuando la gente es consciente y omnisapiente. El comercio no sobrevive cuando la gente tiene el poder de crear la realidad. De modo que en esta cultura existe un menosprecio por la divinidad humana y hay una resuelta conspiración para robarle a cada uno su pensamiento individual. Por eso todo el mundo está interesado en que todos sean lo mismo, crean lo mismo, se comporten de la misma forma, compren los mismos productos, tengan la misma apariencia, porque en la uniformidad hay control. En la individualidad hay lo imposible de predecir. Los gobiernos tienen que sobrevivir con un populacho al que puedan arrinconar y catalogar. Y los gobiernos solamente sobreviven como poder cuando todo el mundo asiente. Pero ¿qué tal si en América, este lugar, estuvieran todos iluminados al nivel de Cristo? ¿Tendríamos todavía republicanos y demócratas? ¿Habría deuda externa? ¿Tendrías lo que llamas seguros médicos?

¿Qué se puede decir entonces de aquellas personas cuya agenda es mantener el gobierno unido? ¿Es ventajoso para ellos acabar con la superstición y el dogma? No, no lo es. Ellos dividen y conquistan a la gente para que los mantenga en el poder. Ahora, esta enseñanza no es secular. Es acerca del cerebro, de un cuerpo espiritual y de niveles de desarrollo. La enseñanza te dice hoy, muy flagrantemente: «Dentro de ti tienes todo lo que necesitas para cambiar tu vida». Ahora, ¿hay alguien aquí, incluyéndome a mí, que te vaya a obligar a cambiar? No. Vosotros sois dioses olvidados; olvidados, pero todavía sois dioses. Y sois las únicas entidades que han olvidado esa verdad. Entonces al ser Dios y como tienes la responsabilidad de hacer conocido lo desconocido, debes tener tu propia voluntad. Si después de haber aprendido todo el conocimiento de hoy no lo usas, ésa es tu voluntad. No significa que tienes razón o que estás equivocado; es simplemente tu elección. Pero el conocimiento nos libera del temor, del temor de no poder hacer el trabajo. Y el futuro, de repente, se nos vuelve predecible en lugar de imposible de predecir.

Ahora que sabes que yo no estoy furioso y que Dios no está furioso, pasemos a otro interrogante. ¿Por qué hablo de esta manera? ¿Por qué no? Es una cuerda vocal y un cerebro, y el modo como el cerebro responde a la cuerda vocal. ¿Por qué no hablar de esta manera? Otro interrogante es que parezco vulgar. Lo soy. Yo no soy Jesucristo. ¿Y quién dijo que él no era vulgar? Era muy vulgar.

La Verdad es Filosofía en Acción

Otro interrogante: «No estoy seguro de si voy a volver hoy. No sé si esto es la verdad». ¿Qué te dije en cuanto a la verdad? Nada de lo que yo te diga es la verdad. Dios no sabe más de lo que sabes tú. Y sólo será verdad cuando se cruce en tu vida y tengas que hacer tu camino a través de ella. Entonces es verdad. Si nunca se cruza en tu vida, o si nunca la colocas allí, nunca será verdad; será simplemente otra enseñanza de la Nueva Era. No será verdad hasta que la experimentes. Y necesitas mucha verdad para poder enfrentarte a tu mente cínica. No sirve de nada decirle a alguien que tiene el poder para sanarse si la persona no lo cree. Es más, no sirve de nada decirte que quieres ser abundante. Si quieres ser abundante, siéntate y crea una tarjeta con un dibujo de riqueza fabulosa y enfócate en ella durante una hora cada día, hasta que tu enfoque se convierta en un hecho. Es todo lo que tienes que hacer. Entonces la obtendrás. Lo que hagas con ella, es otro enfoque. Pero si no lo aplicas, no funcionará y no será la verdad.

Entonces, no, yo no hablo acerca de la verdad; hablo de lo que se llama una filosofía. Fue verdad para mí y me permitió llegar hasta este marco de tiempo para entregarte lo que yo sé. ¿Es importante que creas en mí? No tienes que creer en mí. No es un requisito. Lo que tienes que hacer es creer en ti mismo y usarme, como a una zarza ardiente. Escucha lo que tengo que decir. Escoge lo que sea apropiado para ti. No tienes que usarlo todo. Y si no funciona, entonces todavía puedes usarme para culparme por ello. Yo resulto muy útil en esa categoría.

Hazlo hasta que te canses. Entonces, asume la responsabilidad y di: «Vamos, hombre, si realmente hubiera querido esto, lo habría logrado». Así son las cosas. La fe inmaculada sucede en un momento. La cura inmaculada, la sanación, la restauración, todo sucede en un momento. Y la razón por la cual se demora tanto para ti es porque el camino está pavimentado de duda e incredulidad. Si te puedes librar de todo eso, en un momento llegará todo lo que desees. Para manifestarlo sólo se requiere de un momento.

Verás, tú estás aquí (primer plano). En esa línea de tiempo se necesita mucho tiempo para manifestar. Pero ¿qué sucedería si tu cuerpo estuviera aquí (primer plano) y tu conciencia aquí (séptimo plano)? ¿Qué tal si tuvieras la fe de un ser del séptimo nivel? A esos seres los llamamos maestros. Viven en un cuerpo, pero su mente está en el séptimo nivel; su energía está en el séptimo nivel, y la usan en un cuerpo físico en este flujo de tiempo. Así que el cuerpo está aquí, pero la conciencia está aquí (séptimo nivel). Cuando ellos dicen algo, eso es todo lo que demora en suceder (inmediatamente). Si estás aquí (primer plano) y sólo crees en tu estómago, tu cuerpo y tus adicciones, ¿sabes cuánto tiempo se requiere para que suceda algo? La mayoría de vosotros llegáis hasta aquí (soñar el sueño) y ni siquiera os tomáis tiempo para hacer esto (la alineación con Punto Cero); sois demasiado impacientes. Así que se requiere mucho tiempo.

En esta escuela hay personas que todavía no han manifestado lo que dicen que realmente quieren. ¿Por qué? Porque la manifestación se queda aquí (primero, segundo y tercer planos) en vez de aquí (planos superiores). Ahora, ellos son maravillosos en otras áreas, son únicos. Poseen un conocimiento total en otras áreas de la enseñanza que los saca de este cuerpo y los lleva hasta aquí (cuarto plano). De modo que con ese conocimiento, cuando se enfocan en algo, se manifiesta rápidamente. Han hecho evolucionar su conciencia desde aquí (primero, segundo y tercer planos) hasta aquí (cuatro planos superiores). Su mente se está desarrollando en este nivel (cuarto plano), pero no toda está allí; gran parte de ella todavía está aquí abajo (planos inferiores). Entonces tenemos gente que puede manifestar un objeto desde la nada. Pero ¿qué pasa si les dices que se curen a sí mismos? La misma persona que puede manifestar algo de la nada —te impresionaría; tendrás oportunidad de verlos—, qué sucede cuando le digo: «Ve y cura a esa persona». De repente su nivel de aceptación baja de este nivel (cuarto plano) a este nivel (primer plano). ¿Por qué crees que sucede eso? Porque aceptan unas cosas, pero niegan otras. Y aquello que aceptan es lo que manifiestan inmediatamente; aquello que no aceptan, no lo obtienen inmediatamente.

¿Y tú, qué? Sucede lo mismo contigo. Hoy te entregaré todo este conocimiento. Vas a saber más sobre el cerebro que el 99.9% de la gente de tu país. Y vas a saber sobre siete cuerpos, de los cuales nadie sabe. Y hoy saldrás de aquí con una disciplina y habrás manifestado tres cosas que desees y tres que quieras cambiar.

Si te has movido al nivel de aceptación total, las obtendrás todas inmediatamente. El día que sales de aquí, todo empieza a desmoronarse. Está en pedazos. Todo se desmorona porque el pegamento que sostiene tu presente es la energía y tu enfoque. Cuando cambias el enfoque, el pegamento sale y la energía se dispersa. Las relaciones empiezan a cambiar; te despiden del trabajo; tu gato te muerde la pierna; tu pájaro se escapa de la jaula; tu perro tiene hidrofobia. Todo se desmorona.

Quiero que esperes todo eso. ¿Sabes por qué? Porque el momento que ves que todo se convierte en ruinas simplemente significa que has cambiado tu actitud sobre eso. Y en el momento en que cambias tu actitud sobre algo, la quitas de allí; todo se desmorona. Y si conservas la actitud, vuelve a tomar forma. Es la misma energía. La misma actitud que te mantiene enfermo, si vives una vida imprudente y escuchas todas las advertencias que dicen que vas a acabar con tu salud, así será. Pero la misma energía que causó la destrucción —es la misma energía, no una nueva energía— puede evitar la destrucción en el momento en que la mente libera su enfoque en ella. Cuando la mente cambia de parecer, la energía se desmorona y se reanuda como salud radiante; la misma energía. ¿Comprendes? Que así sea.

Ahora, posdata: mensajeros. Me gustan. Y no los envío con tanta frecuencia como lo quisieran algunas personas, pero son mis mensajeros que vienen a enseñarte algo sobre todo lo que has aprendido aquí. Bendícelos siempre, siempre. Si alguien se enfurece contigo y te echa una reprimenda, y de repente te das cuenta de que lo que está diciendo es la verdad, ríe a carcajadas. Es un mensajero. No lo golpees, ni le pongas zancadilla. Di: «Lo que dices es cierto; gracias por mostrármelo». ¿Qué significa eso para un enemigo? Si uno besa a su enemigo, lo desarma. Cuando empiezas a agradecerle por su rudeza, ya no hay más enemigo, ¿no es verdad? ¿Comprendes? Que así sea.

Ahora, escuché otras cosas, pero no vamos a discutirlas. Quiero que prestes mucha atención a lo que vamos a aprender hoy. Y quiero que te relaciones enérgicamente con tu compañero; quiero que comiences a hablar y que te involucres en lo que estás aprendiendo. De esa manera, la enseñanza permanecerá contigo. Y hay algo que debes saber: nunca puedes manifestar nada a menos que primero tengas el conocimiento acerca de eso. ¿Comprendes? ¿Cuántos de vosotros entendéis? Que así sea.

VI
EL CAMPO ÁURICO

~~~~~

LAS BANDAS DE ENERGÍA
QUE RODEAN EL CUERPO HUMANO

¿Has escuchado el término campo áurico? Campo Áurico. ¿Crees que se puede romper un aura? ¿Cómo se puede romper la energía? ¿Cómo se puede rasgar un pensamiento? Auras es un término metafísico que se refiere a una banda de energía que en realidad es doble y rodea a los seres humanos. Así es como se ve.[1] Ahora, digamos que éste eres tú y que tienes bandas dobles alrededor del cuerpo. En otras palabras, no es simplemente un aura gris, azul o de los colores del arco iris. Es muy específica en cuanto a la energía, porque un aura son niveles de frecuencia con niveles de conciencia. Ahora extiende los brazos hacia los lados. Este es el ancho del campo que rodea tu cuerpo. Ahora extiende los brazos y mira a todos los que están sentados dentro de tu campo. Entonces, ¿dirías que esto es un grupo de conciencia social? En verdad lo es. Mira a tu alrededor; mira hacia los lados y observa quién más está en tu campo.

Este campo, que va hasta las puntas de los dedos, es en realidad un conjunto de dos bandas. La primera termina aquí (el codo), la segunda

---

[1] Ver fig. 15.

aquí (las puntas de los dedos).[2] Te rodea completamente, y está en movimiento. Este campo no se puede ver con los ojos humanos, con excepción del que está más cerca de la mano. Si colocamos un telón negro contra la pared y situamos a dos de vosotros frente a la pared y al resto de vosotros al fondo del salón, y apagamos las luces, con excepción de una luz tenue, podrías ver, literalmente, la primera banda de la frecuencia más baja que rodea los cuerpos de todas las personas que coloquemos frente al telón. Realmente la verías. No es un truco de la luz; es sólo lo que es visible al cerebro. ¿Comprendes?

¿Recuerdas ayer, cuando estábamos trabajando con los siete niveles?[3] ¿Recuerdas que primero lo hicimos con las manos y luego lo dibujamos? Si recuerdas, cuando empezamos hablamos sobre la energía entre estos dos puntos. Y dijimos que eso es tiempo. También recuerda que hablamos acerca de lo que le sucede a esta energía cuando, reduciendo su velocidad, la llevamos al siguiente nivel. ¿Qué le sucede? Vuélvete a tu vecino y díselo. ¿Qué le sucede a esta energía si la bajamos hasta este campo de tiempo (sexto nivel)?

Si tomáramos esa energía y redujéramos su velocidad, se enrollaría sobre sí misma.[4] Normalmente se ve así (una onda), campos ondulantes llamados «la serpiente». Si tomáramos este núcleo y lo bajáramos hasta el primer plano, hallaríamos lo que la ciencia encuentra desconcertante en cuanto a la vida. Lo que los desconcierta son los campos subatómicos, partículas atómicas y diminutas. Todos saben cómo es un átomo. Si fuéramos a desmenuzar un átomo, comenzando con un electrón y sus positrones, con su escudo externo y su impulso allí, podríamos, de hecho, desmenuzar un átomo empezando aquí (primer plano) hasta llegar aquí arriba (séptimo plano), y cada parte sería igual a uno de esos niveles de tiempo. ¿Comprendes eso?

---

[2] Si tenemos los brazos totalmente extendidos, la primera banda termina donde están los codos; la segunda termina en la punta de los dedos.
[3] Ver fig. 8.
[4] Ver fig. 10.

FIG. 15: MENTE BINARIA ~ VIVIENDO LA IMAGEN

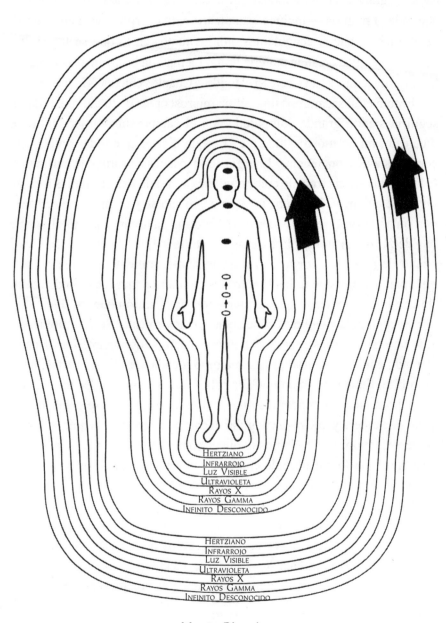

HERTZIANO
INFRARROJO
LUZ VISIBLE
ULTRAVIOLETA
RAYOS X
RAYOS GAMMA
INFINITO DESCONOCIDO

HERTZIANO
INFRARROJO
LUZ VISIBLE
ULTRAVIOLETA
RAYOS X
RAYOS GAMMA
INFINITO DESCONOCIDO

Mente Binaria

De modo que la ciencia está tratando de comprender la vida partiendo de lo grande hacia lo pequeño, en vez de entenderla desde lo pequeño hacia lo grande. ¿Comprendes? No te duermas. Lo que esto significa es que toda la materia —incluso esta pizarra y tu cuerpo— está compuesta de átomos; y que si coagulamos átomos juntos en lo que se llama una hermandad, ellos crean la materia bruta. La materia bruta crea las moléculas; las moléculas a su vez crean el tejido. ¿Cuántos entendéis? Que así sea.

Entonces si sacáramos una célula microscópica de tu cuerpo, todavía seguiría siendo grande comparada con el campo subatómico. ¿Qué te dice esto, mi hermoso estudiante? Lo que dice es que toda la vida está compuesta de Conciencia y Energía condensadas en forma de partículas. Y lo que la ciencia trata de comprender es cómo dichas partículas forman una asociación. ¿Cómo sabe un átomo conectarse y compartir electrones con otro? ¿Cómo saben hacer eso? En otras palabras, ¿qué inteligencia hay detrás de un átomo? Por ejemplo, si todo lo que hay en tu cuerpo está hecho de átomos, ¿por qué tu ropa se siente diferente a tu piel? Estoy aquí para decirte que todos los átomos comparten una relación de acuerdo con la conciencia, y que la conciencia es el patrón que los une.

Recuerda, la energía es conciencia en movimiento. Se está moviendo. Entonces si tenemos energía, tenemos un campo dominante inextricable llamado conciencia. Así que cada átomo y cada una de sus partes, hasta su órbita, tienen una mente. Cada estructura atómica posee una mente.

Ahora, si comprendemos que para crear un átomo se necesita esta pirámide entera y que para coagular el campo atómico se requiere tiempo y mente, fácilmente podemos explicar cómo llegó todo aquí a la Tierra.[5] Tenemos una forma libre de energía, y una inteligencia superior que se enfocó en un pensamiento —una forma de pensamiento, si quieres— que se convirtió en el amo de la energía. Y la energía se transformó, creó las relaciones y se coaguló para llenar el patrón de pensamiento. ¿Comprendes? Cada árbol, cada insecto, cada grano de arena, vino de una inteligencia superior. La arena, sencillamente, es energía coagulada en forma de partículas. Pero lo que la mantiene unida es una mente, y es la mente

---

[5] Ver fig. 10.

la que ha colocado ese campo atómico en relación consigo mismo. Se atrae a sí mismo. ¿Comprendes?

Los Milagros de Yeshua ben Joseph

De modo que lo grande está hecho de lo invisible. Lo visible está hecho de lo invisible. Así que para corregir lo visible, para hacer cambios a escala geográfica, incluso en tu propia realidad, no es cuestión de ir y quitar esas cosas. No es cuestión de salir a barrer la arena para que desaparezca de nuestra vida. Es cuestión de transformar nuestra mente en la estructura grande. Entonces la estructura grande se desmorona y se *re-relaciona*. Se vuelve a coagular en la nueva relación y toma una nueva forma. ¿Comprendes?

Ahora, ¿dónde está el tiempo rápido? Cuando Yeshua ben Joseph se convirtió en el Cristo, estaba viviendo en este flujo de tiempo, en este escalón justo aquí (séptimo nivel). Su cuerpo se componía de todas las partículas de este flujo de tiempo (primer nivel). Ahora, su conciencia y su mente pasaron el resto de su vida acelerando su mente, subiendo por esta escala hasta llegar a la cúspide (séptimo plano). De modo que fue capaz de producir la mente que fluye en este reino (séptimo plano) y la conciencia que fluye en éste (sexto plano). Fue capaz de llevar esa conciencia hasta su cerebro tridimensional. Así que en lugar de pensar como una persona tridimensional, él pensaba como un Dios de seis dimensiones. ¿Me sigues?

Ahora; este reino de aquí (sexto plano) —no te duermas— se ve muy diferente a este cielo (primer plano). Pues existen formas de vida que ni siquiera puedes comenzar a imaginar, porque no tienes un punto de referencia. Lo único que puedes imaginar es lo que ya está colocado aquí abajo (primer plano). La mente que se necesitó para crear este reino (sexto plano), su singularidad, infinitud y eternidad, es la misma mente que esta entidad desarrolló aquí abajo (primer plano).

Entonces, ¿por qué no contemplas cómo él veía la vida? Él sabía que cualquier cosa que veía era exactamente lo que él asentía que fuera. ¿Me sigues? Entonces, cuando vio al hombre ciego —vio al hombre ciego— éste le pidió ayuda. Entonces él se inclinó, recogió algo de arcilla y escupió sobre ella. Ahora, lo que hizo con la arcilla y la saliva fue producir un nuevo biocampo de relación de partículas. Mientras hacía esto y lo mezclaba, cuando moldeaba la arcilla y la puso sobre los ojos del ciego, Yeshua ben Joseph vio visión perfecta. Así que mientras moldeaba la arcilla, ésta se convirtió en el catalizador de visión perfecta. ¿Me sigues? Cuando le aplicó la arcilla sobre los ojos, ese biocampo, o campo morfogénico, inmediatamente reconstruyó el suministro de nervio visual en la parte posterior del cerebro, y al instante el hombre pudo ver. ¿Me sigues?

A eso lo llamamos un hacedor de milagros. Pero ¿qué tan poderoso es ser como esta entidad que cada día de su vida trabajó para llegar a este nivel de relación con el campo de partículas? ¿Qué tuvo que hacer? Al caminar por la senda, él veía, e inmediatamente escogía ratificar el paisaje o cambiarlo. Así que si estaba caminando y agitando polvo de color azafrán, si se deleitaba en ello, entonces estaba de acuerdo con el polvo. ¿Me sigues? Entonces el polvo nunca cambiaba, ¿comprendes? ¿Cuántas veces caminas por la senda, agitas el polvo y te perturbas por ello? Eso sólo hace que su naturaleza se cumpla, ¿no es cierto? Si caminaba hacia un grupo de gente y les enseñaba y luego hacía una pausa para darles comida, y, escúchame, sólo tenía una canasta de pescado y una hogaza de pan, pero había cinco mil personas, ¿qué diría tu mente en ese caso? «Corramos inmediatamente al mercado.» Pero este es un maestro que entendía la relación entre mente y materia, y lo único que tenía que hacer era cambiar su mente sobre lo que veía. De modo que el pez y el pan se convirtieron en la semilla que se multiplicó en su mente. Y mientras él lo viera así, las provisiones eran inagotables. ¿Y de dónde vinieron estas provisiones? De un pescado y una hogaza de pan, y lo único que él tenía que hacer era multiplicarlos. Así que lo que hizo fue seguir creando ecos del pescado y del pan. Y tomaba energía que se estaba descomponiendo y la volvía a coagular, proporcionándole un marco de referencia con el cual coagularse.

Si te detienes y piensas en ello, alguien le dijo a la rosa que fuera una rosa. Alguien le dijo a qué oler. Alguien o algo le describió a la rosa, en forma de pensamiento, el color rojo profundo aterciopelado. Alguien hizo eso, porque ella no brotó por sí sola; fue creada para ser lo que es. No solamente la rosa, sino los pájaros, el agua y el medio ambiente. Alguien se enfocó en ellos para que evolucionaran. ¿Quién lo hizo? Tú, porque eso es lo que esperas. ¿Comprendes?

Ahora, a Yeshua ben Joseph se lo consideraba un maestro hasta el sexto nivel. Era sólo un maestro, nunca fue un Cristo. Y su trabajo, por difícil que fuera, era desafiar la realidad con su mente. Mira, hoy te digo que lo que piensas afecta toda la vida que te rodea. Entonces si te detienes por un momento y reflexionas, verás cómo tu vida permanece estática de acuerdo con la imagen en tus pensamientos. Vas en automóvil a la ciudad, esperas ver la ciudad, y ahí está. Esperas ver a los mendigos pidiendo limosna, y siempre están ahí. Esperas ver una accidente al lado de la calle porque necesitas un poco de emoción, y siempre hay uno, ¿no es verdad? Si esto es cierto y tienes el poder, imagina cómo fue la iniciación para un ser como ése, y otros seres como él, que todos los días tenían que desafiar la realidad física y superponerla con una mente tan poderosa que podían ver lo que no estaba allí y hacer que estuviera allí. Poderoso, ¿no?

¿Piensas que eso es más poderoso que tú? No, eso es lo que tú eres. Pero ¿dónde está tu energía? Está en aceptar lo que es mundano en tu vida. Aceptas tu mala salud, aceptas tus problemas, aceptas tus limitaciones y, porque los aceptas, los congelas y amarras esa energía en forma de relación. Eso es lo que haces todos los días. Eres Dios; estás haciendo eso. Imagina lo que sería levantarse cada mañana y desafiar la realidad, empezar a cambiar lo que ha sido normal para ti y convertirlo en algo sobrenatural cada día. Te levantas el primer día y algunas cosas cambian, pero no todo. ¿Es eso suficiente para dar marcha atrás y aceptar la realidad mundana? ¿O lo que tenemos que hacer es crear una mente tan poderosa que pueda acceder al campo energético de cualquier forma de vida y de cualquier situación y cambiarlo inmediatamente? ¿Qué se requiere para hacer eso? Enfoque constante en lo que se espera, más que en lo que se ve.

El Efecto del Observador
de la Mecánica Cuántica

El estudio de la mecánica cuántica —cuantos significa paquetes de energía; la actividad mecánica de la energía— es una ciencia noble. Ahora está ganando espacio dentro de la comunidad científica. La diferencia entre la mecánica cuántica y el campo de realidad de Sir Isaac Newton es que la mecánica cuántica dice, como en el experimento del científico, que lo que uno espera que una partícula sea, siempre lo es. Siempre. Entonces empezaron a comprender que el comportamiento de las partículas estaba completamente relacionado con el Observador.

Imagina por un momento que un científico va a realizar un experimento con la vida.[6] Y él toma una tabla y dibuja una pequeña ranura. Permíteme que te muestre esto; es muy cómico. Va a disparar fotones de luz hacia una tabla. Esta es la tabla, es un negativo. Pero hay una obstrucción; aquí hay una pared. Y él tiene su máquina de fotones justo aquí. Pero él ha cortado una ranurita aquí. Si él dispara la luz, ella debería salir en línea recta. Lo que el científico quiere ver es que si la luz atraviesa la barrera, aparecerá como puntitos sobre el negativo en la pared. Así que prende su máquina y dispara un rayo de luz. ¿Adivinas lo que hace la luz? Se cuela por aquí y llega a la pared. Sorprendente, ¿no? ¿Tenía la luz su propia mente? ¿Cómo sabía que eso era lo que tenía que hacer? Entonces el científico dijo: «Bueno, solucionaré esto». Le pone un tapón a la ranura para que esta vez la luz no pueda pasar. Enciende su máquina y hace un bombardeo de luz sobre esta pared.

---

[6] En 1803, Thomas Young usó el experimento de la doble ranura para demostrar que la luz era, en su esencia, una onda. Más tarde, Albert Einstein, siguiendo los estudios de Max Planck, llegó a la conclusión de que la luz era una composición de partículas llamadas fotones. Sin embargo, Einstein no pudo refutar los resultados del experimento de Young. Los descubrimientos de estos dos científicos dieron origen al problema de la dualidad onda/partícula, la cuestión de si la luz era una onda o una partícula. En 1924, Niels Bohr, H. A. Kramers, y John Slater sugirieron que la dualidad onda/partícula podía resolverse si las ondas en cuestión eran ondas de probabilidad. Las ondas de probabilidad muestran la localización probable de una partícula que se colapsa en un tiempo dado. Finalmente, el desarrollo y la aplicación de la

Luego hace otro experimento. Le da dos opciones. Corta una pequeña ranura aquí y hace una muy pequeñita debajo. Prende de nuevo la
máquina de fotón, y la mitad pasa por la ranura superior y la otra mitad
por la que está debajo. Ah, sorprendente. ¿Cómo sabía la luz que tenía
que hacer eso? ¿Quién es el observador que observa las partículas de luz?
(El científico.) ¿Qué quería hacer el científico con la luz? ¿No la iba a
examinar? Pero en su mente, les indicó a los fotones la manera de traspa-
sar la barrera. Puesto que lo hizo, entonces la luz hará exactamente lo que
hay en su mente. La luz sabe pasar por las ranuras porque el científico
sabe que están ahí. ¿Comprendes?

FIG. 16: EL EXPERIMENTO DE LA DOBLE RANURA

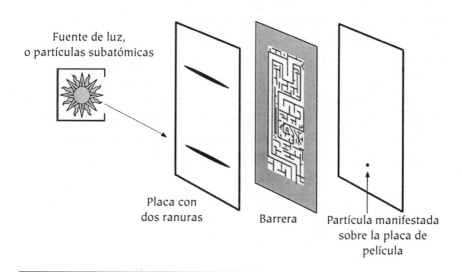

Fuente de luz,
o partículas subatómicas

Placa con
dos ranuras   Barrera   Partícula manifestada
                                 sobre la placa de
                                 película

teoría de la mecánica cuántica en los trabajos de investigación de Erwin Schrödinger y Werner
Heisenberg, permitieron predecir correctamente la localización y los niveles de energía carac-
terísticos de un átomo. La consecuencia más importante del estudio de la mecánica cuántica es
el papel que juega el Observador en la naturaleza de la realidad. David Bohm, en su libro *La
Totalidad y el Orden Implicado* (Barcelona, Editorial Kairos, 1992), dice: «Antes bien, el
énfasis primordial está puesto ahora en la totalidad indivisa, en la cual el instrumento que observa es inseparable de aquello que está observando». Algunos físicos cuánticos modernos, tomando seriamente el papel del Observador, están explorando la relación y el papel de la
conciencia en el mundo material. Ver *The Self-Aware Universe*, por Amit Goswami, New
York, Tarcher/Putnam, 1995.

Ahora, la ciencia llama a esto el «efecto del Observador» hasta el punto de que empezó a comprender algo más, algo que es importante para entender esto (Punto Cero) y esto (conciencia de reflejo). Llegaron a la conclusión, por ejemplo, de que los electrones de un átomo de hidrógeno están en órbita, porque cuando los estudian ven diferentes trayectorias alrededor del núcleo. Cuando descubrieron que el Observador siempre afecta las partículas, llegaron a la conclusión de que no había partículas orbitando alrededor del átomo, sino que más bien era una nube de electrones. En otras palabras, era nada más que una nube moviéndose de esta manera. Y tenían razón. ¿Sabes cuándo descubrieron el electrón? Cuando esperaron encontrarlo ahí. ¿Te gusta eso?

Así que imagina lo que hacen todos esos átomos cuando uno les da la espalda. Imagina una mesa de billar. La miras, y todas las bolas están allí, pero les das la espalda y se difuminan. Pero si te das de nuevo la vuelta para mirarlas, regresan a lo normal. Así es como es. ¿Cómo sabes que la Tierra todavía está ahí cuando vas a la cama de noche? ¿Cómo sabes que estás aquí? Este es un gran salto para la ciencia porque, si esto es correcto, tienen que dar el próximo paso y decir que tú estás creando la vida. ¿Se atreven los científicos a decir eso? Los quemarían vivos, o los pondrían frente a un pelotón de fusilamiento. Eso es herejía, pero es la verdad.

De modo que si esto es cierto, la mente del hombre o la mujer más humilde está sosteniendo una forma continuamente. ¿No sabes lo que es una ley? Una ley dice que tienes que obedecer la forma, y violarla sería ir en su contra. Estás funcionando con una ley de consenso. Estás de acuerdo en que así debe ser. ¿Cuántos de vosotros entendéis?

Cuando Yeshua ben Joseph estaba llevando su mente hasta un estado elevado para mantenerla allí, realmente no era de este mundo, pero en verdad, como se ha dicho, estaba en este mundo. Su Yo espiritual procedía de aquí (sexto plano), mientras que su yo físico permanecía aquí (primer plano). Y sólo al llegar aquí (sexto plano) fue que tuvo que morir —la prueba mayor—, tuvo que aceptar la muerte como iniciación final. ¡Vaya prueba final! ¿Cómo se desafía la muerte? Primero, hay que morir, de otro modo no sería una prueba, ¿verdad?

Imagina cuán aterrador es eso. Ninguno de vosotros está todavía en esa posición. Pero imagina cómo sería desarrollar a Dios en su totalidad en este plano. ¿Cómo haría Yeshua eso? La última prueba consistía en que tenía que aceptar la muerte enfrente de todos. Y tan poderosa era su mente en lo que él llamaba «el Padre dentro de mí», dentro de él —el Padre dentro de él era esta entidad (Punto Cero) que todos tenemos—, era tan poderoso que permitió que el cuerpo muriera y se descompusiera. Luego, en el momento apropiado, iba a restablecer la relación con el cuerpo. ¿Es posible eso? Estudiantes, ¿es posible eso? De acuerdo con lo que han dicho los científicos en cuanto a lo que hacemos con las partículas, ¿es posible? En verdad lo es.

Entonces, ¿cuál es el pretexto? El pretexto es que estamos tan aterrorizados de la vida que nunca vivimos. Estamos tan aterrorizados de morir que nunca vivimos la vida. Ninguno de los aquí presentes tiene la capacidad de hacer eso, porque ninguno ha formado una pared de realidad tal que, «aunque mi cuerpo esté muerto, yo lo resucitaré». Nadie lo ha desarrollado porque no han vivido todavía. Entonces imagínate qué clase de cuerpo tenía él. El cuerpo pasó a la corrupción física durante tres días, y luego él regresó. ¿Qué fue lo que regresó? ¿Ves el dibujo de la tríada que hicimos?[7] Cuando ayer te dije que bajamos involucionando hasta llegar a este tiempo, es verdad, lo hicimos. Todos tenemos un eco, o sea, que contribuimos con la atmósfera y con la mente de cada uno de los siete niveles. De modo que ya tenemos un cuerpo que existe en cada uno de esos marcos de tiempo. Ya está allí. Es difícil de creer. ¿No es así?

Pero tenemos un cuerpo aquí en la forma física, y tenemos un cuerpo en cada uno de los otros seis niveles. El cuerpo que dejamos atrás es un eco, una mente; está enrollado. Está enrollado esperando que lo desenrollen, igual que está enrollada esta pequeña entidad de aquí.[8] Tenemos acceso a uno de esos cuerpos en el momento en el que nos enfocamos con un nivel de aceptación igual a uno de esos niveles. Y cuando lo hacemos, empezamos a desenrollar la atmósfera en ese nivel, y eso se convierte en el flujo de conciencia que entra en el cerebro por su parte posterior, llamada cerebro reptiliano. Es un flujo de mente y llega directamente hasta

---

[7] Ver fig. 8.
[8] Ver fig. 10.

aquí y activa las neocortezas. Ese lugar es tan familiar cuando se accede a él, que te preguntarás por qué lo olvidaste. Pero al momento de dejarlo pensarás que es un sueño, porque se habrá enrollado de nuevo hacia otra atmósfera.

Fig. 17: Siete Cuerpos Envueltos Uno Dentro del Otro

Todo ser humano tiene siete cuerpos que están envueltos en este cuerpo (cuerpo físico) y brillan en lo que se llama el campo áurico que se extiende hasta las puntas de tus dedos. Los siete cuerpos están envueltos dentro de la materia bruta que compone la encarnación física que tienes ahora. Durante diez millones y medio de años has estado viviendo en esta línea de tiempo, y hace 455.000 años tuvimos un cambio brusco en esto (el cerebro) y solamente lo desarrollamos hace unos 40.000 años. De modo que todos los cuerpos han estado en una rueda de encarnación que nunca ha avanzado más allá del tercer nivel. Ahora, ¿qué significa eso? Que en cada vida, hemos tenido en su totalidad dentro de nosotros cuatro cuerpos radiantes. Al morir estamos en el tercer cuerpo, y envueltos en el cuerpo de luz hay otros cuatro cuerpos, otras cuatro frecuencias. Ir a la luz no es el final de la historia; es solamente un lugar familiar. Pero envueltos dentro del cuerpo de luz radiante hay otros cuatro cuerpos que tienen acceso a niveles de tiempo diferentes. Ellos son el vehículo para llegar allí. ¿Comprendes?

LA RESURRECCIÓN DE CRISTO
Y LOS SIETE NIVELES DE CONCIENCIA

En tu vida pasada no llegaste más lejos que hasta la luz. Allí, antes de regresar a esta encarnación, repasaste tu última vida. El repaso tuvo lugar en tu cuerpo de luz. Éste repasó, desplegó toda la energía, y te dio una pantalla viva para que vieras lo que hiciste, quién fuiste, lo que lograste, cómo evolucionaste, y en qué no evolucionaste. Simplemente desenrolló la energía y le permitió ejecutar el programa. Entonces, después de decidir regresar aquí, estabas pensando con un cuerpo de luz, no con uno humano. Pero todavía tenías el conocimiento de que podrías haber hecho mejor las cosas con el cuerpo físico. ¿No te parece interesante que las entidades que van a la luz hablan de cómo vieron su vida y la observaron con un juicio cognitivo? Ellos no tenían este cerebro. ¿Cómo pudieron formarse una opinión sobre lo que vieron? Porque sí tenían un cerebro. ¿Y cuál era ese cerebro? No era este tejido gris de aquí arriba, sino un cerebro igual al cuerpo que estaban habitando.

Cuando mueres, inmediatamente vas al infrarrojo. Es el reino psíquico. Desde ahí aparece un haz de luz, bajas por él, y realmente te mueves desde el extremo inferior hasta el extremo superior del infrarrojo. Entonces llegas a la luz. ¿Quién es la luz? Tú. Es allí donde ves todo.

Mientras estás tomando una decisión en cuanto a tu vida física, hay otras cuatro vidas potenciales o cuerpos que están envueltos en la luz. Pero tú sigues aceptando regresar a éste. ¿Cuántos entendéis?

De modo que nunca has cambiado esos otros cuatro cuerpos (sellos superiores). Están escondidos. Siempre cambiamos el cuerpo de luz, porque es muy semejante al que ocupas en este momento, excepto que es más joven y más saludable. ¿Por qué es semejante al cuerpo que tienes hoy? Porque el que tienes hoy no sería como es a menos que tuviera un campo de luz a su alrededor que le proporcionara la mente para ser así. De modo que siempre estamos reciclando el cuerpo de luz, el infrarrojo y el físico, pero aún nos falta utilizar los cuerpos escondidos de los cuatro reinos superiores. Presta atención; te voy a dar mucho conocimiento.

Todos estos cuerpos están dentro de ti y a tu alrededor. Mira tu mano y piensa en el campo atómico que discutimos antes. Piensa en esto. El campo irradiado por un átomo individual es igual al campo irradiado por cada uno de esos cuerpos. En otras palabras, cada átomo de tu mano es el compuesto de siete niveles de tiempo. ¿Entiendes? Así que la mano es el producto de siete niveles condensados en esto (materia física). Pero ¿qué tal si pudiéramos desafiar esa realidad? ¿Qué tal si desafiáramos el aspecto que tiene nuestro cuerpo y lo viéramos de otra forma? ¿Sería posible hacerlo? ¿Estás de acuerdo? Por supuesto que lo es. Verás, la mecánica cuántica no dice: «Esto funciona para los electrones, pero no para ti». El campo que rodea tu cuerpo tiene dentro de sí los siete cuerpos que están escondidos dentro de tu propio tejido. Cuando éste muere, se desprende de un cuerpo al principio; ese cuerpo es el infrarrojo. Pero dentro del infrarrojo están contenidos todos los otros cuerpos, y continúas desprendiéndolos por capas. ¿Comprendes?

¿Qué tiene que ver esto, esto, esto y esto (los cuatro cuerpos superiores) con la transformación de Yeshua ben Joseph en un Cristo? Él tenía que probar que estaba entrando en el reino superior de Dios, y lo había probado de todas las maneras posibles con todos los milagros que hizo y las enseñanzas que impartió. Pero había una sola cosa que aterrorizaba a todos los hombres en sus corazones: la muerte. Los judíos helenistas de la época eran los únicos que creían en la reencarnación. Los judíos de Abraham no lo creían. Ellos creían en el infierno, que era un aspecto aterrador, y que simplemente significaba una tumba profunda en la cual serían desmembrados.

Yeshua ben Joseph tuvo que mostrarle a una cultura que había vida después de la muerte. Y la forma como tuvo que hacerlo fue sacrificando su propia vida. Tuvo que desprender esta conciencia de aquí (primer sello) y esta de aquí (segundo sello). Y tuvo que permitir que el cuerpo muriera, y recorrer todo el camino desplegando todos los cuerpos hasta llegar aquí (séptimo sello) y decir: «Mi Padre y yo somos uno». Él está diciendo: «Mi mente ya no es de la casa de David en estos tiempos terribles. Mi mente es mi Padre interior», que es esta mente, la mente primigenia. Y tuvo que desprenderse de cada uno de esos cuerpos, incluso el de luz. No lo podía mantener, tenía que quitarse el cuerpo de luz para manifestar el Cuerpo Azul™. Tenía que quitarse el Cuerpo Azul™, que es Shiva, para manifestar el cuerpo dorado. Tenía que quitarse el cuerpo dorado y llegar hasta el rosado, y de ahí tenía que pasar a lo Infinito Desconocido. Y sólo cuando hizo esto llegó a ser incorruptible.

Fue a partir de este estado (séptimo plano) desde donde resucitó su cuerpo y le dio vida. Le dio vida eterna. En otras palabras, su cuerpo físico estaba vibrando casi a la frecuencia de la luz. Y él lo mantuvo a un nivel bajo solamente para poder interactuar con la gente y entregarle una última enseñanza. ¿Por qué radiaba su cuerpo de una forma tan rápida? Porque es allí donde estaba su conciencia. Dios era ahora hombre. Él levantó su cuerpo y reconstruyó su masa física, pero lo hizo desde el lugar de Dios, de modo que estaba vibrando muy rápidamente. Y cuando partió, ¿adónde se fue? Simplemente siguió aumentando su frecuencia. En otras palabras, empezó a girar sus átomos y el giro se colapsó hacia dentro, al interior del núcleo y empezó a girar. Y todo el tiempo —todo el tiempo— mientras hacía esto, el giro permitió que cada una de sus partículas fuera al espacio libre. De modo que estaba desenvolviendo los siete cuerpos. Y cuando desapareció, lo hizo en la luz.

Ahora, fue sólo entonces que lo llamaron el Cristo, el Resucitado. Esa fue su última prueba. Esto significó que su conciencia tuvo que ser una con esto de forma tan absoluta que ni siquiera la muerte pudo desafiar esa mente. Y por eso existen ahora un gran mito, una leyenda y una religión alrededor de esta entidad. Pero lo que nunca te han contado es que no es Jesús quien va a salvar tu vida, sino que él fue un maestro que demostró el poder de Dios en el hombre, y que si alguien tenía los ojos para verlo, lo comprendería. Y si alguien tenía los oídos para escuchar, se le ofrecía el mensaje, y tenía que ser lo suficientemente simple para comprender la transmutación del espíritu humano hacia la eternidad. Y eso se demostró. Y no solamente con él, sino que se demostró en cada cultura a través de los eones, porque la gente olvida con mucha rapidez.

¿Entonces qué tenemos ahora? Tenemos una religión basada en que

Jesús es el único hijo de Dios, lo cual no tiene sentido porque todos son hijos e hijas de Dios. Él no es el único. Y no te puede salvar. Si pudiera, lo habría hecho en el primer siglo. ¿Comprendes? Pero este es su mensaje. ¿Y por qué él no les enseñó esto a sus discípulos? Porque eran hombres simples. Eran pescadores, cobradores de impuestos; eran gente como tú. ¿Cómo podía enseñarles esto? No podía. Todo lo que pudo hacer fue enseñarles mediante parábolas y acciones. Y él dijo: «Cree. Si tu ojo te miente, arráncalo. Si tú crees y tu brazo se vuelve contra ti, córtalo». Eso era una analogía para decir: no importa lo que tu cuerpo físico haga, no es la verdad. ¿Comprendes?

VII
El Kundalini
y los Siete Sellos

~≈≋≈~

Los Siete Sellos

Cada uno de vosotros tiene esta misma tríada dentro de sí, y el poder que está alrededor de tu cuerpo está envuelto no sólo alrededor de tu cuerpo, sino dentro de él.[1] El cuerpo humano con su cerebro contiene siete centros, que no son chakras, se denominan sellos. Un chakra es un punto donde se cruzan dos líneas de energía. Estos centros se llaman los siete sellos. Cada uno de vosotros los posee. Equivalen a esta pirámide de aquí. ¿Y qué tan sencillo es esto? Significa que lo que es importante para ti es el lugar donde se situará tu energía. ¿Y para cuántos de vosotros en este auditorio lo único importante en la vida es vuestra sexualidad, que está aquí (primer sello), la procreación, el dolor y el sufrimiento, que están aquí (segundo sello)? Os gusta sufrir y hacer sufrir a otros, sois criaturas belicosas. O sois criaturas poderosas; sois tiranos, tiranos y víctimas (tercer sello).

Estas actitudes tienen que ver con estos vórtices de aquí (tres primeros sellos). Se llaman sellos, y todo el mundo en este salón los tiene abiertos. ¿Qué significa esto? Que las energías de los tres primeros cuer-

---

[1] Ver fig. 8 y 18.

pos están funcionando en este nivel, en este plano tridimensional terrestre con su flujo de tiempo, porque para poder existir aquí es necesario tenerlos abiertos. A diario ellos transfieren energía, la cual se abre en tu cuerpo de acuerdo con lo que pienses. Nada más imagina esto: Yeshua ben Joseph nació del primer sello. Creció, vivió su juventud con su primer sello activado, con el segundo activado y, en su última prueba de 40 días en el desierto —su Boktau[2a]— se puso a prueba su poder mediante el maltrato (tercer sello). Ahora, en este plano, nadie va más allá de ahí, y esto no es para degradar la inteligencia. Puede haber una persona de una neocorteza brillante, pero su energía solamente está aquí (primer sello). La brillantez de la neocorteza, por lo general, actúa de conformidad con los poderes establecidos, así que esta energía está abierta únicamente aquí (tres primeros sellos).

Pensemos en Yeshua ben Joseph. Para poder curar al ciego, él tuvo que utilizar la energía de los cuatro sellos superiores, no la de los tres inferiores. Para poder ejecutar un milagro aquí en la Tierra, tuvo que abrir, desarrollar y manifestar su mente del quinto nivel, o sea la mente que existe en los reinos superiores. ¿Qué significó eso? Que en el momento del milagro toda su energía estaba situada aquí (sellos superiores), no aquí abajo (tres primeros sellos).

Hoy en día tu cuerpo tiene siete sellos. Y tienes un dibujo; tenlo a mano.[2b] Este dibujo representa la forma en que se mantiene unido el cuerpo físico de acuerdo con estas puertas (tres primeros sellos). De los tres primeros centros de cada ser humano sale energía en forma de espiral. Ahora, si ésta es la energía que sale hacia fuera en pulsaciones, si esta es la energía que se manifiesta en forma de sexualidad, dolor o poder —estira tus brazos otra vez—, ¿a cuántas personas afectas con esa actitud? Mira a tu alrededor. ¿Soy claro? Que así sea.

Ahora, si pudiéramos desbloquear los sellos superiores, activaríamos esto (las cuatro bandas de frecuencia superiores) y activaríamos esto (los cuatro niveles superiores de conciencia). Al hacer esto, podríamos cambiar

---

[2a] Ver *Boktau* en el Glosario.
[2] Ver fig. 18.

FIG. 18: LOS SIETE SELLOS QUE CONFORMAN LOS SIETE NIVELES DE CONCIENCIA EN EL CUERPO HUMANO

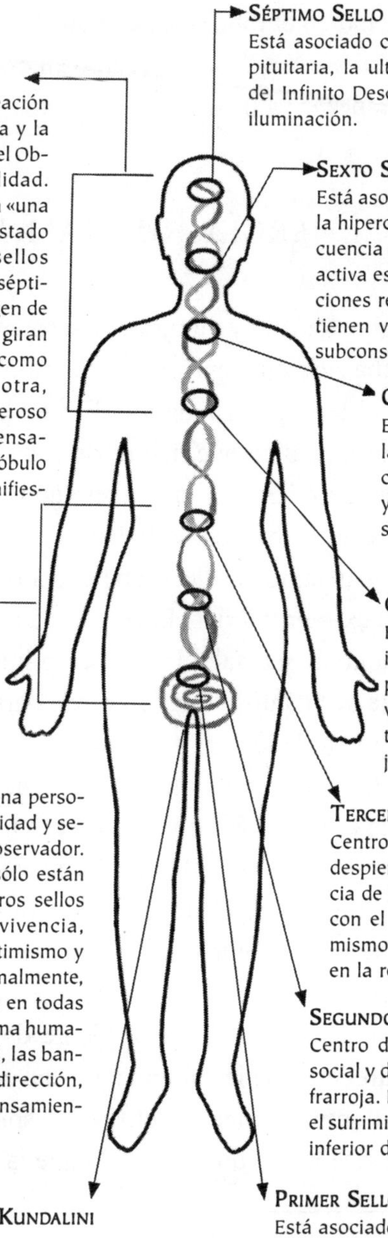

MENTE ANALÓGICA
Es el resultado de la alineación de la conciencia primaria y la conciencia secundaria, del Observador y la personalidad. Mente analógica significa «una sola mente». En este estado mental se abren los sellos cuarto, quinto, sexto y séptimo, y se disuelve la imagen de la dualidad; las bandas giran en dirección opuesta, como una rueda dentro de otra, creando un vórtice poderoso que permite que los pensamientos alojados en el lóbulo frontal se coagulen y manifiesten.

SÉPTIMO SELLO
Está asociado con la coronilla, la glándula pituitaria, la ultraconciencia, la frecuencia del Infinito Desconocido y el alcance de la iluminación.

SEXTO SELLO
Está asociado con la glándula pineal, la hiperconciencia y la banda de frecuencia de rayos Gamma. Cuando se activa este sello, se abren las formaciones reticulares que filtran y mantienen velado el saber de la mente subconsciente.

QUINTO SELLO
Está asociado con la glándula tiroides, la superconciencia, la frecuencia de rayos X, y con hablar y vivir la verdad sin dualidad.

CUARTO SELLO
Está asociado con el amor incondicional, la conciencia puente, la frecuencia ultravioleta, y la glándula del timo y sus hormonas de rejuvenecimiento.

TERCER SELLO
Centro de energía de la conciencia despierta y de la banda de frecuencia de la luz visible. Está asociado con el control, la tiranía, el victimismo y el poder. Está localizado en la región del plexo solar.

SEGUNDO SELLO
Centro de energía de la conciencia social y de la banda de frecuencia infrarroja. Está asociado con el dolor y el sufrimiento, y se localiza en la zona inferior del abdomen.

MENTE BINARIA
Es la mente que genera una persona cuando vive en la dualidad y separada de su Dios, el Observador. En este estado mental, sólo están activados los tres primeros sellos de sexualidad y supervivencia, pena y sufrimiento, y victimismo y tiranía. Estos sellos, normalmente, están en funcionamiento en todas las complejidades del drama humano. En este estado mental, las bandas giran en la misma dirección, repitiendo los mismos pensamientos del pasado.

ENERGÍA KUNDALINI

PRIMER SELLO
Está asociado con los órganos de reproducción, la sexualidad, la supervivencia, la subconciencia y la banda de frecuencia hertziana.

toda la realidad y producir una mente elevada para recrearla. Ahora quiero que tomes el dibujo que muestra los siete sellos en el cuerpo.[3] Quiero que lo pongas enfrente de ti. Toma tu mano derecha y colócala en el punto del cuerpo que indica el dibujo. Luego quiero que leas la descripción de cada uno de estos sellos. Toca el cuerpo en esa parte, haz contacto con ella. Puedes empezar ya mismo.

La Energía Kundalini

Quiero que tomes un color rojo y dibujes una serpiente durmiente debajo del primer sello; una serpiente enroscada y durmiente.

¿Has escuchado el término Kundalini? El kundalini es un término viejo que en la ley antigua dice que dentro de cada ser humano está la serpiente o el dragón durmiente. Y que el dragón o la serpiente es la energía de la vida, y está enroscada en la base de la columna vertebral. Las enseñanzas antiguas también dicen que cuando se despierta la serpiente suceden cosas extraordinarias. Esta energía no es la misma energía responsable de aquella que sale de los tres primeros sellos. Esta es como un gran paquete de cuantos. Está reservada para algo muy especial que está escondido y guardado para la evolución humana. Se dice que cuando la serpiente despierta, se divide. Entiende que la columna vertebral es lo que permite que toda la información eléctrica del sistema nervioso se transmita a todo el cuerpo. De modo que para la columna y para esta energía es muy importante el trayecto que va desde la base de la columna hasta la parte frontal de lo que se llama el lugar silencioso —la parte frontal de la neocorteza—, y este trayecto se llama el viaje, y es el viaje hacia la iluminación. Cuando la serpiente despierta, se divide y comienza a danzar alrededor de la columna. Es una energía poderosa que sube y baja por la columna, ionizando el fluido espinal y cambiando su estructura molecular. De modo que a medida que la serpiente sube dan-

---

[3] Ver fig. 18.

zando por la columna, cambia el patrón básico del ADN en todo el cuerpo. Es más, la finalización del viaje indica que la energía de la serpiente se ha movido hasta esta parte del cerebro (cerebelo inferior).

El cerebro reptiliano rodea el tallo cerebral superior en un área llamada la formación reticular. Quiero que observes esto en tu dibujo.[4] Se asemeja a una malla de telarañas. Escúchame con atención: el asiento del subconsciente no está en el cerebro medio; está en el cerebro reptiliano. El subconsciente se encuentra aquí (cerebelo inferior). Es más, la formación reticular, como la ves en tu dibujo, es realmente una línea arterial de interruptores que permite que cierta información vaya y fluya hasta la neocorteza. Es una computadora, y cualquier cosa que se programe para que haga, se hará realidad, afectando al cuerpo de una manera especial. De modo que cuando la energía Kundalini de la serpiente o dragón sube por la columna, está ionizando con energía polarizada todo el fluido que sube y baja por la columna. Cuando la serpiente llega a la formación reticular, enciende todos los interruptores. ¿Qué quiere decir eso? Que se abren de par en par las puertas del subconsciente. Podemos decir también que la energía —como un conquistador dinámico que marcha, destruye y prende fuego a todo lo que ve en su camino— es la marcha del Kundalini.

Cuando llega a la sección del cerebro medio, hay una entidad llamada el tálamo. En términos antiguos se llamaba «el guardián de la puerta». El mito y el saber popular piensan que el guardián es San Pedro, pero no es así. Es San Tálamo. La energía Kundalini hace que esta puerta se abra. Ahora, el tálamo es decisivo en la sección media del cerebro porque también es el protector de la glándula pineal, y más adelante vamos a aprender un poco más sobre ella. Pero el tálamo es el lugar donde todas las líneas arteriales de las terminaciones nerviosas se encuentran con todas las fibras de la formación reticular; es una central de interruptores. Cuando el Kundalini abre esta energía, todo lo que había estado escondido en forma de subconsciente fluye ahora libremente a un punto específico del cerebro llamado lóbulo frontal. ¿Por qué es esto tan crucial? Porque cuando el

---

[4] Ver figura 20.

Kundalini abre los interruptores y las entradas, permitiendo que el conocimiento antiguo salga a la superficie, lo que en realidad está permitiendo es que tu mente subconsciente tenga acceso total a tu mente consciente.

Al Kundalini lo llamamos la contribución a la iluminación total, porque la iluminación total significa que llegas a escudriñar más allá del velo, conoces lo que nunca se ha conocido y, en un momento, experimentas todo lo que existe. Y, en un momento, sabes todo. En un destello deslumbrante de luz puedes ver inmediatamente todas las vidas que has tenido y las que tendrás. Y de inmediato, todo se sabe. ¿Cómo es eso posible? La energía Kundalini o la fuerza del dragón del Cercano Oriente, situada aquí (base de la columna) está codificada. Se colocó allí como combustible de cohete para la iluminación. ¿Cómo describo esta energía en función de la tríada? ¿Cuál de todas estas energías es el Kundalini? Ninguna. Hagamos esto: ¿recuerdas cuando te traje desde este punto (Punto Cero), donde fuiste creado por el Vacío, y luego te contemplaste a ti mismo y creaste el primer nivel? ¿Lo recuerdas? Recuerda que caímos recorriendo todo el camino hasta el primer plano, la realidad tridimensional. Es ahí donde estás ahora. También te dije que la conciencia del cerebro humano oscila como un péndulo; tiene que hacerlo para poder soñar.

En la oscilación del péndulo —igual que en el vaivén de la conciencia humana— hay un momento mágico, que incluso la ciencia ahora admite: hay un momento en el que hace una pausa. Vamos, oscilemos un momento como el péndulo:[5] negativo/positivo; no/sí; inferior/superior; oscuro/claro. Hagámoslo ahora en cámara lenta. ¿Hay un momento en que el movimiento de esta mano no va ni hacia adelante ni hacia atrás? ¿Hay un momento en el que se queda quieta? ¿Cuántos estáis de acuerdo? Sí lo hay. Es el momento en el cual las dos manos se unen.[6] Al colocar ambos niveles de conciencia en alineación, lo llamamos un Ahora Eterno; es el centro del imán. En ese momento hay una fuerza dinámica de energía que la conciencia de reflejo le refleja al Dios. Es como en un

---

[5] Ver fig. 11.
[6] Ver fig. 12.

túnel. Esa energía del túnel es exactamente lo que es el Kundalini. Muy rara vez esta energía se despierta de su sueño en la conciencia humana, porque la mayor parte de los humanos tiene esto clausurado y está haciendo esto (el vaivén).[7] ¿Comprendes? En otras palabras, saber absolutamente todo, estar enfocado completamente, ser totalmente ajeno a tu humanidad es un momento muy peculiar. Eso sólo sucede cuando tenemos dos niveles de conciencia funcionando: el Observador y el hacedor. ¿Comprendes? Ahora, si despertamos esto (energía Kundalini) y nos enfocamos, el campo de fuerza que está entre estos dos (puntos de conciencia) es como un imán poderoso. ¿Comprendes?

Te estoy diciendo esto en términos infantiles y muy sencillos. Siempre que sueñas, tu conciencia ha salido (vaivén hacia delante); está soñando. Cuando termina el sueño se supone que debe hacer este movimiento (alineación). En otras palabras, es un espejo. Ha capturado el dibujo[8]; ¿correcto? Su impulso natural es cerrarse así. La pirámide se colapsa hasta Punto Cero. Esto significa que para poder afectar la realidad tenemos que llevarle nuestro dibujo a Dios, de modo que el tiempo se cierra, y no estamos en ningún lugar; desaparecemos por un momento. Cuando estos se separan, mira lo que sucede. Hemos cerrado la pirámide. Ahora estamos jalando este vacío, esta energía, hacia abajo. ¿Qué es lo importante en esto? Lo importante es nuestro sueño con su programa nuevo para la energía, y estamos jalando la energía hacia abajo con un pensamiento mental. Entonces cada uno de nuestros cuerpos —cada átomo de nuestro cuerpo— se reorganiza y se reprograma de acuerdo con este sueño. ¿Comprendes?

De modo que somos capaces, por naturaleza, de soñar y enfocarnos de esta manera en el Ahora. Solamente existe eso (el Ahora). Cuando esto se logra, la energía que sube por el cuerpo produce un estado de euforia, que sucede cuando despierta el dragón, cuando se produce la alineación. Cerrarlo; llevarlo de regreso; es el destino. Llevarlo de regreso; separarse.[9] La serpiente ahora ha programado toda la estructura celu-

---

[7] Ver fig. 13.
[8] El dibujo del sueño en el que nos queremos enfocar y manifestar.
[9] Ver fig. 13.

lar y se está colapsando para tomar forma hasta llegar aquí (primer plano). Se separa, y en el siguiente momento se reforma la realidad. Así es como funciona. **Vuélvete a tu vecino y explícale brevemente qué es el Kundalini. ¿Comprendes?** ¿Cuántos de vosotros entendéis filosóficamente lo que es el Kundalini? Es una energía que existe solamente en la alineación total del Ahora. Sólo allí existe esa energía.

Ahora, ¿cuántos de vosotros reconocéis este dibujo?[10] ¿Qué es? El caduceo. ¿Qué representa este símbolo? La salud. ¿A qué se parece? El asta se parece a la columna vertebral; la esfera en la parte superior representa el cerebro. Hay dos serpientes enroscadas que se complementan entre sí y miran hacia la esfera. Similar al Kundalini, ¿no es así? ¿Y qué hay de las alas en la esfera? ¿Qué representan simbólicamente? La libertad. No es un accidente que el caduceo —que representa la salud total y el bienestar— esté representado en la profesión médica, sólo que se les olvidó lo que significa.

FIG. 19: EL CADUCEO

Este símbolo de la antigüedad nos dice que cuando nos movemos hacia el Ahora con un enfoque en salud radiante —y si podemos sostener el Ahora— eso es exactamente lo que sucede, y nos sanamos. La única forma de sanarnos es poder subir esta energía para que empiece a rodear la columna, recorriendo todo el camino hasta llegar a la cabeza, y ionizando, en su trayecto, el campo magnético que va creando. Así se cambia el giro nucleónico de todos los átomos que componen nuestro cuerpo y se reorganiza el ADN. ¿Has oído de gente que se ha curado a sí misma con la mente? Lo hicieron de esta forma.

---

[10] Ver fig. 19.

EL CEREBRO

Ahora quiero que tomes tu dibujo del cerebro y que leas los nombres en voz alta, para ti mismo, y que te asocies con cada parte del cerebro. Mira tu dibujo. Cerebelo inferior. Ahora detengámonos un momento. Anteriormente se pensaba que la glándula pineal era el asiento del alma. No lo es. Continuemos. San Tálamo. Mira tu dibujo. Si quieres llamar a esto un «hipopótamo», puedes hacerlo, para mí está bien, es el hipocampo. La amígdala.

FIG. 20: EL CEREBRO

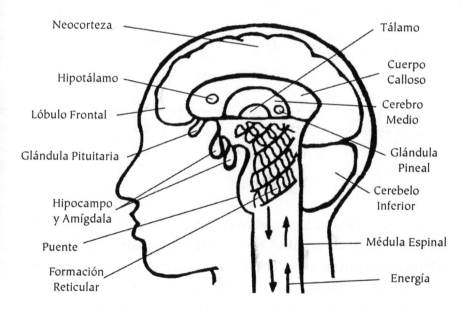

Neocorteza

Hipotálamo

Lóbulo Frontal

Glándula Pituitaria

Hipocampo y Amígdala

Puente

Formación Reticular

Tálamo

Cuerpo Calloso

Cerebro Medio

Glándula Pineal

Cerebelo Inferior

Médula Espinal

Energía

Este el dibujo en dos dimensiones y en estilo de caricatura que Ramtha usó originalmente para enseñar la función del cerebro y sus procesos. Aclaró que en este dibujo las diferentes partes del cerebro están exageradas y coloreadas para facilitar su estudio y comprensión. Este dibujo en particular se convirtió en la herramienta estándar de todas las enseñanzas posteriores acerca del cerebro.

Ahora echemos un vistazo a este dibujo con el que te has familiariza-
do y cuyas partes has trazado.[11] Hagamos lo siguiente. Esta es una línea
de tiempo. Debajo de este dibujo tracemos una línea de tiempo. Y puedes
empezar aquí con el número uno. Este es tu primer día aquí (primer plano). Quiero que hagas una línea más o menos por aquí y que escribas la
fecha 455.000 años. Ve un poco más allá y haz otra línea; pon como fecha
40.000; haz otra línea y pon 35.000, y enfrente de eso —¿cómo llamas a
éste, tu año?— y pon allí esa línea de tiempo: día uno, 455.000 años,
40.000 años, 35.000 años, y hoy. Ahora, debajo de la línea de tiempo
quiero que escribas diez millones y medio de años. Ahora hablamos del
tiempo como una flecha, lineal. Miremos el punto donde comenzó la
flecha, desde dónde vino.[12]

Fig. 21: La Flecha del Tiempo

Flecha del Tiempo

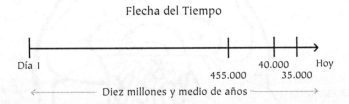

Si miramos en este lapso de tiempo (anterior a 455.000 años), el cerebro humano era muy diferente. No estaba la denominada amígdala. Estaba
el hipocampo, pero no estaba el lóbulo frontal que conocemos, o la neocorteza. Veamos qué tan grande era el cerebro con anterioridad a hace 455.000
años. ¿Cuántos de vosotros habéis visto cráneos de homínidos de la anti-

---

[11] Ver fig. 20. Véase también la pintura de Miguel Ángel *La Creación de Adán*, de la Capilla
Sixtina en el Vaticano. Ramtha explicó que Miguel Ángel comprendió la función del cerebro
en la creación de la realidad. Esta famosa pintura retrata a Dios llegando hasta el hombre
desde el lóbulo frontal del cerebro. El manto verde debajo de Dios y de los ángeles representa
la médula espinal y ayuda a reconocer la imagen del cerebro en esta pintura.
[12] Ver fig. 21.

güedad? Ahora, imagina por un momento qué tan pequeña era la parte posterior del cráneo. ¿Recuerdas? La parte posterior del cráneo terminaba donde está el cuerpo calloso. Así que todo lo que había era el cerebro medio y el reptiliano. Eso fue antes de hace 455.000 años. No tenía nada de malo puesto que era el cerebro original. Se llama cerebro reptiliano porque data de aquello que se llama la era reptiliana, y ha existido por lo menos desde entonces. Pero no lo confundas con el cerebro de un reptil, aunque se podría discutir que algunas personas han actuado de esa forma.

Ahora, este es el tallo cerebral; usemos el brazo como ejemplo.[13] El puño representa la sección del cerebro medio. Ahora toma la otra mano y apriétala muy fuertemente alrededor de la muñeca. El cerebro reptiliano o cerebelo inferior tiene un agarre muy fuerte sobre la columna vertebral. En otras palabras, toda la información que va del cerebro al cuerpo —y toda la información que va del cuerpo al cerebro— es editada por este cerebro (cerebelo inferior). Este fabuloso cerebro homínido era mucho más espectacular de lo que hemos creído. El ser humano tenía un aspecto muy diferente al que tú tienes hoy, especialmente en el cráneo y cráneo inferior. Pero este cerebro lo has tenido desde el principio, lo hemos llevado con nosotros a lo largo de la evolución. Este es el cerebro con el cual teníamos acceso a todos los niveles de energía cuando llegamos por primera vez a este cuerpo. El tejido de este cerebro es muy diferente al de la neocorteza. Supongamos que con una navaja extraemos un pequeño trozo del material de este órgano, y lo observamos con un microscopio. Ese pequeño corte del cerebelo inferior tiene más tejido, más átomos, que toda la neocorteza junta.

Entonces este órgano granuloso y de color oscuro es el transmisor y receptor de todos los niveles (los siete niveles). Así que el primer homínido era, de hecho, nosotros mismos, que trajimos con nosotros la inteligencia de los otros seis cuerpos y, a través de este mecanismo, desenrollamos un flujo de conciencia. El cerebro amarillo, la neocorteza, no recibe un flujo

---

[13] Para ejemplificar el tallo cerebral y la sección del cerebro medio, Ramtha usa su brazo en posición vertical, con la mano cerrada.

de conciencia. Ese flujo de conciencia sólo entra por aquí (cerebelo inferior), en la parte posterior del cerebro. Así que el nuevo conocimiento lo recibimos por la puerta trasera, no a través de la neocorteza.

Este cerebro reptiliano, hasta hace 455.000 años, era nuestro transmisor y receptor de las dimensiones más elevadas y múltiples desde las cuales acabábamos de llegar. La sección del cerebro medio estaba intacta, y la glándula pineal, hace 455.000 años, era mucho más grande que la actual. Y la razón es que si el cerebro reptiliano es el asiento del subconsciente, el cerebro medio en sí es el asiento de toda actividad psíquica. Se creó para que fuera así. El cerebro medio es sensible a la radiación infrarroja; es la única parte del cerebro que es sensible a la radiación infrarroja. En otras palabras, si estás en este nivel a 8 Hz., el siguiente nivel hacia arriba se llama el reino infrarrojo. Cuando mueres estás en ese nivel. El infrarrojo, como banda, tiene un extremo bajo y uno alto en su longitud de onda. Lo hemos llamado el segundo plano de la realidad, muy alejado del lugar de donde vinimos. Esta banda se llama el reino psíquico. Los homínidos que había antes de hace 455.000 años eran telepáticos; se comunicaban como los animales lo hacen hoy. Los animales de hoy son criaturas muy telepáticas, sus cerebros son ultrasensitivos a la radiación infrarroja, y el infrarrojo es la banda psíquica.

De modo que los homínidos recibían y recolectaban el pensamiento a través de las amplitudes de banda, y su cerebro era un receptor perfecto. La glándula pineal, que a menudo llaman el alma del hombre, se llama así porque se encarga de elaborar dos neurotransmisores que son equivalentes a la conciencia en el cerebro amarillo. Uno de ellos es la serotonina. Para abreviar le diremos Sara. Ella es una chica diurna. La glándula pineal produce serotonina cuando hay luz. Piensa en la serotonina como si fuera una llave. Cuando la luz disminuye en la retina del ojo —la retina contiene las mismas células que están en la pineal—, cuando esa luz comienza a oscurecer, le indica a la pineal que deje de fabricar Sara y empiece a producir Mel. La melatonina es el segundo neurotransmisor y se produce para poner el cuerpo a dormir.

Entonces dedujeron que el interruptor que «prende y apaga» el comportamiento humano estaba situado en la cabeza y, cuando por fin se dieron cuenta de que era la pineal, expresaron: «Ah, este es el interruptor principal». No lo es.

No obstante, es la glándula del sexto sello y es de igual importancia. Porque esta pequeña glándula, de conformidad con tu ojo, tan pronto como la luz penetra por los párpados —es por eso que son transparentes, de modo que incluso si están cerrados entre luz—, cuando la luz llega a la retina, comienza a producir serotonina.

La serotonina es el neurotransmisor que te hace levantar e iniciar el día; despierta todo lo que está dormido y lo pone en marcha. Ahora, cuando la luz disminuye, la pineal cambia y produce melatonina. Es lo que te hace sentir cansado y letárgico, y te manda a la cama. Sin embargo, si la pineal es la pequeña fábrica que produce estos neurotransmisores tan importantes, hace algo más que es extraordinario: a partir de la melatonina sintetiza una droga alucinógena llamada pinolina. Escribe eso, por favor. Pinolina. ¿Qué tal suena? Suena a un alucinógeno.

Ahora, el chamán del cerebro es la glándula pineal. Después de la medianoche —aproximadamente entre la una y las tres de la mañana— pasas al estado más profundo de sueño y es cuando se registran los sueños más lúcidos. Dichos sueños se presentan únicamente si la pineal ha tenido suficiente tiempo para tomar la melatonina y transformarla en pinolina. ¿Y por qué en pinolina? Porque es el alucinógeno que el subconsciente usa para permitir que el cerebro se comunique con las esferas más profundas. ¿Entendiste esto? Ahora, aquellas personas que trasnochan no producen pinolina y, por lo tanto, se privan de esa comunicación. Esto significa que la pinolina, distribuida por la neocorteza durmiente, descarga a la inversa las neuronas y permite que esta entidad (conciencia de reflejo) hable con esta entidad (Punto Cero). ¿Entiendes? La pinolina abre la puerta hacia la mente subconsciente y, si lo hace, permite que ocurran experiencias fuera del cuerpo. Más aún, deja que lleguen visiones proféticas en la línea de tiempo y te permite pasar a niveles superiores de conciencia. La pinolina, que es un breve destello en la neocorteza, se absorbe antes de que regreses al cuerpo, y eso es todo lo que se fabrica.

Y la puerta se cierra, y regresas a tu cuerpo. ¿Entiendes? Ahora, ¿qué produce la glándula pineal? Dilo más alto. ¿Y qué hay después de la medianoche? ¿Hay algo de cierto en la historia de la Cenicienta?

Cuando el Kundalini sube y llega a esta zona (glándula pineal), inmediatamente —inmediatamente— en virtud de su alineación y energía, ioniza el ritmo de rotación del neurotransmisor serotonina. ¿Qué queremos decir cuando hablamos de ionizar el ritmo de rotación? Qué palabras raras, ¿no? Bueno, la serotonina es una molécula neurotransmisora, y todas las moléculas están compuestas de átomos. ¿Estás de acuerdo?

Ahora, los átomos que se requieren para producir una molécula llamada serotonina se pusieron de acuerdo para formar una asociación en la cual las rotaciones están relacionadas entre sí. Juntos intercambian electrones, cambiando así la masa, la que a su vez cambia su propiedad química. Entonces, si tenemos una molécula de serotonina —y luego una corriente caliente de Kundalini y un poderoso campo magnético de Kundalini que recorre esta molécula— esa energía invierte la rotación de esa molécula, cambiando así sus características. La molécula se descompone y se reorganiza en su cuerpo más elevado, nunca en el más bajo. Y el potencial molecular más elevado de la serotonina es la pinolina.

Entonces esta energía sube hasta el cerebro medio y abre la puerta de San Tálamo. La energía se mueve y empieza a producir descargas simultáneamente en los dos hemisferios del cerebro. Todas las neuronas empiezan la «descarga» y, por medio de la pinolina, que en un abrir y cerrar de ojos cambia inmaculadamente, el cerebro es capaz de anotar y registrar las líneas de tiempo que van hacia atrás hasta un punto de eternidad. Ahora vuélvete a tu vecino y explícale lo que acabo de enseñarte acerca del cerebro. Ahora, mi hermoso principiante, ¿tienes un mejor entendimiento de lo que está en medio de tus orejas?

La glándula pituitaria es el séptimo sello. Es la corona, porque afecta de una manera directa al cerebro amarillo y acciona todas las otras glándulas comenzando desde la cabeza hacia todo el resto del cuerpo. La pituitaria hace esto mediante la secreción de ciertas hormonas, las que a su vez activan la pineal. La pineal, entonces, secreta sus hormonas y neurotransmisores y activa el resto de glándulas que se encuentran hacia abajo en el cuerpo. Si te extrajeran la pituitaria, tendrías la estatura de un enano y no vivirías mucho tiempo. Al principio, antes de hace 455.000 años, esta glándula en particular estaba cambiada. En otras palabras, no tenía la capacidad que posee ahora. En ese entonces no se necesitaba. De modo que si pudiéramos ver un holograma adecuado del cerebro del Homo Erectus de los comienzos, podríamos determinar que ese cerebro, en aquellos tiempos, no tenía el séptimo sello. El séptimo sello se convirtió gradualmente en una glándula de acuerdo con el uso de la energía.

El cerebro amarillo apareció cuando, como te he dicho, los dioses bajaron y mezclaron sus genes con los vuestros cuando erais entidades primitivas. Y el lapso entre 455.000 y 40.000 años atrás, fue lo que se necesitó para sembrar en el ADN humano aquello que se llama las diferencias del ADN de vuestros hermanos y hermanas que os proporcionaron nuevas posibilidades físicas. El primer grupo de entidades que surgió de este cruce mutante fueron los mongoles. Tenían el cabello negro y la piel color aceituna. Algunos tenían mucho pelo en el cuerpo. La variedad de color de piel, de cabello y de ojos no se presentó hasta hace 40.000 años, cuando el cerebro del Cromagnon estaba totalmente compuesto. La neocorteza grande es exactamente lo que tienen los dioses. En algunos es más grande que la del Cromagnon, pero eso fue lo que ellos te dieron. Has hecho muy poco con ella; la utilizas automática y genéticamente para manejar el cuerpo, producir el habla, mantener el equilibrio, y para la memoria. La has usado en su forma más elemental. Pero la mayor parte de la neocorteza está inexplorada, porque está esperando que suceda algo. Está esperando que ocurra una realización. Cualquier cosa que esté en el lóbulo frontal —cualquier cosa que esté ahí— se convierte en realidad, pues este lugar que está por encima de los ojos y en la frente, la ciencia lo llama el área silenciosa. Es allí donde se enfocan todos los adeptos a la meditación, es el área con la cual ellos se armonizan. Todo lo que tu cerebro coloque aquí, se convierte en ley, y como Observador afecta todos los campos energéticos, ya sea manteniendo su statu quo o modificándolo. ¿Cómo hace esto el cerebro? Este cerebro amarillo se creó para disparar imágenes holográficas; eso es el pensamiento. Cada neurona de tu cerebro está conectada a otras neuronas. Sólo para formar el color amarillo como pensamiento, se necesitan más de diez mil neuronas disparando simultáneamente para dar el color de un sol amarillo.

El cerebro se usa para crear imágenes; formarlas, crearlas, imaginarlas. El cerebro es una máquina de crear imágenes. Las neocortezas fabrican imágenes, y éstas, situadas en el lóbulo frontal, anteceden a la realidad; dan realidad, permiten la realidad. La perpetúan o la cambian. Esto es lo que la ciencia llama el Observador.

Cuando el científico concibió el truco de la luz y abrió una ranurita en la abertura del velo, lo hizo pensando en ello.[14] Ese era su plan. Él estaba siguiendo un plan de su red neuronal. Cuando logró que la luz atravesara y se mostrara sobre el velo, él sabía que había una ranura ahí. Su cerebro disparó simultáneamente todo el plan; tú lo llamas pensar. Pero cuando se presentó la corriente de pensamiento, fueron los pensamientos acerca del plan los que afectaron la luz y le permitieron pasar por la ranura hasta el lado de la pantalla negativa, pues todo lo que se sitúa aquí (lóbulo frontal) es realidad. De modo que el cerebro amarillo es un gran arquitecto cuyo trabajo es diseñar arquetlpos. Su trabajo es pensar de un modo coherente; su trabajo es proporcionarte a ti, al espíritu, la mayor cantidad de imágenes posible, porque sin ellas no colapsamos la onda para que llegue a ser partícula. ¿Comprendes?

Tomar Conciencia de Nuestros Procesos de Pensamiento

Reflexiona sobre esto un momento. ¿Qué tal si cada día fueras consciente de tus pensamientos? La mayoría no lo es. No eres consciente de la forma como hablas. Hablas como un bárbaro, como basura, algo impropio de un Dios. Ni siquiera utilizas las palabras como fuerza. Pero qué

---

[14] Ver fig. 16.

tal si durante una semana entera observaras tu modo de pensar. ¿Qué tal si llegaras a hacerlo? Ciertamente verías que la imagen que se necesita para crear la vida del modo como la estás experimentando es un tren de pensamientos. Entonces, ¿qué tal si cambiamos la imagen? Si cambiamos la imagen, cambiamos la realidad. Así de simple es. De modo que te voy a enviar un magnífico mensajero que te hará muy consciente de tu pensamiento durante una semana. Que así sea.

Cuando te dije: «Ve y piensa en tres cosas que quisieras tener», ¿qué te dije que hicieras? Dije «piensa». Entonces te sientas allí y le dices al cerebro: «Saca los archivos. ¿Qué es lo que queremos? Queremos, queremos, queremos... Vamos a ver. ¿Qué queremos? Oh, ¿queremos?». Tu cerebro está formando pensamientos. Primero se te ocurrió algo y después trataste de pensar en otras dos cosas. ¿No es interesante que tengas que tratar de pensar en lo que quieres? Si se te apareciera un genio no podrías modular palabra durante cinco minutos. Puedes tener cualquier cosa que quieras. Siempre es más seguro decir: «Si puedo tener cualquier cosa que desee, entonces quiero todo lo que desee después de esto, porque es lo único que se me ocurre en este momento».

El cerebro te proporciona imágenes. Cuando decidiste lo que querías, tuviste que instar al cerebro amarillo a que empezara a crear. Luego él te dio una imagen. ¿Y sabes qué hiciste? Pensaste sobre la imagen. ¿Sabes qué más hiciste? Juzgaste la imagen. «Oh, eso nunca sucederá, no lo merezco, es demasiado. Sé realista.» Eso es lo que yo estoy tratando de decirte: sé realista. Colocaste una imagen y luego la analizaste. ¿Cuántos de vosotros hicisteis eso? ¿Cuántos analizasteis lo que queríais? ¿No te parece que eso es un mal uso del análisis, sabiendo lo que ahora sabes? Qué tal si crearas algo, no lo juzgaras y dijeras: «Esto es lo que quiero». ¿Qué sucedería? ¿Piensas que lo obtendrías? ¿Qué sucedería si lo juzgaras? Si empezaras a analizar este holograma, ¿qué sucedería? No lo obtendrías. ¿Sabes por qué? Porque está siendo analizado. Aunque esté allí, no se le permite hacer nada porque está siendo juzgado y sopesado. Se reflexiona sobre él, se habla de él, nunca se lo deja tranquilo. Mientras esté bajo análisis, nunca se manifestará. ¿Cuántos entendéis eso?

De modo que piensa en el cerebro amarillo como un arquetipo, un distribuidor de imágenes que coloca justo aquí (lóbulo frontal). Todo lo que llega hasta aquí está de acuerdo con esta entidad (Punto Cero); siempre. Y por la puerta trasera de tu cerebro entra la energía que viene a través del Kundalini para darle a esto credibilidad total. Sin energía no va a ninguna parte. Si lo aceptas, le das la energía más poderosa. Si empezamos a discernirlo, limitamos su energía, se la quitamos.

Ahora, la gran felicidad que hay en este conocimiento es que cuando entiendas cómo funciona tu cerebro, cómo afecta la energía y la realidad, entonces te será evidente que si funciona para una cosa, puede funcionar para cualquiera. No hay ninguna ley escrita que prohíba el uso de aquello que está escondido. Tú lo creas todo. No hay nada imposible para ti, una vez aprendas esta ciencia y esta disciplina. Lo triste es que algunas personas nunca lo aplican; son demasiado perezosas. Pero funciona. Y si puedes manifestar una pluma, puedes manifestar la capacidad de ser el Cristo porque es la misma energía en todas las áreas.

Y cuando tengas la oportunidad, quiero que salgas a dar un paseo, llenes tus pulmones, que leas y que descanses. Y resume cada uno de tus tres deseos en una palabra.

Te amo inmensamente. Lo merezco. Eso es todo.

VII
EPÍLOGO

~~~≈≈~~~

Saludo al Dios dentro de ti. Que no olvidemos nunca donde vive. Hagamos un brindis.

Oh, mi amado Dios,
yo decreto
que aquello sobre lo que me enfoque
de seguro lo quiero.
Manifiéstalo inmediatamente.
Que así sea.
Por la vida.

La respiración del cuerpo representa, espiritualmente, la voluntad del espíritu. El cuerpo respira sólo cuando el espíritu está activo en el cuerpo. Cuando el espíritu se separa, el cuerpo ya no contiene el aliento de vida. Comprendemos ahora por qué en la antigüedad, para comunicarse con Dios, se usaban siempre la postura de inmovilidad y la respiración, porque la respiración es la voluntad del espíritu. Si somos, entonces, capaces de identificar la voluntad, es gracias a eso (a la respiración). La clave para generar un enfoque poderoso en una imagen es que, primero, el cerebro tiene que estar preparado. La frecuencia del cuerpo tiene que elevarse. Cuando se eleva la frecuencia del cuerpo, el cerebro se ha trasladado a la frecuencia alfa y la voluntad fluye por dentro y por fuera del cuerpo. Podemos enfocarnos en cualquier cosa y en eso se convertirá. Que así sea.

Ahora, todo lo que te he enseñado culminará con el surgimiento de lo que se llama la substancia de lo que tú eres, el Dios. Todo lo que te he dicho se enfocará en una verdad cristalina cuando se manifieste lo que hayas creado. Y si eres, en verdad, una entidad cautivada, nunca vas a olvidar este día ni lo que has aprendido. Y te enamorarás de la magia y de Dios. Y quizás, por primera vez en la vida, despertarás y te darás cuenta de todo lo que te has perdido. No hay nada que no puedas hacer, nada que te sea imposible.

Si tienes la mente y el cerebro para concebirlo como una imagen, y si tienes la fortaleza para sostenerlo a pesar de la realidad exterior, siempre lo obtendrás. Todos aquellos grandiosos dioses que vinieron hace 455.000 años vinieron de esta forma. Y ellos ya entonces conocían esta ciencia. Han evolucionado en la escala evolutiva, están en un reino diferente, en una vida diferente, en cuerpos diferentes, con mucha longevidad en su vida. Algunos vivieron miles de años sin morir. Ese es tu derecho. Ahora estás llegando a un lugar de entendimiento al que ellos una vez llegaron. Todo lo que te he enseñado funciona. Si no fuera así, toda esta gente que ha sido parte de la escuela durante tantos años no seguiría viniendo.

Y si Dios sí vive dentro de ti, entonces ciertamente con la cantidad extraordinaria de palabras largas que se pronunciaron durante estos dos días —y con todo lo que escribiste y hablaste— seguramente hemos determinado con precisión la fuente de tu divinidad: Conciencia y Energía crean la naturaleza de la realidad. Quiero que coloques una fecha y un año de tu calendario en las listas de las cosas que querías cambiar y lo que querías manifestar en tu vida. Quiero que las coloques en un lugar donde las veas cada mañana y cada noche. Y a medida que se manifiesten en tu vida, quiero que escribas el día y la fecha en la que maduró la manifestación, porque la única manera de que creas en todo lo que te enseñé es experimentándolo tú mismo.

Ahora, no te levantes mañana por la mañana sin antes ir a un lugar tranquilo, cubrirte los ojos, y crear tu día soplando como el viento, recuperando tu fortaleza y tu poder, y sintiéndolo.[1] Enfócate en algo maravilloso, tal vez en que este día es una aventura, y en que al final del día habrás crecido y adquirido conocimiento. Practica lo que te he enseñado, y si te gusta lo que has aprendido, hay mucho más por aprender. Date prisa en volver aquí. Te enseñaré cosas maravillosas. Ven con un corazón abierto y mucho espacio para crecer. Mientras tanto, acuérdate de mí cuando sople el viento. Piensa en mí cuando lleguen tus mensajeros. Y nunca jamás vuelvas a dudar que Dios vive dentro de ti. Nunca.

Te amo inmensamente, maestro.

Yo soy Ramtha, el Iluminado.

Esta audiencia ha terminado.

---

[1] Una demostración completa de la disciplina de C&E™, puede verse en el juego de vídeos *Creando la Realidad Personal.*

Apéndice

Actividades

～❦❦～

Instrucciones

Es importante colorear las siguientes ilustraciones de
acuerdo con el código de colores que acompaña cada
dibujo. Esta actividad permite crear imágenes menta-
les claras de estos conceptos fundamentales de las enseñanzas de Ramtha. Las ilustraciones coloreadas
pueden recortarse y usarse como referencia en el futuro o durante la lectura de este libro.

Código de Colores

Nivel	Conciencia	Energía	Color
7°	Ultra	Infinito Desconocido	Rosa Dorado
6°	Hiper	Rayos Gamma	Rosa Pálido
5°	Súper	Rayos X	Dorado
4°	Puente	Azul Ultravioleta	Azul Ultravioleta
3°	Conciencia Despierta	Luz Visible	Amarillo
2°	Social	Infrarrojo	Rojo
1°	Sub	Hertziano	Ladrillo/ Marrón

EL DESCENSO DE CONCIENCIA Y ENERGÍA DESDE PUNTO CERO

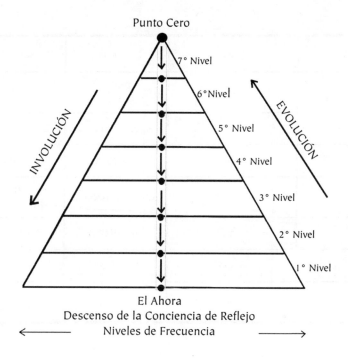

Punto Cero

7° Nivel

6°Nivel

5° Nivel

INVOLUCIÓN

EVOLUCIÓN

4° Nivel

3° Nivel

2° Nivel

1° Nivel

El Ahora
Descenso de la Conciencia de Reflejo
← Niveles de Frecuencia →

CÓDIGO DE COLORES

NIVEL	CONCIENCIA	ENERGÍA	COLOR
7°	Ultra	Infinito Desconocido	Rosa Dorado
6°	Hiper	Rayos Gamma	Rosa Pálido
5°	Súper	Rayos X	Dorado
4°	Puente	Azul Ultravioleta	Azul Ultravioleta
3°	Conciencia Despierta	Luz Visible	Amarillo
2°	Social	Infrarrojo	Rojo
1°	Sub	Hertziano	Ladrillo/ Marrón

Mente Binaria ~ Viviendo la Imagen

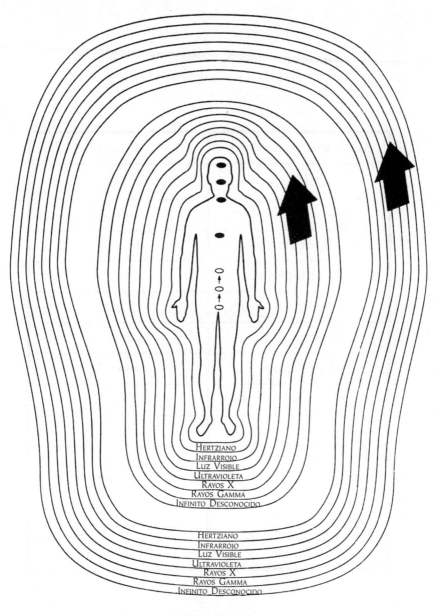

Mente Binaria

Código de Colores

Anatomía del Cerebro	Color
Amígdala	Índigo
Cuerpo Calloso	Verde
Hipocampo	Índigo
Hipotálamo	Celeste
Cerebelo Inferior	Rojo
Cerebro Medio	Naranja
Necorteza	Amarillo
Glándula Pineal	Púrpura
Glándula Pituitaria	Azul Real
Puente	Naranja
Formación Reticular	Rojo
Médula Espinal	Naranja
Tálamo	Azul

EL CEREBRO

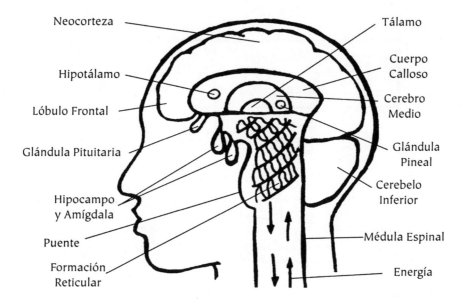

Neocorteza

Hipotálamo

Lóbulo Frontal

Glándula Pituitaria

Hipocampo
y Amígdala

Puente

Formación
Reticular

Tálamo

Cuerpo
Calloso

Cerebro
Medio

Glándula
Pineal

Cerebelo
Inferior

Médula Espinal

Energía

Este el dibujo en dos dimensiones y en estilo de caricatura que Ramtha usó originalmente para enseñar la función del cerebro y sus procesos. Aclaró que en este dibujo las diferentes partes del cerebro están exageradas y coloreadas para facilitar su estudio y comprensión. Este dibujo en particular se convirtió en la herramienta estándar de todas las enseñanzas posteriores acerca del cerebro.

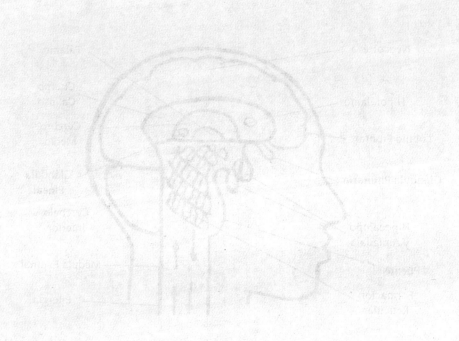

Glosario de Ramtha

Alma • Ramtha se refiere al alma como «el Libro de la Vida», en el que el viaje completo de la involución y evolución del individuo se graba en forma de sabiduría.

Amor incondicional • Es la expresión de la conciencia del cuarto sello, es el comienzo de la iluminación y la finalización de la dualidad, la carencia y la separación que percibe la personalidad. Es amor en libertad, sin ninguna atadura emocional. El amor incondicional es un estado mental de naturaleza dadora y creativa, es la representación más exacta de Dios.

Analógico • Ser analógico significa vivir en el Ahora. Es el momento creativo y existe fuera del tiempo, el pasado y las emociones.

Anticristo • Es el Cristo alterado, la personalidad humana limitada que destruye nuestro Yo divino y verdadero. Se aplica a toda cosa o persona que anula y despoja a la humanidad de sus derechos naturales y su divinidad.

Ascensión • Consecuencia natural de alcanzar la iluminación. Es el producto de abrir todos los centros de energía del cuerpo humano, y el total florecimiento de la mente subconsciente, lo que resulta en una libertad absoluta sobre todos los planos de existencia. Ramtha fue el primer ser humano nacido de hombre y mujer que ascendió de este plano sin morir; se elevó por encima de su gente después de haberles enseñado durante 120 días todo lo que él había aprendido acerca del Dios Desconocido. Después de despedirse de ellos, aumentó la frecuencia de su cuerpo hasta un punto elevado y desapareció con un destello de luz cegadora. Existen registros de que Yeshua ben Joseph, después de su muerte y resurrección, ascendió del plano físico delante de sus discípulos junto al Mar de Galilea.

Atlante • Individuo originario del continente de la Atlántida.

Atrio de los Constantes • Plano de existencia de una frecuencia más elevada que la del plano material, donde las almas esperan su oportunidad de encarnar en el cuerpo físico.

Bandas, las • Son los dos conjuntos de siete frecuencias cada uno que rodean al cuerpo humano y lo mantienen unido. Cada una de esas siete capas de frecuencia en cada banda, corresponde a los siete sellos de los siete niveles de conciencia en el cuerpo humano. Las bandas son el campo áurico que posibilita los procesos de la mente binaria y la mente analógica.

Boktau • Significa «la gran prueba» y es un retiro en la Escuela de Iluminación de Ramtha que dura al menos 30 días.

C&E=R • Conciencia y Energía crean la naturaleza de la realidad.

C&E™ • Es la abreviatura de Conciencia & Energía™. Esta es la marca registrada de la disciplina fundamental que se enseña en la Escuela de Iluminación de Ramtha (RSE) y que se utiliza para la manifestación y para elevar la conciencia. Por medio de esta disciplina el estudiante aprende a crear un estado mental analógico, abrir los sellos superiores y crear la realidad desde el Vacío. El curso de C&E™para principiantes es un curso introductorio en el cual los estudiantes principiantes aprenden las disciplinas y conceptos fundamentales de las enseñanzas de Ramtha. Estas enseñanzas del curso introductorio pueden encontrarse en el libro *Guía del Iniciado para Crear la Realidad (Editorial Sin Limites, 1999)*, y en el vídeo *Creando la Realidad Personal* (Yelm: JZK Publishing, a division of JZK, Inc, 1997).

CAJA, LA • Es el conjunto de actitudes, hábitos, creencias y procesos de pensamiento que la persona humana acepta y que le impide explorar nuevos paradigmas de pensamiento y experiencia. La caja equivale a la red neuronal y a la personalidad humana.

CAPACIDAD HIPNÓTICA • Capacidad de entrar en un estado alterado de conciencia llamado mente analógica. En este estado la actividad de la neocorteza se paraliza y se activan el cerebro medio y el cerebelo inferior.

CAPACIDAD PSÍQUICA • Es la capacidad de saber algo sin la ayuda de la percepción sensorial. La capacidad psíquica se desarrolla cuando se tiene acceso al cerebro medio y éste se abre para recibir la información proveniente del medio ambiente en un nivel de frecuencia más elevado que la banda de frecuencia hertziana.

CEREBRO AMARILLO • Con este término Ramtha se refiere a la neocorteza, la morada del pensamiento emocional y analítico.

CHAKRA • Palabra de origen sánscrito. Es donde se cruzan dos líneas de energía. Un punto chakra es un punto de intersección de energía, algo muy distinto de los siete sellos o centros de conciencia en el cuerpo humano.

CIELO • Este término se usa de tres modos diferentes: para referirse al paraíso, para un plano de existencia en general y, específicamente, para nombrar el área silenciosa de la neocorteza, el lóbulo frontal.

CONCIENCIA •Es el hijo que nació del Vacío cuando éste se contempló a sí mismo. Es la estructura y esencia de todo ser. Todo lo que existe ha sido originado en la conciencia y manifestado exteriormente por su servidora, la energía. El flujo de conciencia alude al estado continuo de la mente de Dios.

CONCIENCIA COLECTIVA • Concepto similar al «inconsciente colectivo» de Karl Jung. Una conciencia colectiva es un estado mental reconocible que un grupo de gente, país o cultura, poseen en común.

CONCIENCIA CUERPO-MENTE • Es la conciencia perteneciente al plano físico y al cuerpo humano.

CONCIENCIA SOCIAL • Es la conciencia del segundo plano y de la banda de frecuencia del infrarrojo. También se le llama la imagen de la personalidad humana, la mente de los tres primeros sellos. La conciencia social se refiere a la conciencia colectiva de la sociedad humana. Es la colección de pensamientos, suposiciones, juicios, prejuicios, leyes, moralidad, valores, actitudes, ideales y emociones de la fraternidad de la raza humana.

CONCIENCIA Y ENERGÍA • Conciencia y Energía están combinadas de manera inextricable y son la fuerza dinámica de creación. Todo lo que existe se origina en la conciencia y se manifiesta en la materia a través de la modulación del impacto de su energía.

CONEXIÓN FIJA • Son las conexiones neurológicas del cerebro que han sido establecidas y trazadas como en un mapa. Repetir un patrón de pensamiento tres veces es todo lo que se requiere para crear un hábito y grabarlo en la red neuronal.

CONSTANTES • Seres que viven en el Atrio de los Constantes. Son los señores que gobiernan el equilibrio y los ciclos del reino de la naturaleza.

CRISTO • Este no es el nombre ni el título de ningún individuo en particular, es el nombre que reciben todos aquellos que han dominado el plano físico y conquistado la muerte. El Cristo en la persona humana es el Dios interior, el aspecto divino de la persona.

CROSHAM • Es el nombre de la espada que Ramtha usó en sus tiempos. Esta espada era tan grande que se necesitaban las manos de diez hombres para sostener su empuñadura.

CUARTO PLANO • El cuarto plano de existencia es el reino de la conciencia puente y la frecuencia ultravioleta. Se lo define como el plano de Shiva, el destructor de lo viejo y creador de lo nuevo. En este plano la energía todavía no se ha dividido en carga positiva y carga negativa. Todo cambio o curación permanente del cuerpo físico, debe realizarse primero en el nivel del cuarto plano y el cuerpo azul. A este plano se lo llama también el Plano Azul o plano de Shiva.

CUARTO SELLO • Está asociado con la glándula del timo y el amor incondicional. Cuando se activa este sello, se libera una hormona que mantiene al cuerpo en un perfecto estado de salud y detiene el proceso de envejecimiento.

CUERPO AZUL • Cuerpo correspondiente al cuarto plano de existencia, la conciencia de puente y la banda de frecuencia ultravioleta. El Cuerpo Azul es el «señor» que está por encima del cuerpo de luz y del plano físico.

CUERPO AZUL™, CURACIÓN POR EL • En esta disciplina que enseña Ramtha, el estudiante eleva su conciencia despierta al nivel de conciencia del cuarto plano y del Cuerpo Azul con el fin de curar o modificar el cuerpo físico.

CUERPO AZUL™, DANZA DEL • En esta disciplina que enseña Ramtha, el estudiante eleva su conciencia despierta hasta el nivel de conciencia del cuarto plano. Esta disciplina permite el acceso al Cuerpo Azul y la apertura del cuarto sello.

CUERPO DE LUZ • Es lo mismo que el cuerpo radiante; es el cuerpo que corresponde al tercer plano, a la conciencia despierta y a la banda de frecuencia de la luz visible.

CUERPO DORADO •Cuerpo correspondiente al quinto plano, la superconciencia y la frecuencia de rayos X.

CUERPO EMOCIONAL • Es la colección de emociones pasadas, actitudes y patrones electroquímicos que definen la personalidad humana de un individuo. Ramtha lo define como la seducción de quien no está iluminado. Es la causa de la reencarnación cíclica.

CUERPO RADIANTE • *véase* Cuerpo de luz.

DERRAMAR TU SEMILLA • Eyacular el esperma.

DIMENSIÓN • Atmósfera o medio ambiente que se crea entre dos puntos cualquiera de conciencia. Hay siete planos principales de existencia y un número infinito de dimensiones en cada uno de ellos.

DIOS • Las enseñanzas de Ramtha son una exposición de la frase que afirma «Tú eres Dios». La humanidad puede definirse como los «dioses olvidados». Dios es diferente del Vacío: Dios es el punto de conciencia que surgió del Vacío cuando éste se contempló a sí mismo.

DIOS DESCONOCIDO • El Dios Desconocido era el Dios único de los lemures, los ancestros de Ramtha. Representa también la divinidad olvidada y el origen divino de la persona humana.

DIOS INTERIOR • Es el observador, el Yo verdadero, la conciencia primaria, el Espíritu, el Dios dentro de la persona humana.

DIOSES • Seres tecnológicamente avanzados provenientes de otros sistemas estelares que llegaron a la Tierra hace 455.000 años. Estos dioses manipularon a la raza humana genéticamente, modificando y mezclando nuestro ADN con el suyo. Son responsables de la evolución de la neocorteza y utilizaron a la raza humana como mano de obra esclava. Evidencia de estos sucesos ha quedado grabada en las tablas y artefactos sumerios. Este término se utiliza también para describir la verdadera identidad de la humanidad, los «dioses olvidados».

DIOS-HOMBRE • La plena realización de un ser humano.

DIOS-MUJER • La plena realización de un ser humano.

DISCIPLINAS DE LA GRAN OBRA • Todas las disciplinas de la Gran Obra que se practican en la Escuela de Iluminación de Ramtha han sido diseñadas en su totalidad por Ramtha. Estas prácticas son iniciaciones poderosas en las que el estudiante tiene la oportunidad de aplicar y experimentar por sí mismo las enseñanzas de Ramtha.

EGO • Es el Yo, la identidad verdadera de la persona humana.

EGO ALTERADO • Es una versión cualificada de *alter ego*, término proveniente del latín utilizado en psicología. Se refiere a la personalidad humana limitada y señala explícitamente la alteración y la represión que ejerce el individuo sobre su Yo verdadero y divino.

EMOCIONES • Una emoción es el efecto físico y bioquímico de una experiencia. Las emociones pertenecen al pasado porque son la expresión de experiencias ya conocidas y fijadas en los mapas de las conexiones neuronales del cerebro.

ENCARNACIÓN • Es una experiencia de vida en particular. Lo transpersonal, el espíritu, el Yo verdadero del individuo es hijo del Vacío y de naturaleza inmortal. El alma es diferente del espíritu; es la que registra las experiencias del espíritu inmortal. Así, el espíritu y el alma asumen una forma física en una encarnación a fin de interaccionar con el plano físico de existencia. En el momento de la muerte, el espíritu y el alma dejan el cuerpo físico y tienen la oportunidad de adquirir una nueva encarnación, un nuevo cuerpo físico, para completar el aprendizaje que desean en este plano.

ENERGÍA • La energía es el complemento de la conciencia. Toda conciencia lleva consigo un impacto dinámico de energía, una radiación, o una expresión natural de sí misma. Del mismo modo, todas las formas de energía contienen una conciencia que las define.

ENERGÍA ROJA • Este término se usa en referencia a la energía Kundalini y a la energía psíquica.

ENFOQUE («FOCUS») • La capacidad de enfocarse en un pensamiento es uno de los componentes principales de las disciplinas de la Gran Obra. Consiste en mantener consciente y analógicamente en el lóbulo frontal del cerebro la imagen holográfica con la que se representa un pensamiento.

ESCUELA DE SABIDURÍA ANTIGUA • Este es el título que recibieron las diversas escuelas que existieron a lo largo de la historia donde se enseñaba el conocimiento sagrado de la Gran Obra. Ramtha ha sido en gran parte responsable de todas estas escuelas.

ESMERALDA DE TU UNIVERSO • El planeta Tierra.

ESOTÉRICO • Se refiere al conocimiento oculto o sagrado.

ESPACIO LIBRE • Es la experiencia de liberarse de la caja y de los moldes de nuestra personalidad limitada. Se define también como éxtasis. Es la experiencia de una perspectiva más amplia y elevada que permite a las personas ver con claridad y comprender aquello que anteriormente en sus vidas parecía ser caótico y sin solución.

ETÉRICO • Perteneciente al otro mundo, al éter, al orden espiritual.

EVOLUCIÓN • Es el viaje de regreso a casa, desde los niveles más bajos de frecuencia y la materia, hasta los niveles más elevados de conciencia y Punto Cero.

EXTRAORDINARIO («OUTRAGEOUS») • Ramtha utiliza esta palabra para referirse a algo o alguien que está más allá de lo común, que es ilimitado y que posee gran audacia y bravura.

Física lineal •Nombre dado la física clásica o newtoniana.

Frecuencia • Velocidad de vibración que caracteriza a una onda de energía. Se usa para describir la velocidad vibratoria de las ondas y partículas de un plano de existencia en particular.

Fuerza Vital • Es el Padre, el espíritu, el aliento de vida dentro de la persona; la plataforma desde la cual la persona crea sus ilusiones, sueños e imaginación.

Gnosis • Palabra de origen griego que significa «conocimiento». Este término fue utilizado por los movimientos gnósticos de principios de la era cristiana para describir un sistema de conocimiento y entendimiento de Dios, la creación, la condición humana y el destino, que era revelado por una fuente trascendental. Este conocimiento sagrado ejercía sobre las personas un efecto liberador o redentor.

Gnosticismo • Término que, desde siglo XVIII, se aplica a los movimientos gnósticos de principios de la era cristiana y que comprende una amplia selección de enseñanzas provenientes de diversas tradiciones de la época. Sus ideas básicas consisten en una visión dualista del mundo; creen que cada ser humano tiene una chispa de divinidad que está atrapada en la materia, provocando así un conflicto entre la luz y la oscuridad, conocimiento e ignorancia, lo bueno y lo malo. La revelación del conocimiento sagrado permite que el alma del individuo se libere de la carne, y así regrese a Dios, su fuente.

Gran arquitecto, el • Se refiere al cerebro y, más específicamente, a la neocorteza y el lóbulo frontal donde se crean las imágenes holográficas o pensamientos.

Gran Obra (o el Gran Trabajo) • Es la aplicación práctica de las enseñanzas de las Escuelas de Sabiduría Antigua. Alude a las disciplinas mediante las cuales la persona humana se ilumina y se transmuta en un ser divino e inmortal.

Hacer conocido lo desconocido • Esta frase expresa el mandato original y divino que recibió la conciencia original de manifestar y hacer conscientes todos los potenciales infinitos del Vacío. Representa la intención primordial en la que se inspira el proceso dinámico de la evolución.

Hermandad Blanca • Hermandad invisible de maestros ascendidos que aman, observan y colaboran con la evolución de la humanidad.

Hierofante • Maestro profesor capaz de manifestar aquello que enseña e iniciar a sus estudiantes en ese conocimiento.

Hijo/a del hombre • Este concepto se refiere a los aspectos humano y físico del individuo. Una persona actúa como el hijo o la hija del hombre o la mujer cuando elige seguir su humanidad en lugar de su divinidad.

Hijo/Hija de Dios • El hijo o la hija de Dios es el individuo que nace a un estado de conciencia más amplio y elevado que el de los tres primeros sellos. Actuar como el hijo o la hija de Dios es vivir desde la perspectiva de nuestra conciencia divina en vez de nuestra conciencia humana.

HIPERCONCIENCIA • Es la conciencia correspondiente al sexto plano y a la frecuencia de rayos Gamma.

ILUMINACIÓN • Es la plena realización de la persona humana, la conquista de la inmortalidad y la mente ilimitada. Es el resultado de elevar la energía Kundalini desde la base de la columna vertebral hasta el séptimo sello, despertando las partes del cerebro que están en estado latente. Cuando la energía penetra en el cerebelo inferior y el cerebro medio, y la mente subconsciente se abre, la persona experimenta un destello de luz cegadora llamado iluminación.

IMAGEN, LA • Es la conciencia social. También es la mente producto de la red neuronal o la personalidad.

INFIERNO • Ramtha explica que el concepto de infierno significaba, en sus orígenes, una tumba poco profunda. Esta era una forma de entierro despreciable, ya que el cadáver quedaba a merced del ataque de animales salvajes. El único lugar donde Ramtha encontró la existencia del infierno como un lugar de castigo eterno fue en la conciencia de los hombres y las mujeres que creían en él.

INFINITO DESCONOCIDO • Banda de frecuencia del séptimo plano de existencia y de la ultraconciencia.

INVOLUCIÓN • Es el viaje desde Punto Cero y el séptimo plano hasta los niveles de materia y frecuencia más bajos y densos.

IONIA • Región del continente de la Atlántida donde se encuentra la actual Macedonia.

JEHOVÁ • Ser tecnológicamente avanzado, extremadamente inseguro y belicoso que sentía un gran odio por su hermana. Fue responsable de que Abraham abandonara Babilonia y se estableciera en Canaán para dar origen al pueblo hebreo, y de que Moisés se fuera de Egipto hacia la Tierra Prometida.

JZ KNIGHT • Única persona que Ramtha ha designado como su canal. Ramtha se refiere a JZ como «su amada hija». Ella fue Ramaya, una de los hijos de la Casa del Ram durante la vida de Ramtha.

KARMA • Consecuencia natural de las acciones y pensamientos de una persona; se compone de todos los asuntos sin resolver, actitudes y emociones que una persona aún no ha poseído como sabiduría. Esos temas que el alma todavía no ha resuelto son la verdadera causa del ciclo reiterativo de encarnaciones.

KUNDALINI • La energía Kundalini es la fuerza vital que, durante la pubertad de la persona, desciende desde los sellos superiores hasta la base de la columna vertebral. Es un gran paquete de energía que está reservado para la evolución humana y usualmente se lo representa como una serpiente enroscada en la base de la columna. Es diferente de la energía que emana de los tres primeros sellos y que es responsable de la sexualidad, del dolor y el sufrimiento, y del poder y el victimismo. Al Kundalini se lo llama, generalmente, la serpiente o el dragón durmiente, y el trayecto que realiza desde la base de la columna hasta la coronilla, se llama el camino de la iluminación. Esto ocurre cuando la serpiente despierta y empieza a dividirse y a danzar alrededor de la columna vertebral, ionizando el fluido espinal y cambiando su estructura molecular. Como resultado de esto, se abren el cerebro medio y la puerta a la mente subconsciente.

LIBRO DE LA EVOLUCIÓN • Es el registro de todas las experiencias del alma en su viaje de regreso desde el primer plano de lo físico hasta el séptimo plano y Punto Cero.

LIBRO DE LA INVOLUCIÓN • Es el registro de todas las experiencias del alma en su viaje desde Punto Cero hasta el más denso de los planos de existencia, el físico.

LIBRO DE LA VIDA • Ramtha se refiere al alma como «el libro de la vida» en el que se registra, en forma de sabiduría, el viaje completo de la involución y evolución de cada individuo.

LÍNEA DE TIEMPO • Probabilidad potencial de eventos que resulta de un estado particular de conciencia.

LÍNEA DE VIDA • Línea de tiempo potencial o eventos probables que resultan de un particular estado mental o de conciencia de una persona.

LISTA, LA • Disciplina que enseña Ramtha en la cual el estudiante escribe una lista de lo que quiere saber y experimentar y aprende a enfocarse en ella en un estado analógico de conciencia. La lista es el mapa que una persona usa para diseñar, cambiar y reprogramar su red neuronal. Es una herramienta que ayuda a la persona a producir cambios significativos y duraderos en sí misma y en su realidad.

LUZ, LA • Tercer plano de existencia.

MAESTRO • Persona que es consciente de su divinidad y que aplica este conocimiento en su vida diaria. Ramtha llama «maestros» a sus estudiantes, ya que ellos están aprendiendo a pensar y actuar como maestros.

MAESTRO ASCENDIDO • Persona que ha dominado el plano físico, las limitaciones del espacio y tiempo, y conquistado la muerte. Estos maestros han adquirido la capacidad de aumentar la frecuencia de su cuerpo físico hasta el punto de poder abandonar este plano y aparecer en el plano de existencia o dimensión que deseen. Ramtha, Yeshua ben Joseph, Buda, Zaratustra y Apolonio de Tyanna, entre otros, son maestros ascendidos. Ramtha fue el primer ser humano que trascendió este plano y ascendió sin jamás experimentar la muerte.

MAESTRO GENERAL • Nombre que reciben los miembros del personal de la Escuela de Iluminación de Ramtha, son responsables de la organización y realización de los retiros y cursos de la escuela.

MAESTRO PROFESOR • Maestro ascendido que posee la capacidad de iniciar a sus estudiantes en los misterios del conocimiento sagrado.

MATERIALIZAR • Término que se refiere a la coagulación y manifestación de un pensamiento en la forma física.

MENSAJERO («RUNNER») • En la vida de Ramtha, un mensajero era el responsable de entregar información o mensajes concretos. Un maestro profesor posee la capacidad de enviar «mensajeros» a otras personas para manifestar sus palabras o intenciones en forma de una experiencia o suceso.

MENTE • La mente es el producto de la acción de los flujos de conciencia y energía en el cerebro que crea formas de pensamiento, segmentos holográficos o patrones neurosinápticos llamados memoria. Los flujos de conciencia y energía son lo que mantiene vivo al cerebro; son su fuente de poder. La capacidad de pensar de una persona es lo que la provee de una mente.

MENTE ANALÓGICA • Significa «una sola mente». Es el resultado de la alineación de la conciencia primaria y la conciencia secundaria, del observador y la personalidad. En este estado mental se abren los sellos cuarto, quinto, sexto y séptimo; las bandas giran en dirección opuesta —como una rueda dentro de otra— creando un vórtice poderoso que permite que los pensamientos alojados en el lóbulo frontal se coagulen y manifiesten.

MENTE BINARIA • Significa «dos mentes». Es la mente que se produce cuando se accede al conocimiento de la personalidad humana y el cuerpo físico, sin llegar al conocimiento de nuestra mente subconsciente profunda. La mente binaria se basa únicamente en el conocimiento, la percepción y los procesos de pensamiento de la neocorteza y los tres primeros sellos. En este estado mental, los sellos cuarto, quinto, sexto y séptimo permanecen cerrados.

MENTE DE DIOS • La mente de Dios se compone de la mente y la sabiduría de todas las formas de vida que han existido y existirán en cualquier dimensión, tiempo, planeta o estrella.

MENTE DE MONO • La mente oscilante de la personalidad.

MENTE DIMENSIONAL • Es la mente del maestro que ya no piensa en términos del tiempo lineal o de una única dimensión de espacio y tiempo. Es la mente que ve todos los potenciales simultáneamente.

MENTE SUBCONSCIENTE • La mente subconsciente está ubicada en el cerebelo inferior o cerebro reptiliano. Esta parte del cerebro tiene, de manera independiente, sus propias conexiones con el lóbulo frontal y con la totalidad del cuerpo. Tiene el poder de penetrar en la mente de Dios, en la sabiduría de las eras.

MOMENTO, EL • Con este término se describe al Ahora eterno y creador, el presente.

MU • Continente de Lemuria, hoy bajo las aguas del Océano Pacífico.

NABOR • Ciudad en el Valle de Nizire donde Ramtha fue atravesado con una espada.

NEÓFITO • Estudiante principiante de la Gran Obra.

NO-TIEMPO • Este concepto alude a la experiencia del Ahora, el momento eterno, creativo y analógico. El tiempo es la consecuencia, la manifestación y la experiencia de este momento de creación.

NUESTRO DIOS • Este concepto se aplica al Dios, el Espíritu, el observador, el elemento divino, el Yo verdadero del individuo.

OBSERVADOR • Se refiere al observador responsable de colapsar la partícula/onda de la mecánica cuántica. Representa el Yo verdadero, el Espíritu, la conciencia primaria, el Dios que vive dentro del ser humano.

ONAI • Ciudad portuaria situada en el sur de la Atlántida, donde Ramtha vivió cuando era un niño, junto con su madre, su hermano y su hermana.

PADRE, EL • Este término alude a la Fuente, Dios, Punto Cero.

PASADO, EL • El concepto del pasado, en su contexto subjetivo, se refiere a todo lo que una persona ya conoce a través de la experiencia. En este sentido, el pasado se compone de todas las experiencias emocionales de un individuo con relación a las personas, lugares, cosas, tiempos y eventos. El pasado es el mayor obstáculo en la evolución humana, porque inutiliza la capacidad del individuo de crear nuevos paradigmas de pensamiento y hacer conocido lo desconocido.

PENSAMIENTO • El pensamiento es diferente de la conciencia. El cerebro procesa un flujo de conciencia modificándolo en segmentos —imágenes holográficas— de impresiones neurológicas eléctricas y químicas llamadas pensamientos. Los pensamientos son los componentes básicos de la mente.

PENSAMIENTO ABSTRACTO • Son conceptos de lo desconocido, paradigmas de pensamiento que aún no han sido experimentados y, por lo tanto, no poseen una carga emocional.

PENSAMIENTO ALTERADO • Procesos de pensamiento del ego alterado.

PENSAMIENTO COMÚN • Pensamientos que ya han quedado fijamente conectados en el cerebro a través de la experiencia y son comunes a la personalidad humana.

PENSAMIENTO EXTRAORDINARIO («OUTRAGEOUS THOUGHT») • Es cualquier pensamiento ilimitado, elevado y trascendental.

PENSAMIENTO LIMITADO • Este concepto alude al pensamiento que está sujeto a las limitaciones del tiempo y del espacio. Se refiere a los procesos de pensamiento de la personalidad humana y a la conciencia de los tres primeros sellos.

PERSONALIDAD, LA • Es la conciencia secundaria, la conciencia de reflejo, el viajero que ha olvidado su origen y su herencia divinos.

PERSONAS, LUGARES, COSAS, TIEMPOS Y EVENTOS • Son las principales áreas de la experiencia humana a las que la personalidad está ligada emocionalmente. Representan el pasado de la persona y constituyen la satisfacción del cuerpo emocional.

PLANO AZUL • *véase* Cuarto Plano.

PLANO DE LA CARNE • *véase* Primer plano.

PLANO DE LA DEMOSTRACIÓN •Al plano físico se lo llama también plano de la demostración, ya que en él la persona tiene la oportunidad de demostrar su potencial creativo en la materia y presenciar la conciencia como forma material a fin de expandir su entendimiento emocional.

PLANO DORADO • *véase* Quinto plano.

PLANO FÍSICO • *véase* Primer Plano.

PLANO MATERIAL • *véase* Primer plano.

PLANO SUBLIME • Es el plano de descanso donde las almas proyectan su próxima reencarnación luego de haber hecho el repaso de la vida. También se lo conoce como el Cielo o Paraíso, donde no hay sufrimiento, pena, necesidad ni carencia, y donde todo lo que se desea se manifiesta inmediatamente.

PRIMER PLANO • Es el plano físico o material. Es el plano de la conciencia de imagen y la frecuencia hertziana. Es la forma más baja y densa de conciencia y energía coaguladas.

PRIMER SELLO • El primer sello está asociado con los órganos de reproducción y la sexualidad.

PRINCIPIO MADRE/PADRE • Es el origen de toda la vida, Dios el Padre, la Madre eterna, Punto Cero.

PROFECÍA • Línea de tiempo de futuro potencial que se basa en hechos del momento presente. Las profecías deben ir siempre acompañadas de la frase «como se ve en este momento», ya que siempre están sujetas a los cambios que se producen en la conciencia colectiva. Este entendimiento de cómo funcionan las profecías está basado en la ley de conciencia y energía que enseña Ramtha.

PUNTO CERO • Punto primigenio de conciencia creado por el Vacío mediante el acto de contemplarse a sí mismo. Punto Cero es el hijo original del Vacío.

QUINTO PLANO • Plano de existencia de la superconciencia y de la frecuencia de rayos X. También se lo conoce como el Plano Dorado o paraíso.

QUINTO SELLO • Es el centro en nuestro cuerpo espiritual que nos conecta con el quinto plano. Está asociado con la glándula tiroides y con hablar y vivir la verdad sin dualidad.

RA • Dios egipcio del sol. Ramtha utiliza este nombre para referirse al sol.

RAMTHA (ETIMOLOGÍA DE LA PALABRA) • El nombre de Ramtha el Iluminado, el Señor del Viento, significa el Padre. También se refiere al Ram (carnero) que bajó de la montaña en lo que se conoce como el Terrible Día del Ram. «Está presente en toda la antigüedad. Y en el Antiguo Egipto, existe una avenida dedicada al Ram, el gran conquistador. Y ellos fueron lo bastante sabios como para entender que cualquiera que caminara por la avenida del Ram, conquistaría el viento.» La palabra Aram, el nombre del nieto de Noé, está formada por el sustantivo arameo *araa* —que significa tierra, masa continental— y la palabra *ramtha*, que significa «elevado». Este nombre semítico rememora el momento en que Ramtha descendió de la gran montaña, lo que marcó el inicio de la Gran Marcha.

RAMUSTE • Nombre de la casa colectiva de emoción del alma en la que Ramtha eligió nacer. El entendimiento emocional de esta conciencia colectiva era el poder de dominar.

REENCARNACIÓN • Ciclo reiterativo de encarnaciones.

REINO DE DIOS • Este concepto se refiere al plano de existencia o a la dimensión mental donde reina la mente ilimitada de Dios.

REINO DE LOS CIELOS • *véase* Reino de Dios.

REINO HERTZIANO • *véase* Primer plano.

REPASO DE LA VIDA • Cuando una persona llega al tercer plano después de morir, realiza una revisión de la encarnación que acaba de dejar. La persona tiene la oportunidad de ser el observador, el ejecutor y el receptor de sus propias acciones. Todo lo que ha quedado sin resolver en esa vida y que sale a la luz en este repaso, establece el plan que ha de seguirse en la próxima encarnación.

REVISIÓN EN LA LUZ • *véase* Repaso de la vida.

SABER INTERIOR • Capacidad de saber algo sin la ayuda de la percepción sensorial. Es tener acceso al conocimiento de la mente subconsciente.

SABIDURÍA ANTIGUA • Se refiere a la sabiduría de las eras, el conocimiento de todo gran maestro que haya vivido y alcanzado la iluminación. Es la verdad que está detrás de las disciplinas de la Gran Obra y del contenido de las enseñanzas de Ramtha.

SALIRSE DEL CUERPO • Se refiere a la iniciación de una experiencia extra corporal

SEGUNDO PLANO • Plano de existencia de la conciencia social y de la banda de frecuencia del infrarrojo. Está asociado con el dolor y el sufrimiento. Este plano es el polo negativo del tercer plano de la frecuencia de la luz visible.

SEGUNDO SELLO • Centro de energía correspondiente a la conciencia social y a la banda de frecuencia del infrarrojo. Está asociado con el dolor y el sufrimiento y se localiza en la zona inferior del abdomen.

SELLOS SUPERIORES • Los sellos cuarto, quinto, sexto y séptimo.

SENOS DE ISIS • Nombre con el Ramtha se refiere a la amígdala y al hipocampo en el cerebro.

SEÑOR DEL VIENTO • Es uno de los títulos de Ramtha. El viento representa la libertad, el poder y la trascendencia del espíritu. Ramtha se convirtió en el Señor del Viento cuando alcanzó la iluminación.

SÉPTIMO PLANO • Plano de la ultraconciencia y de la banda de frecuencia del infinito desconocido. Es aquí donde comenzó el viaje de la involución. El séptimo plano fue creado por Punto Cero al imitar el acto de contemplación del Vacío y de este modo se creó la conciencia secundaria o de reflejo. Entre dos puntos de conciencia existe un plano de existencia o una dimensión de espacio y tiempo. Todos los otros planos se crearon a partir de reducir la velocidad de tiempo y frecuencia del séptimo plano.

SÉPTIMO SELLO • Este sello está asociado con la coronilla, la glándula pituitaria y el alcance de la iluminación.

SER DE LUZ • Ser del tercer plano de existencia.

SERPIENTE ROJA • La energía Kundalini que se eleva desde la base de la columna vertebral a través de los sellos, se visualiza como una doble serpiente roja que ondula y se entrecruza a sí misma como en el símbolo de la medicina, el caduceo. También se la utiliza para representar la energía psíquica.

SEXTO PLANO • Es el reino de la hiperconciencia y la banda de frecuencia de rayos Gamma. En este plano, se experimenta la conciencia de ser uno con la totalidad de la vida.

SEXTO SELLO • Sello asociado con la glándula pineal y la banda de frecuencia de rayos Gama. Cuando se activa este sello, se abren las formaciones reticulares que filtran y mantienen velado el saber de la mente subconsciente. La apertura del cerebro alude a la apertura de este sello y a la activación de su conciencia y energía.

SHAMBHALA • Nombre de un bosque milenario que existía cerca de la región noreste del río Indo en los tiempos de Ramtha.

SHIVA • El Señor Dios Shiva representa al Señor del Reino y el Cuerpo Azul. No se usa en referencia a la deidad particular del hinduismo. Es más bien la representación del estado de conciencia correspondiente al cuarto plano, a la banda de frecuencia ultravioleta y a la apertura del cuarto sello. Shiva no es hombre ni mujer, es un ser andrógino, ya que la energía del cuarto plano aún no se ha dividido en polos positivo y negativo. Esta es una diferencia importante con la tradición hindú, la cual representa a Shiva como una deidad masculina y con una esposa. La piel de tigre a sus pies, el tridente, y el sol y la luna al mismo nivel que su cabeza, simbolizan el dominio de este cuerpo sobre los tres primeros sellos de conciencia. El Kundalini está representado como una llamarada de energía que sube desde la base de la columna vertebral hasta la cabeza. Otra simbología en la imagen de Shiva son los largos mechones de cabello oscuro y los abundantes collares de perlas, que representan la riqueza de la experiencia convertida en sabiduría. El carcaj, el arco y las flechas son el instrumento con el cual Shiva dispara su voluntad poderosa, destruye la imperfección y crea lo nuevo.

SIETE SELLOS • Son poderosos centros de energía en el cuerpo humano que corresponden a siete niveles de conciencia. Conforme a estos sellos, las bandas mantienen al cuerpo unido. De los tres primeros sellos o centros de todo ser humano, salen pulsaciones de energía en forma de espiral. Esta energía que sale de los tres primeros sellos se manifiesta como sexualidad, dolor o poder, respectivamente. Cuando los sellos superiores se abren, se activa un nivel más elevado de conciencia.

SUBCONSCIENTE COLECTIVO • Estado de conciencia colectivo que comparte la humanidad a pesar de que la mayoría de las personas no es consciente de ello. También se lo llama conciencia social o conciencia cuerpo-mente. Es la conciencia del plano físico y de los tres primeros sellos.

SUEÑOS • El origen de los sueños se encuentra en la conciencia humana. Son realidades de otras dimensiones de pensamiento y no son sólo meras fantasías: son el medio por el cual la mente subconsciente se comunica con el cuerpo físico y lo repara mientras duerme. La mayoría de los sueños se ubican dentro de esta categoría, aunque algunos de ellos pueden ser también de carácter profético. En las disciplinas de la Gran Obra se utiliza el sueño consciente como forma de crear y manifestar la realidad a voluntad.

SUPERCONCIENCIA • Es la conciencia del quinto plano y de la banda de frecuencia de los rayos X.

TERCER PLANO • Plano de la conciencia despierta y de la banda de frecuencia de la luz visible. Se lo conoce también como el plano de la luz y el plano mental. Cuando la energía del plano azul baja a esta banda de frecuencia, se divide en polos negativo y positivo; en este momento el alma se divide en dos originando el fenómeno de las almas gemelas.

TERCER SELLO • Centro de energía de la conciencia despierta y de la banda de frecuencia de la luz visible. Está asociado con el control, la tiranía, el victimismo y el poder. Está localizado en la región del plexo solar.

TERRA •Es el nombre que los dioses dieron al planeta Tierra cuando lo visitaron por primera vez, mucho tiempo atrás.

TRES PRIMEROS SELLOS • Son los sellos de la sexualidad, el dolor y la supervivencia, y el poder. Son los que normalmente están en funcionamiento en todas las complejidades del drama humano.

ULTRACONCIENCIA • Es la conciencia del séptimo plano y de la banda de frecuencia del infinito desconocido. Es la conciencia del maestro ascendido.

VACÍO, EL • El vacío se define como una vasta nada materialmente, pero todas las cosas potencialmente.

VERDAD • La verdad no es mera información o datos; es un concepto, paradigma o pensamiento que se realiza plenamente en experiencia y sabiduría personal.

YAHVÉ • Ser distinto de Jehová. Yahvé no estuvo de acuerdo con la esclavitud que Jehová impuso a los pueblos de la Tierra. Yahvé y el dios Id lucharon en contra de Jehová y se esforzaron por enseñarle a la humanidad acerca del Dios Desconocido.

YESHUA BEN JOSEPH • Ramtha se refiere a Jesucristo con el nombre de Yeshua ben Joseph, siguiendo la tradición judía de la época.

YO, EL • Verdadera identidad de la persona humana, su aspecto trascendental. Es el observador, la conciencia primaria.

BIBLIOGRAFÍA

A Beginner's Guide to Creating Reality. 1st ed. Yelm: JZK Publishing, a division of JZK, Inc., 1998.

ALFORD, ALAN F. *Gods of the New Millennium, Scientific Proof of Flesh & Blood Gods*. England: Eridu Books, 1996.

Beginning C&E™ Workshop. Tape 324 ed. Yelm: Ramtha Dialogues, 1995.

Beginning C&E™ Workshop. Tape 326 ed. Yelm: Ramtha Dialogues, 1996.

Blue College Retreat. Tape 443.4 restricted ed. Yelm: Ramtha Dialogues, 2000.

Blue College Weekend. Tape 437 restricted ed. Yelm: Ramtha Dialogues, 2000.

BOHM, DAVID. *Wholeness and the Implicate Order*. London: Routledge, 1980.

Creation. Specialty Tape 005 ed. Yelm: Ramtha Dialogues, 1980.

DAVIES, STEVAN L. *The Gospel of Thomas and Christian Wisdom*. New York: Seabury Press, 1983.

DE LA CRUZ, JUAN. *Obras Completas*. 4th ed. Madrid: Editorial de Spiritualidad, 1992.

DE LA CRUZ, JUAN. *The Collected Works*. Washington, D.C.: Institute of Carmelite Studies, 1979.

DE LEÓN, LUIS. *De los Nombres de Cristo*. Edited by Antonio Sánchez Zamarreño. Madrid: Espasa Calpe, 1991.

GOSWAMI, AMIT. *The Self-Aware Universe*. New York: Tarcher/Putnam, 1995.

GROF, CHRISTINA AND STANISLAV. *The Adventure of Self Discovery*. New York: State University of New York Press, 1988.

———. *The Stormy Search for the Self*. London: HarperCollins, 1991.

GUILLAUMONT, A. *et al. The Gospel According to Thomas, Coptic Text Established and Translated*. London: Collins, 1959

HENRY, MARTIN. *On Not Understanding God*. Dublin: Columba Press, 1997.

HIRSCHBERGER, JOHANNES. *Historia de la Filosofía*. Vol. 1, *Antigüedad, Edad Media, Renacimiento*. Barcelona: Editorial Herder, 1994.

In Search of the Self: The Role of Consciousness in the Construction of Reality, a Conference on Contemporary Spirituality. February 8-9, 1997, Yelm, Washington. Video ed. Yelm: JZK Publishing, a division of JZK, Inc., 1997.

JZ Knight and Ramtha: Intimate Conversations. Video ed. Yelm: JZK Publishing, a division of JZK, Inc., 1998.

KASPER, WALTER. *Jesus the Christ*. London: Burns & Oates, 1976.

KNIGHT, J.Z. *State of Mind, My Story*. New York: Warner Books, 1987.

KRIPPNER, STANLEY, IAN WICKRAMASEKERA, JUDY WICKRAMASEKERA, AND CHARLES W. WINSTEAD, III. "The Ramtha Phenomenon: Psychological, Phenomenological, and

Geomagnetic Data." *The Journal of the American Society for Psychical Research*, Vol. 92, No. 1, January 1998.

LAYTON, BENTLEY. *The Gnostic Scriptures*. The Anchor Bible Reference Library ed. New York: Doubleday, 1987.

MELTON, J. GORDON. *Finding Enlightenment, Ramtha's School of Ancient Wisdom*. Hillsboro: Beyond Words Publishing, 1998.

New Jerusalem Bible.

Our Omnipotent Spirit: Direct Line to the Power of Manifestation. Tape 327.09 ed. Yelm: Ramtha Dialogues, 1996.

PLATÓN. *Dialogos*. 22nd ed. Edited by Colección Austral. México: Espasa Calpe, 1984.

Preserving Oneself. Tape 304 ed. Yelm: Ramtha Dialogues, 1991.

Ramtha: Creating Personal Reality. Video ed. Yelm: JZK Publishing, a division of JZK, Inc., 1998.

Ramtha's Introduction to the World Tour. Video ed. Yelm: JZK Publishing, a division of JZK, Inc., 1998.

Ramtha's Lifetime. Specialty Tape 021 ed. Yelm: Ramtha Dialogues, 1984.

REESE, WILLIAM L. *Dictionary of Philosophy and Religion, Eastern and Western Thought*. Expanded ed. New York: Humanity Books, 1999.

SANTOS OTERO, AURELIO DE. *Los Evangelios Apócrifos: Colección de textos griegos y latinos, versión crítica, estudios introductorios y comentarios*. 9th ed. Madrid: Biblioteca de Autores Cristianos, 1996.

SCHRÖDTER, WILLY. *A Rosicrucian Notebook*. York Beach: Samuel Weiser, Inc., 1991.

TALBOT, MICHAEL. *The Holographic Universe*. New York: HarperCollins, 1991.

The Observer Part 1. Tape 376 ed. Yelm: Ramtha Dialogues, 1998.

The Portable Jung. Edited by Joseph Campbell. New York: Penguin Books, 1976.

The Works of Plato. Edited by Irwin Edman. New York: Modern Library, 1956.

The World of Michelangelo, 1475-1564. Edited by Robert Coughlan. New York: Time-Life Books, Inc., 1966.

TILLICH, PAUL. *Systematic Theology, Combined Volume*. London: James Nisbet and Company Limited, 1968.

TOLKIEN, J.R.R. *The Lord of the Rings*. London: Grafton, 1991.

WAITE, ARTHUR EDWARD. *Real History of the Rosicrucians*. New York: Steinerbooks, 1982.

Walking the Journey of the Woman. Tape 437.1 ed. Yelm: Ramtha Dialogues, 2000.

WOLF, FRED ALAN. *Parallel Universes*. New York: Touchstone, 1990.

———. *Taking the Quantum Leap*. New York: Perennial Library, 1989.

———. *The Spiritual Universe*. Portsmouth: Moment Point Press, Inc.,1999.

ZUKAB, GARY. *The Dancing Wu Ling Masters*. New York: Bantam Books, 1980.

Índice Conceptual

Colección Sin Límites

* NOVEDAD * Ramtha: Nacimiento, Muerte y Reencarnación

Una maravillosa presentación del destino humano, de absoluta validez, si lo sopesamos con la agudeza de la mecánica cuántica y la teoría de la relatividad en el contexto de una realidad formada por siete niveles, y vemos que el temido e inesperado día del Juicio Final está más relacionado con los pensamientos y fantasías sin resolver que con la bondad y la maldad de nuestras acciones y el subsiguiente castigo de un Dios vengativo.

«Bueno, regresando a una revisión de la luz. En una revisión de la luz entonces lo que se vuelve exquisito es —por la manera en que el alma lo reproduce en energía— que el drama está en más de tres dimensiones. Es realmente siete dimensiones porque lo estamos viendo desde el Dios principal, que es cada actor en el drama. Lo estamos viendo desde el Observador, que es el Espíritu en el drama. Y lo estamos viendo desde la percepción del alma, que es el individuo-personalidad en el drama que piensa que es un individuo. Así lo estamos viendo desde una perspectiva sagrada en todos los niveles. Y lo que empieza a suceder entonces es que la vida entera comienza a reproducirse enfrente de ti. Cada pensamiento crea una acción. Tú te conviertes en el pensamiento. Tú como personalidad sientes la acción. Pero entonces como el Dios principal, como el Espíritu, tú eres la reacción de esa acción a todas las circunstancias externas, a todo el medio ambiente; así lo estás experimentando en cada nivel. ¿Y no es en esto donde está el verdadero aprendizaje? Es realmente saber lo que nuestros pensamientos y acciones hacen a los otros, a otras formas de vida.»

ISBN: 0-9712725-2-2

RAMTHA: EL LIBRO BLANCO

Basado en las grabaciones de las primeras audiencias de Ramtha, este volumen se ha convertido en un clásico y una lectura fundamental para comprender el pensamiento y el mensaje de este extraordinario maestro.

El libro Blanco, de Ramtha, publicado por primera vez en Estados Unidos a mediados de los ochenta, revolucionó los círculos de una incipiente nueva era al ser el primer libro de material canalizado que estuvo a la cabeza de las listas de best-sellers durante todo un año.

Este volumen, con gran contenido informativo, orden y simplicidad, nos presenta las bases y enseñanzas más importantes de esta entidad extraordinaria.

Las enseñanzas de Ramtha son un sistema metafísico de pensamiento único en su género. A través de ellas nos acerca a una mayor comprensión del Dios interior o el Dios identificable, y nos ofrece respuestas a temas tan enigmáticos como los orígenes de la creación, la evolución del hombre, la muerte, la reencarnación y la ciencia del conocimiento.

> *«No hay amor más sublime en la vida que el amor del Yo. No existe amor más grande, pues a partir del abrazo del Yo existe la libertad. Y es en esa libertad donde nace la alegría. Y gracias a ese nacimiento, Dios es visto, conocido y abrazado. El amor más profundo, más grande y más significativo es el amor del Yo puro e inocente, la magnífica criatura que se sienta entre las paredes de la carne y que se mueve y contempla, crea, permite y es. Y cuando tú ames lo que eres, sin importar cómo seas, entonces conocerás esta magnífica esencia que yo amo, que se halla detrás de todos los rostros y dentro de todas las cosas. Entonces amarás como Dios ama. Así es fácil amar y perdonar. Así es fácil ver a Dios en toda la vida.»*

ISBN: 0-9632573-0-7

Ramtha: El Misterio del Amor

¿De qué manera entendemos el amor? ¿Qué significan para nosotros nuestras relaciones? Padres, hijos, esposos, amantes, amigos, nosotros mismos... En este volumen Ramtha desvela un misterio que ha inquietado a la humanidad desde sus inicios como ningún otro. Con palabras sencillas y una sabiduría profunda Ramtha explora cada una de las facetas del amor, ese misterio que «tanto poetas como compositores y escritores, y los coyotes que le aúllan a la luna, han tratado de explicar».

Tras un escrupuloso análisis de este sentimiento tan confuso y a la vez tan anhelado por todos los seres humanos, descubrimos que la esencia del amor no se encuentra en recibir, sino más bien en dar y entregarse a los demás sin condiciones.

«El amor es la acción de Dios de permitir que todo esto exista. Y si nos decimos que queremos ser más semejantes a Dios, entonces ser semejante a Dios significa volver a esa esencia y ese decreto originales y tratar a todo lo que hay en tu vida con respeto, compasión, y entendimiento.

Así que deberías afrontar y cambiar cualquier reto que disminuya tu capacidad de ser semejante a Dios. Amarte a ti mismo es ser eso. No esperes que la gente te ame; ámate tú. Cuando lo hagas, entenderás lo que te estoy diciendo aquí. Entonces los pájaros se posarán en tus manos, y el león vendrá y se acostará a tus pies, y podrás caminar en un bosque moteado y todas las tiernas criaturas se acercarán a ti y no huirán de ti porque estás irradiando. Tú eres el gran dador y beberán de tu fuente. Entonces puedes curar a las personas porque está en ti amarlas. Sin eso no puedes curar. El amor es el bálsamo que cura todos los males.»

ISBN: 0-9712725-1-4

Ramtha: Las Antiguas Escuelas De Sabiduría

En Las Antiguas Escuelas de Sabiduría, Ramtha expone el preludio y la introducción a la formación de su Escuela de Iluminación. Nos cuenta la historia de cómo funcionaban las antiguas escuelas en tiempos pretéritos y cuál era el propósito de su instrucción tan preciada: despertar al Dios interior.

«En aquellos días, en las antiguas escuelas, habríais necesitado un año para aprender la esencia de la realidad. Y habríais tenido que vivir en la escuela para aprenderla. Era una escuela para iniciados; una escuela intensiva que se fundó para los Dioses que componen los dos principios de toda vida —conciencia y energía— que se identificaban en forma de hombre y mujer, en un viaje a través de la materia densa y la materia que despierta. La escuela estaba ahí para que ellos recordaran el propósito de su viaje.

Ahora, cada enseñanza tomaba un año, que era muy diferente según vuestro cómputo. Os basáis en un calendario diferente al que existía en ese entonces. Pero el hecho es que tomaba un año entero. En un día se entregaba al estudiante una profunda colección de jeroglíficos o palabras. Esto se hacía en un lugar muy especial —en la pirámide— y el día entero lo pasaba el estudiante expandiendo su conciencia hasta llegar a consumir la frase. Al final del día ya podía manifestarla en su mano.

Ésta no es una escuela de filosofías ni dogmas espirituales, sino una escuela en la que las palabras representan la prontitud de un Dios que se descubre para consumir la gloria de lo que es la vida, con sus experiencias y para hacerlas realidad. Entonces, las palabras son vitales para expandir la conciencia y para que cada Dios manifieste esas palabras, y de esta manera queden grabadas en su Libro de la Vida, su alma. Así los estudiantes, los peregrinos de aquel día, vivían un año con cada frase, día tras día.` Y lo único que tenían que hacer esa sentarse y escuchar.»

ISBN: 0-9632573-6-6

RAMTHA: ENSEÑANZAS SELECTAS

Verdadero tesoro acerca de la maestría personal, este célebre libro plantea un reto al espíritu y abre al lector a una visión de las magníficas posibilidades de la vida. Esta atractiva colección de enseñanzas, presentadas en forma de diálogo, nos permite ver la interacción entre Ramtha y sus estudiantes en los cursos de su Escuela de Iluminación, y cómo puede él desarrollar un tópico de interés general a raiz de cualquier pregunta o sugerencia por parte de sus alumnos.

«Estudiante: También tengo unas preguntas sobre la oración. Primero, quiero saber a quién se supone que le debo rezar. Cuando era más jóven, me enseñaron a rezarle a Jesús así: "Señor Jesucristo, ten piedad de mí porque soy un pecador". Ahora no estoy seguro de si debo pedirle a Jesús o a Dios.

Ramtha: Aquellos que le piden compasión a otro nunca la tendrán. Nadie más que el yo posee el poder para perdonal al yo. Vosotros sois los únicos que os podéis ofender a vosotros mismos, los que ciertamente os juzgáis a vosotros mismos y los únicos que podéis mostrar compasión y piedad por vosotros mismos.

¿A quién le rezas? Entidad, cuando rezas, le pides a Dios, el Padre, la Fuente. No le pides a nadie, excepto a la Fuente. ¿Y adónde vas a hacerlo? Rezas dentro de ti mismo. El yo es el templo divino de Dios. No hay ningún templo de piedra o de madera que sea superior al "jardín interior". Para rezarle al Padre, vas a tu interior, no importa donde te encuentres. Te comunicas con ese poder interior, la paz interior, la esencia de amor que es todo lo que tú eres. Hazlo durante todo el tiempo que sea necesario para que la totalidad de ese sentimiento llegue a cada fibra de tu ser. Eso te proporcionará la fuerza para enfrentarte al mundo con amor, paz y gozo dentro de tu ser.»

ISBN: 0-9632573-5-8

Ramtha: El Plano Sublime

El Cielo, o el Plano Sublime como lo define Ramtha, no es otro sino ese lugar transitorio que visitamos tras la muerte y antes de nuestra próxima reencarnación.

Lejos del reino de lo físico, en los salones de contemplación del Plano Sublime, reflexionaremos sobre lo que fue nuestra vida aquí. También elegiremos un nuevo cuerpo y el escenario más propicio para regresar y así poder terminar todos nuestros asuntos inconclusos.

El amor de Dios y su luz estarán presentes en todo momento a lo largo de esta apasionante jornada.

«La razón por la cual tenemos que culminar nuestros asuntos no es para poder ir a casa. Tenemos que resolver nuestras cargas para poder librarnos de este embrollo de la naturaleza cobarde de la carne humana. Tenemos que completar lo que no ha podido resolver la naturaleza humana.

Entonces ¿porqué elegirías en el Plano Sublime, en el cielo, realizar aquí abajo lo que ya eres en el Plano Sublime, si ya lo conoces allí? Buena pregunta, ¿no? Sí, es una buena pregunta. Porque lo que se comprende allí, para que se conozca en su totalidad, tiene que entenderse en las entrañas de Dios y tiene que hacerse conocer aquí porque esta es la caldera; aquí es donde está el crisol del alquimista. La estrella brillante que danza sobre el líquido color azul de medianoche de repente se vuelve a coagular y se convierte en esa pequeña esfera de níquel que queda en el fondo del tazón. De modo que aquí estamos. Tienes que hacerlo en este lugar.»

ISBN: 0-9632573-4-X

RAMTHA: EL ÚLTIMO VALS DE LOS TIRANOS

Este libro examina el curso que se ha trazado la Naturaleza, con la vida aparentemente al borde de la destrucción. Un conocimiento que abre nuestras mentes y nos permite tomar decisiones para el futuro que se acerca. Es una invitación al cambio y a la superación personal.

«Solamente tenéis que examinar vuestras propias vidas para ver cómo el ego falso se ha integrado. Solamente tenéis que observar los efectos de un ego falso que busca poder en vuestro pequeño e íntimo mundo. Y si veis claramente lo que sucede a nivel personal, entonces, ¿por qué no puede ser posible a escala mundial? Lo es.

Este tiempo de cambio, este atropellado Vals de los Tiranos habrá llegado a su fin. Los radicales últimos días de esta tiranía y del drama humano, guerra y muerte creadas con el propósito de controlar, nunca más existirán en el reino humano. El mensaje de los días por venir afectará a todas vuestras vidas, cualquiera que sea la atención que le prestéis a este mensaje.

Porque lo que estáis leyendo en este día es la palabra viviente, y la palabra viviente será una realidad. Os daréis cuenta de todas estas cosas a medida que ellas sucedan en vuestro medio ambiente. Regocijaos con ellas, pues significan el final de la tristeza y el desespero, la guerra, la muerte y la enfermedad. El odio y la amargura terminarán, pues son emociones que salen del ego falso, el Anticristo.»

ISBN: 0-9632573-1-5

Ramtha: OVNIS, Conciencia, Energía y Realidad

De una manera muy sencilla y muy directa, *OVNIS, Conciencia, Energía y Realidad* pone al descubierto quiénes son, de dónde vienen y qué es lo que quieren. Este libro cambiará la manera como hemos entendido todo lo que nos han contado. Tenemos derecho a saber sobre la enorme influencia que los extraterrestres han ejercido sobre la Biblia, el gobierno y nuestra vida diaria. *OVNIS, Conciencia, Energía y Realidad* es una disertación lúcida sobre el tiempo lineal, la objetividad, la mente interdimensional, la superconciencia y la transfiguración de la materia. Y a pesar de lo que podamos pensar, este es un libro acerca de la esperanza, el amor, y Dios.

«Podría contaros tantas cosas de cómo los que llamáis extraterrestres han inspirado civilizaciones y de lo que han hecho con esas civilizaciones, pero hay algo muy importante que deseo comunicaros: ellos son vuestros hermanos y hermanas. No importa cuál sea su apariencia física, son dioses y dentro de ellos reina un alma. Poseen un gran espíritu que es compatible con vuestra luz.

Ellos son los Grandes Dioses, los Angeles, los Seres de Luz. Ellos son adaptables porque su entera fuerza de vida es la fuerza de la vida misma. Su fuerza de vida no se basa en compuestos minerales ni gases. Es la fuerza de la vida.»

ISBN: 0-9632573-2-3

Ramtha: Independencia Financiera

Esta obra proporciona al lector un nuevo entendimiento de lo que son el dinero y el oro. Nos muestra otra perspectiva sobre aquellos que manejan el mundo, fomentando un clima que oprime al hombre hasta un estado servil de dependencia y necesidad. También nos enseña cómo utilizar este conocimiento para lograr independencia en el mundo de hoy.

«*De modo que queréis dinero.*

Una vez le pregunté a un grupo de gente reunida en un salón qué querían. Y todos dijeron: "Ser Dios y ser ricos".

El truco consiste en convenceros de cambiar, por medio del conocimiento, esa actitud que tenéis frente al dinero.

La necesidad es la madre de la inventiva; también se le llama el gran ingenio. ¿Cómo podríais ser un genio si todo estuviera hecho? Bueno, no lo está, ni por asomo. Es sólo que muchos de los actuales genios son controlados por el gobierno y la industria; pero no va a ser así por mucho tiempo.

Ahora, ¿qué os estoy animando a manifestar? Si eliminamos el dinero, ¿qué queda en el centro de vuestro sueño?

Lo que se llama genio.

El genio es engendrado por el Padre. Cuando decidáis remover la estrechez de mente, la conciencia social, cuando todo eso no obstruya el camino, nacerá una mente ilimitada. Esa mente ilimitada es el corazón de Dios. Y esa mente, por medio del genio, da origen a todas las manifestaciones.»

ISBN: 0-9632573-3-1

* PROXIMAMENTE *

SERIE: REFLEXIONES DE UN MAESTRO SOBRE LA HISTORIA DE LA HUMANIDAD

Estas páginas son un tesoro de conocimiento y una perla de la sabiduría de Ramtha, uno de los grandes maestros de la humanidad olvidado por la historia. Pero el tiempo lo ha regresado desde la tumba de la antigüedad para recordarnos nuestro verdadero potencial como Dioses inmortales, capaces de conquistar todas nuestras limitaciones y embarcarnos en un viaje fantástico de auténtico realismo.

PRIMERA PARTE

RAMTHA: ORÍGENES Y EVOLUCIÓN DE LA CIVILIZACIÓN HUMANA

Cuenta la historia de los orígenes de la humanidad antes de la creación del universo físico, y como evolucionó hasta el primer hombre y la primera mujer. Esta parte también describe la manipulación genética de la raza humana por otras razas más avanzadas y como la antigua sabiduría de nuestros verdaderos orígenes y naturaleza se perdió y quedó enterrada a favor de la superstición e ignorancia. Las antiguas escuelas preservaron el conocimiento sagrado para una generación futura que sería equipada para descifrarla y abrazarla.

SEGUNDA PARTE

RAMTHA: REDESCUBRIMIENTO DE LAS PERLAS DE LA ANTIGUA SABIDURÍA

Continúa la historia de la saga de la humanidad, comenzando por la caída de Atlantis, la guerra de Ramtha y la destrucción de los antiguos reinados, la esclavitud de las mujeres, y el surgimiento de la superstición religiosa. Describe una civilización oculta en el corazón de la tierra, y explica el simbolismo sagrado de las pirámides de Egipto, monumentos construidos como recuerdos de nuestra divinidad olvidada. Un giro fundamental en la historia de la humanidad fue la venida de Jehová en Oriente Medio, y la creación del pueblo de Israel. Mucha de la corrupción y la censura de la antigua sabiduría sucedió en este periodo, seguido por la interpretación de las enseñanzas de Yeshua ben José y otras religiones del Oriente Medio.

El Regreso De Inanna, de V.S. Ferguson

El Regreso de Inanna fue escrito en seis meses por medio de «transcripción automática». Usando la memoria de vidas pasadas de V.S. Ferguson, Inanna revela cómo ella y los otros «dioses» se han insertado a través del tiempo en sus seres multidimensionales en carne y hueso como nosotros, para activar nuestro ADN latente y liberar a la especie humana.

«Yo, Inanna, regreso para contar cómo, hace 500.000 años, mi familia de las Pléyades tomó posesión de la Tierra y alteró los genes humanos con el fin de producir una raza de trabajadores creada para extraer oro destinado a la agotada atmósfera de Nibiru, nuestro planeta y hogar. Como éramos técnicamente muy superiores, esta raza de trabajadores —la especie humana— nos adoraba como a dioses. Nos aprovechamos de ellos para librar guerras en medio de nuestras disputas familiares interminables hasta que, de un modo estúpido, desatamos sobre la Tierra la terrible arma gandiva, que envió una onda de radiación destructiva por toda la galaxia…»

ISBN: 0-9632573-8-2

Las Nueve Caras De Cristo, de Eugene E. Whitworth

Este libro trata de la religión secreta y verdadera que hay detrás de todas las religiones, así como de la preparación e iniciación del candidato en los estudios metafísicos secretos y sagrados: desde los misterios de los Magos hasta el antiguo adiestramiento egipcio para el Dios-Rey.

Aquí se revelan verdades iniciáticas como las que el gran filósofo griego Platón no se atrevió a enseñar, porque estaba bajo juramento de no hacerlo. El libro trata de la búsqueda incansable e inteligente de la religión verdadera, habla sobre la revelación de la verdad religiosa que estuvo tanto tiempo tan escondida que alguien arriesgó la vida misma por encontrarla.

Las Nueve Caras de Cristo es la narración de José-ben-José, un Mesías crucificado 57 años a.C. Expone los métodos y técnicas para desarrollar la divinidad interior o iniciada.

ISBN: 0-9632573-7-4